汉语教育国际化理论与实践研究丛书

丛书主编　吴　坚

汉语国际教育硕士培养模式研究

吴　坚　著

科学出版社
北京

内 容 简 介

语言既是世界各国人民“民心相通”的基础，也是人类和平与发展的支撑。本书结合新时代加快和扩大教育对外开放与“一带一路”转向高质量建设的背景，对汉语国际教育硕士培养模式的相关问题进行探讨和分析，并主要从汉语国际教育人才培养的理论与实践、历史与现状、启示与展望几个层面进行研究，旨在提升汉语国际教育人才培养质量，以满足新时期汉语国际教育发展的相关需求，进而提升汉语国际传播的服务功能。

本书可作为高校汉语国际教育专业师生、教育相关部门决策者和管理者的参考用书，也可供对汉语国际教育感兴趣的大众阅读。

图书在版编目（CIP）数据

汉语国际教育硕士培养模式研究/吴坚著. —北京：科学出版社，2022.10
（汉语教育国际化理论与实践研究丛书 / 吴坚主编）
ISBN 978-7-03-073461-7

Ⅰ. ①汉… Ⅱ. ①吴… Ⅲ. ①对外汉语教学-硕士-人才培养-研究-培养模式-中国 Ⅳ. ①H195.3

中国版本图书馆 CIP 数据核字（2022）第 191141 号

责任编辑：郭勇斌 彭婧煜 陈晶晶 / 责任校对：贾伟娟
责任印制：张 伟 / 封面设计：黄华斌

科 学 出 版 社 出版
北京东黄城根北街 16 号
邮政编码：100717
http://www.sciencep.com
北京九州迅驰传媒文化有限公司 印刷
科学出版社发行 各地新华书店经销
*
2022 年 10 月第 一 版 开本：720×1000 1/16
2022 年 10 月第一次印刷 印张：14 1/4
字数：285 000
定价：99.00 元
（如有印装质量问题，我社负责调换）

丛 书 序

新时代背景下，汉语国际教育事业承担着新的时代使命和任务，需要进一步系统地反思和研究汉语国际教育理论和实践体系。汉语教育国际化为汉语国际教育理论和实践的改革与创新提供了新的领域和新的视角。汉语教育国际化既是汉语国际教育发展的趋势，也是教育国际化发展的重要组成部分，是新时代“讲好中国故事，传播好中国声音”，树立中国在国际舞台文化形象的重要抓手，助力中外人文交流事业发展，为“一带一路”建设和人类命运共同体的构建提供强有力的支撑。2019 年 12 月，国际中文教育大会上，中共中央政治局委员、国务院副总理孙春兰指出：“语言是沟通交流的桥梁纽带，各国对学习中文的需求持续旺盛，汉语人才越来越受到欢迎。现在很多国家将中文纳入国民教育体系，在大中小学开设汉语课程，支持企业、社会组织参与中文教育，促进了中外人文交流、文明互鉴和民心相通。……中国政府把推动国际中文教育作为义不容辞的责任……构建更加开放、包容、规范的现代国际中文教育体系。”①

现代国际中文教育体系的构建需要通过政策给予保障。为此，我国政府采取了各项政策措施，积极支持和服务汉语国际教育理论和实践研究，既为汉语国际教育在全球的永续发展提供政策指引和政策保障，也极力地服务于世界各国汉语教育的本土化、特色化、信息化和创新发展。例如，2016 年，中共中央办公厅、国务院办公厅印发《关于做好新时期教育对外开放工作的若干意见》，加强在汉语推广和非通用语种学习中的互帮互助，推进与世界各国语言的互通，并把“讲好中国故事，传播好中国声音”作为教育对外开放的重要内容。2016 年，教育部也牵头制订了《推进共建“一带一路”教育行动》，指出支持更多社会力量助力孔子学院和孔子课堂建设，加强汉语教师和汉语教学志愿者队伍建设，全力满足沿线国家汉语学习需求。同年，文化部发布的《文化部“一带一路”文化发展行动计划（2016—2020 年）》指出，助推“一带一路”沿线国家和地区积

① 《孙春兰：深化国际中文教育让世界更加了解中国》，https://baijiahao.baidu.com/s?id=1652487903915301335&wfr=spider&for=pc。

极参与文化交流与合作，推动中华文化“走出去”，扩大中华文化的国际影响力。2017年，中共中央办公厅、国务院办公厅印发《关于加强和改进中外人文交流工作的若干意见》，指出着力加大汉语国际推广力度，支持更多国家将汉语教学纳入国民教育体系，努力将孔子学院打造成国际一流的语言推广机构。做大做强“互联网+人文交流”，通过丰富媒体交流形式、打造具有国际影响力的全媒体和文化传播机构，阐释中国道路，增强中国文化形象的亲近感。2019年，中共中央办公厅、国务院办公厅印发了《加快推进教育现代化实施方案（2018—2022年）》，提出要优化孔子学院区域布局，加强孔子学院能力建设，全面提高办学水平，加大汉语国际教育工作力度。2019年，中共中央、国务院印发了《中国教育现代化2035》，强调促进孔子学院和孔子课堂特色发展。这些政策，在一定程度上，反映了加快汉语教育国际化理论和实践研究的重要性和必要性。

全球化社会中，汉语国际教育系统时刻处于动态变化发展中，我们要从新时代背景、新使命和新任务出发，开启汉语国际教育新征程，不断促进汉语国际教育的改革与创新。这不仅是汉语国际教育自身发展的必然趋势，也是世界各国对汉语国际教育的质量诉求。当前，汉语国际教育发展中出现的种种问题反映了加快推进汉语国际教育改革与创新的紧迫性。因此，教育部国别和区域研究基地——华南师范大学东南亚研究中心组织撰写了“汉语教育国际化理论与实践研究丛书”。本丛书对新时代背景下汉语教育国际化理论和实践进行系统反思和研究，以期加快推进汉语国际教育工作，加强孔子学院能力建设和特色发展，进而更好地满足世界各国人民学习汉语的需求，为促进中外人文交流事业和构建人类命运共同体贡献力量。

“汉语教育国际化理论与实践研究丛书”共有7册。每一册都围绕各自的研究视角对汉语国际教育发展中的前沿问题进行系统而深入的研究。比如，教育国际化背景下汉语国际教育如何改革与发展？在汉语作为第二语言教学中，需要遵循什么样的教学规律和学习规律？汉语作为第二语言教学有哪些不同于其他语言的特征？新教育技术会对汉语学习方式产生哪些新影响？我们如何培养新时代汉语国际教育硕士人才？中美比较视角下我国如何培养高质量的国际汉语教师？国际汉语教师培养模式的改革走向是什么？从教育治理视角来看，我们如何科学有效地进行汉语国际教育管理？新媒体时代汉语国际教育传播的制度和策略是什么？基于传统演进、社区影响与政策议程的考察，孔子学院跨文化传播机制的运行状况及其优化路径是什么？这些问题是本丛书主要解决的问题，而这些问题既体现了我国汉语国际教育发展的战略需求，也反映了汉语国际教育改革与实践中所面临的困境，需要我们进行全方位的解剖和探讨。

本丛书力求系统地展现汉语教育国际化的理论和实践，从多个视角和多个学科反思和研究汉语国际教育的相关问题，既有历史和现状，也有未来和展望；既有整体性和宏观性，也有局部性和微观性；既有理论基础，也有实践案例；既有问题意识和批判意识，也有政策意识和前沿意识；融入了新时代、新媒体、“一带一路”、“互联网+”等新要素，涵盖了汉语国际教育理论和实践研究中可能出现的各种新问题和新方案。

吴　坚

2022 年 6 月 20 日
于华南师范大学

序

语言学与教育学的融合汇通
——国际中文教育硕士专业学位建设的理论与实践

汉语国际教育（2022 年 9 月 13 日发布的《研究生教育学科专业目录（2022 年）》将其改名为“国际中文教育”）是一门比较年轻的学科专业。从 20 世纪 50 年代初我国开始实施汉语作为外语教学时起，就已经开展人才储备工作；但真正将国际中文教师培养纳入学历教育，始于 20 世纪 80 年代“对外汉语”本科专业的设立。该专业属于中国语言文学学科。当时王力等一批语言学家提出，应该把“对外汉语教学”建设成为一门独立学科。几年后，国际中文教师培养进入硕士研究生层次，在不同的学校分别归入中国语言文学、教育学、外国语言文学等一级学科。到 20 世纪 90 年代，国际中文教师培养进入博士研究生层次，分属学科还包括新闻传播学一级学科。

但是，将人才培养纳入专业硕士培养层次而进行专业化学科教育，却是从 2007 年开始的，至今只有 15 年历史。而最早向国家汉语国际推广领导小组办公室（简称“国家汉办”，现中外语言交流合作中心）提出建设此专业学位的，是时任中山大学党委书记李延保教授。该硕士专业学位名称是“汉语国际教育”，独立于中国语言文学、外国语言文学、新闻传播学等一级学科之外，属于教育学领域。随着我国政府对汉语国际教育的高度重视和海外孔子学院的建设与快速发展，汉语国际教育以前所未有的速度取得了一系列成果。但由于外部环境和自身发展的原因，该学位建设还存在许多问题，如专业理念不够清晰，课程与教材建设不够完整，师资队伍不够健全，实践教学未能精准落地，专业评估不够科学。而所有这些问题的根本，是理论基础不扎实，根基不稳。

在构建人类命运共同体的伟大实践中，在扩大教育对外开放的新挑战下，学科与专业建设不断出现新问题。这些问题的解决，不但需要精准到位，更需要加强学科领域的科学研究。

国际中文教育的发展，一直伴随着一连串的争论，而争论的旋涡中心是，该学科属于语言学（含应用语言学）还是属于教育学。我认为，讨论相关问题时首先要把学科和专业分开。

从学科名称可以看出，无论是早期的“对外汉语教学”，后来的“汉语国际教育”，还是现在的“国际中文教育”，中心词都离不开“教学”“教育”。而“汉语”“中文”，只是教学、教育的内容。“对外”“国际”则指明教学、教育的对象属性。不管它的名称如何改变，实体却不会变。无论是“独立的学科”，还是“交叉学科”，都是在讨论“学科”及其建设。

“专业”则不同，讲的是学历教育专业，如从最早的“对外汉语”，后来的“对外汉语教学”“华文教学”“汉语国际教育”，到现在的“国际中文教育”，都是培养国际中文教师的专业。这个专业的性质应该很清楚，就是属于教育学。因为它涉及的是人才培养。相关二语人才培养比较发达的国家，这个专业很多设在教育学院、教师学院，如美国哥伦比亚大学。当然也有设在其他学院的，但目标都是培养第二语言教师。

可见，人才培养是“国际中文教育”专业的核心，是理论研究和实践探索的主要动力。因此，研究探讨国际中文教育硕士培养模式，培养出一大批兼具战略、理论和实践的国际中文教育人才，具有重要的理论意义和实践价值。

《汉语国际教育硕士培养模式研究》一书从国家战略高度和新时代扩大教育对外开放的背景出发，旨在解决当前国际中文教育硕士培养问题，将理论思辨与实证调查结合起来，运用文献研究法、个案研究法和比较研究法等方法，深入全面地探讨了新时代扩大教育对外开放背景下如何培养和如何提升国际中文教师质量，以满足世界各国人民的中文语言学习需求，助力“一带一路”语言产品和语言服务的开发，为我国与世界各国人民的人文文化交流和民心相通奠定基础。

当前，国际中文教育面临哪些新的背景和新使命？如何定位？国际中文教育硕士的培养标准、方式、要求都有哪些？存在哪些问题和限度？如何借鉴英语国际教育培养模式？未来如何进一步优化国际中文教育培养的内涵质量？这些问题在吴坚教授《汉语国际教育硕士培养模式研究》一书中都可以找到解决方案。

我拿到书稿后，一口气读完，深受启发。该书在以下几方面给我留下深刻印象。

一是强化国际中文教育的理论认识。通过研究国际中文教育及其专业硕士学位的理论内涵，国际中文教育学科与专业学位的关系更加清晰，国际中文教育发展的基本内涵与学科定位更加明确，国际中文教师培养的方式方法与标准取向更加系统。可以说，教师教育的相关理论，为该专业学位建设夯实了宽厚的基底。

二是基于实践的全方位系统研究。该书精心挑选三所不同类型的大学，紧密结合这些学校国际中文教育的丰富实践，并给以真实、立体、全面的展示；从教育理念、课程设置、教学实施、实习实践和评价机制五个方面全方位地探讨和思考国际中文教育硕士培养模式，确实实现了为国际中文教育的实践提供参考的宏大目标。

三是具有教育学学科的宏观和微观视域。以往的著作多注重语言学和汉语教学、二语习得等方面的研究，而该书融入教育国际化理论、多元文化理论、国际理解教育等多种教育学理论思潮，旨在增强国际中文教育人才培养的宏观思考；同时结合国际中文教育和英语国际教育培养模式的个案研究，对培养要素、培养过程和培养系统进行动态的微观分析，具有教育学学科的宏观和微观视域。

四是全面对比、系统关照英语国际教育和国际中文教育的发展历史、现状和前景，把国际中文教育置于全球二语教育的大框架中，让读者对全球二语教育和国际中文教育的内涵、本质有了更为全面、深刻的认知。进而提出超越英语国际教育的国际中文教育核心理念和优化教学模式。

五是国际中文教育人才培养的多元评价。包括理论学习和实践的融合，毕业论文的完成和答辩，对国际社会的真正融入，对中外语言文化交流合作的实在贡献。书中讨论的多元评价内容和方式，其实就是“教育评估学”在该专业的全方位体现。

该书作者长期从事国际中文教育一线教学工作和教育国际化研究，具有海外实践和研究经历，其知识面广、视野宽，并掌握最新的资料，有助于我们了解新时代国际中文教育发展现状及反思国际中文教育硕士培养的问题，展望未来国际中文教育发展的理路。

事实上，中华人民共和国成立以来，国际中文教育的发展，就是语言学（含应用语言学）和教育学及其他学科深度融通的结果；而作为学历教育的国际中文教育专业发展，更是体现出语言学和教育学的深度融通，体现出从语言学向教育学的逐步转型。由于作者的教育学背景，加上国际中文教育的丰富实践和系统深入研究，该书体现了应用语言学与教育学的无缝衔接与融通发展。

该书是一本有关国际中文教育的新力作，可为国际中文教师和国际中文教育管理者、研究者，为世界各国学习中文的广大民众及其他对国际中文教育感兴趣的人士提供参考。

是为序。

2022 年 9 月 16 日

周小兵

北京语言大学

前 言

中国语言教育事业的发展离不开汉语国际教育的支持，一方面，汉语国际教育从语言沟通方面为教育的对外开放搭建桥梁；另一方面，其也作为教育根基，推动汉语语言文化走向世界。

汉语国际教育是语言教育和国际教育事业发展的重要组成部分，发展汉语国际教育也是我国作为以汉语为母语的国家应肩负的语言服务使命，对推动中国与世界其他国家的人文交流、繁荣世界多元文化具有重大意义。2021 年，《中华人民共和国国民经济和社会发展第十四个五年规划和 2035 年远景目标纲要》指出，坚持实施更大范围、更宽领域、更深层次的对外开放，促进国际合作，实现互利共赢。汉语国际教育所培养的正是对外开放中的重要建设者。汉语国际教育除了汉语教学外，作为中外语言交流合作的载体，还发挥着精准对接和服务汉语国际传播、弘扬中华文化、促进国家软实力提升的作用。《国家中长期语言文字事业改革和发展规划纲要（2012—2020 年）》指出，实现教育现代化的必备条件之一是推进语言文字事业科学发展。为增强中华文化的国际影响力，需继续加强汉语国际教育教师培训，加强教材建设和教学层次的研究，进一步向海外推广汉语相关水平测试。由于汉语国际教育在新时期的重要使命，汉语国际教育硕士培养模式有了新的机遇和挑战。

2017 年 8 月 29 日，由察哈尔学会[①]、中译语通[②]·译世界联合主办的《“一带一路”语言服务市场全景式分析与行业及政策建议》发布会，概括总结了“一带一路”建设面临的语言服务问题，分析其困难并提出了相应的解决路径。我国自 2013 年提出“一带一路”倡议以来，已经深入开展了许多种类的项目，然而在语言服务和语言人才培养模式方面仍需优化。目前，无论是在语言人才的培养方

① 察哈尔学会是中国非官方的外交与国际关系独立智库，于 2009 年 10 月由全国政协外事委员会副主任韩方明博士创办，总部设在河北省尚义县察哈尔牧场，北京总办公室设在北京市海淀区的上庄镇常乐村适园。察哈尔学会以“前瞻性、影响力、合作共进”为宗旨，致力于打造一个具有国际影响力的中国独立思想库。资料来源于察哈尔学会官网，访问链接：http://www.charhar.org.cn/。

② 中译语通：中译语通科技股份有限公司（Global Tone Communication Technology Co.Ltd.，GTCOM）。访问链接：http://www.gtcom.com.cn/?c=about&a=index。

面、语种数量的熟悉性方面，还是在语言产品及相关服务的开发上，基于“一带一路”语言需求的语言服务暂不能满足共建高质量“一带一路”的发展需要。其中，语言服务的核心要义是语言人才的培养，应使语言人才的培养成为“一带一路”建设的重要人力支撑，以满足世界人民的语言需求和提供良好的语言服务。2017 年 9 月 24 日，中共中央办公厅、国务院办公厅印发的《关于深化教育体制机制改革的意见》强调了对于创新人才培养机制的要求。对高等学校来说，需以人才培养为中心，全面提高人才培养能力。高等学校要根据自身的发展特点，结合社会发展需要，以创新型、应用型、复合型人才为着重点，构建出不同的培养模式。同时深入推进协同育人，促进协同培养人才的制度化。2021 年 7 月 1 日，由教育部、国家语言文字工作委员会发布的《国际中文教育中文水平等级标准》（GF 0025—2021）正式实施，汉语国际教育发展中高层次人才的培养迈入了新台阶。2022 年 9 月 13 日，国务院学位委员会、教育部发布的《研究生教育学科专业目录（2022 年）》将“汉语国际教育”改名为“国际中文教育”，其地位与“教育学”门类下的其他学术型学位并列，凸显“国际中文教育”一级学科的地位。虽然国家层面已更名，但是国家还未针对新名称出台国际中文教育专业人才培养方案等，而目前全国各学校依然使用“汉语国际教育”这一名称，因此，本书仍用“汉语国际教育”的表述。

汉语国际教育培养的是一种创新型、应用型、复合型的高层次人才。这种人才的培养十分重视中外合作与交流，所以跨文化交际是其人才培养的重要特点。时任国务院副总理刘延东在第十一届全球孔子学院大会上强调，“孔子学院要以‘创新、合作、包容、共享’为努力方向，深化教师、教材、教学法改革创新，拓展办学功能，提高办学质量，实现内涵发展”。[①]其中，汉语教师队伍质量的提升离不开汉语国际教育硕士培养模式的改革与创新。汉语国际教育硕士培养是当前我国汉语国际教育人才培养的重要方式之一，是国际汉语教师人才储备的“输血与造血”工程。各种理论、实践问题随着汉语国际教育的进一步深入发展而层出不穷，这影响了世界人民对汉语国际推广和汉语语言与文化教育的看法，因此需要强化内涵质量建设，从理论视角反思实践，从实践视角提升理论，以促进新时期汉语国际教育的发展。由此，研究和探讨新时代教育对外开放背景下汉语国际教育硕士培养模式的理论内涵、发展历程、现状、实践内容等，并进行问题反思与优化展望具有重要的理论和实践价值。

《汉语国际教育硕士培养模式研究》一书总共六章，其框架结构和内容提要如

①《刘延东：创新 合作 包容 共享 携手并肩开创孔子学院发展新局面》，http://www.gov.cn/guowuyuan/2016-12/10/content_5146262.htm?location=35。

下：第一章为理论内涵研究，重在厘清汉语国际教育及其专业硕士学位的内涵与定位、渊源与本质及培养的动因、指向、方式和标准。其中，内涵与定位方面主要介绍了汉语国际教育的背景，进行了定义析释和学科定位。渊源与本质揭示了专业硕士学位设置的缘由、本质特点及发展方向。培养动因基于教育国际化的动因理论，从国家、市场和教育三个维度出发，得出汉语国际教育不仅是国家利益的需要，更是国家软实力建设推动的结果；不仅是全球“汉语热”的语言需求，也是市场经济发展对语言的驱动；不仅切合汉语教育走向世界的需要，也是教育国际化发展的诉求。培养指向于教学和跨文化交际。培养方式强调专业性、实践性和应用性。培养标准方面，以 2012 年国家汉办/孔子学院总部发布的《国际汉语教师标准》为依据进行分析。

第二章为发展历程与现状研究，从历史和现实的逻辑出发，揭示出汉语国际教育硕士培养的不同历史演变阶段及当前的培养体系、机遇、问题及限度反思。汉语国际教育发展经历了发轫、巩固、恢复和发展、全方位发展四个阶段，其人才培养规模日益壮大，硕士培养层次粗具规模，并迎来了教育对外开放和“一带一路”建设背景下新的发展机遇，对满足世界各国人民对汉语学习的需求，精准对接和服务国际汉语教师队伍建设，解决汉语国际教育教学本土化等问题具有重要意义，然而，其中仍存在诸多问题，如培养目标定位、培养方案和课程设置问题，学生的知识结构和学习动机差异问题，就业问题，等等，这引起了我们对其培养条件、内容和方法限度的反思。

第三章为培养模式的内容研究，其在具体表现形式上分为教育理念、课程设置、教学实施、实习实践和评价机制五个方面。在教育理念上，强调掌握汉语教学技能以及方法，加强培养汉语本体知识，坚守教师专业标准。在课程设置上，以分析课程结构体系为基础，探讨了其知识结构、能力与技能。在教学实施上，主要对教学实施原则、实施过程、实施重点进行分析。在实习实践上，反观我国教育实习模式的演变与内容，包括目的、内容、时间安排、评价方式等，重点论述了汉语国际教育硕士研究生在国内、海外教育的实习与实践，分析实习方式、指导以及评价等方面的内容。在评价机制上，则从招生考试评价、知识结构与能力结构、学生的知识背景与学习动机、评价标准、课程评价、实习问题评价、学位论文评价等方面展开讨论。

第四章为实践研究，以国内三所有代表性的高校为例，重在分析学校办学基础、考试招生、生源及就业情况、师资配备及培养理念与过程的实践契合性，并通过问卷调查等方法对课堂教学能力培养策略进行探索。其中 A 大学依托地理位置优势为汉语国际教育硕士研究生提供各式各样的实习机会，并加强跨学科师资队伍建设，为学生提供了一线实操与学术研究相结合的培养模式；B 大学作为“双一流”建设高校，在汉语国际教育硕士培养方面起步较早，并与国外合作共建了孔子学院，为汉语国际教育硕士的培养提供了实践基地，形成了以应用型、复合型、国际化为导向的人才培养目标；C 大学是新中国成立后在边疆少数民族地区最早建立的高等师范大学，具有鲜明的民族教育特色，毗邻蒙古国、俄罗斯等国，因此在经济、文化等领域 C 大学与蒙古国、俄罗斯等国往来密切，在汉语国际教育硕士培养过程中也带有一定的地方色彩。

第五章为启示研究，主要探讨和借鉴英国的英语国际教育硕士培养模式，提出确定以学生为中心，促进课程设置结构合理化、多样化的教育理念。

第六章为优化与展望研究，在前五章分析的基础上，探讨了本质特征、培养机制、课程体系、教育实习与实践、师资队伍、保障措施及发展旨趣等方面的内容，为培养高质量的汉语国际教育人才和打造一批“中国特色、世界水平”的国际汉语师资队伍注入新的生机。

吴　坚
2022 年 9 月 15 日

目　录

第一章 汉语国际教育硕士培养的理论内涵探析

在推动共建“一带一路”高质量发展和构建人类命运共同体中，语言是中外人文交流与民心相通的重要媒介工具，也是中外合作交流的思想表现。在语言全球化时代背景下，汉语国际教育是中国走向世界、增强综合国力的文化软实力基础。为此，培养高层次的汉语国际教育人才是汉语国际传播的重要人力保证。当前，培养汉语国际教育人才的主要途径之一是培养汉语国际教育硕士，而其中对人才培养起到导向和支撑作用的是汉语国际教育硕士培养的理论内涵。为了更好地探索汉语国际教育硕士培养的理论内涵，我们需要对汉语国际教育的内涵与定位、专业硕士学位的渊源与本质以及汉语国际教育硕士培养的相关理论机理进行研究。

第一节 汉语国际教育的内涵与定位

当前我国已经步入扩大教育对外开放的新时代，对于汉语国际教育而言，其同样也进入了新阶段，肩负着新使命，表现出新的思想和新的内涵，理论和实践内容都更加丰富多元，学科定位也受到诸多学者的关注和讨论。厘清汉语国际教育的内涵及其定位，对于分析汉语国际教育硕士培养模式起着基础性的作用。

一、汉语国际教育的背景认识

为了更好地了解汉语国际教育的内涵和定位，需要对汉语国际教育的时代背景形成基本的认识，因为每个时期的背景变化都会影响到汉语国际教育的定位及其发展。随着中国经济和社会的快速发展以及中华民族的伟大复兴，中国的国际影响力不断提升，中国在全球事务中也发挥着越来越重要的作用。中国的政治、经济、社会、文化的发展也越来越受到世界各国的关注。相应地，世界各国人民也开始重视中国的语言运用，试图通过与中国的交流，充分了解和研究中国的社会、文化等多方面的内容。在此环境下，汉语作为交际的一项工具，具有很强的实用价值，在全球中的作用也越来越凸显，汉语逐步演进为一门重要的世界性语言。越来越多的第二语言学习者把学习汉语当成一种爱好与兴趣追求。

语言不仅是文化传承和发展的载体，也是一个国家软实力的核心构成。在“中国风”“汉语热”逐渐升温的背景下，把汉语国际教育作为重要的语言文化类公共产品，配合支持各国开展汉语教育是中国义不容辞的责任和使命。同样地，随着对汉语国际教育研究的不断增长，该领域培养的人才层次不断提高，规模趋于扩大。在当前，汉语国际化呈现出鲜明特点，即形成了汉语国际化的热点波段区。这个波段区将中国作为辐射源，辐射到周边的亚洲国家。其中，尤以韩国、日本、蒙古国、越南等国为最。周边国家学习汉语的热潮不断高涨、持续升温。这种作用就如一石激起千层浪一般，距离中心越近，波势就越强。这种热点波段区的形成有两个最主要的原因：一是在空间距离上，作为中国的近邻，亚洲国家对中国的发展变化的感受是最直接、最强烈的；二是在文化背景上，亚洲部分国家如韩国、日本等，与中国的文化背景相近，在语言接受程度上比较高。

从汉语传播的局面来看，地域已经不再是汉语国际传播的唯一决定性因素。目前，中国周边以外的国家对汉语也越来越有兴趣和需求。因此，汉语的传播要改变以地域为局限的传统观念，积极扩展到更多有需求的地方，推进汉语的全方位、多地区的传播新局面。事实上，当前汉语传播的这种局面已经开始出现。汉语传播的主要媒介——孔子学院，已经在亚洲以外的其他地区受到欢迎并被需要。除此之外，汉语国际传播还呈现出一种新的态势，这主要体现在以下两个方面。

一是汉语传播渠道的丰富和扩展。在早期的汉语国际传播中，主要依靠传统的民间和媒体的渠道。后期，随着中国的综合国力不断增强，汉语传播渠道日益多样，并得到社会各界广泛的关注，更多企业、社会团体等组织积极参与到汉语国际教育事业发展中。未来，汉语的传播渠道将会愈加丰富，形成多方位传播新格局，从而为推进汉语国际化的多元发展提供支持。这种支持不仅得益于汉语传播渠道的丰富和扩展，也离不开当今科学技术对汉语传播的保障。

二是科学技术的进步以及传播工具的不断更新。在传统的汉语传播途径中，主要依靠的是纸笔书面传播以及人与人之间的口耳相传。传统的传播媒介在现代科技的发展之下发生了革命性的变化，逐步朝向信息化、数字化的方向发展，从而进一步打破了时间和空间的局限，为汉语国际传播创造了更加有利的条件，加速了汉语国际推广的进度。在这样的传播形态下，汉语在走向国际市场的过程中，取得了丰硕的成果。2018 年以来，汉语教育数字化建设成为汉语国际教育事业发展的核心项目之一。如何通过数字化建设提升汉语国际教育质量，对加速汉语国际推广和中华文化传播具有重要意义。通过数字化建设可获得汉语学习者的庞大数据，进而形成数据资产，这无论是对汉语国际教育还是文化传播的未来发展，均具有重要的战略价值；在大数据、云计算、移动互联网及人工智能等技术的支持下，中外语言交流合作中心与孔子学院以及孔子学院之间的资源实现了更大程度的共建共享，面对不同对象可以提供个性化服务，进而实现自适应、个性化的汉语学习；通过数字化建设，实现多领域、多主体的协同共赢，共建中华文化传播生态圈。对此，中外语言交流合作中心构建了创新型业务，以现有的教育教学业务系统为基础，引入现代信息技术如大数据、云计算、人工智能等，打造智能化宣传、教学、学习、考试、评价、管理、服务于一体化的教学管理服务体系。

二、汉语国际教育的定义析释

汉语国际教育词义的渊源可以追溯至 2007 年初。2004 年底，时任国家汉办主任许琳，上任不久就重启设置汉语国际推广的硕士学位工作。国家汉办吸取申请专业硕士学位的一般经验，两条腿走路：一方面请有关高校撰写申请报告，另一方面请一些学校试办相关专业。不少学校积极响应，多是原本就设有教育专业的学校，专业名称大多为“汉语国际推广”。2006 年底，中山大学决定在相关专业试招硕士研究生。中山大学国际交流学院呈报给研究生院的学位名称是“汉语国际教学”。经专家论证，中山大学研究生院最终决定使用“汉语国际教育”的名称。由于中山大学没有教育学一级学科博士点，该学位点挂在“中国语言文学”一级学科之下，用“科学学位”的指标，办实质内容的“专业学位”，称为“类专业学位”。中山大学 2007 年初的硕士研究生招生通知中首次出现“汉语国际教育”名称。比国务院学位委员会办公室（简称“国务院学位办”）提出汉语国际教育早大约两个月。[①]2007 年 3 月 30 日，国务院学位委员会第二十三次会议审议通过了《汉语国际教育硕士专业学位设置方案》。该方案明确提出：“为提高我国汉语国际推广能力，加快汉语走向世界，改革和完善对外汉语教学专门人才培养体系，培养适应汉语国际推广新形势需要的国内外从事汉语作为第二语言/外语教学和传播中华文化的专门人才，决定在我国设置汉语国际教育硕士专业学位。”[②]

同时，在“汉语国际教育”界定方面，该方案的界定更加清晰，即“‘汉语国际教育’是指面向海外母语非汉语者的汉语教学”。“定名为‘汉语国际教育’，既能体现‘汉语加快走向世界’的内涵，又有别于国内双语教学中的汉语教育，

① 朱其智：《朱其智学术论文自选集》，广州：中山大学出版社，2020 年，第 89 页。

② 国务院学位委员会：《关于下达〈汉语国际教育硕士专业学位设置方案〉的通知》，http://www.moe.gov.cn/srcsite/A22/moe_833/200703/t20070330_82703.html。

还可避免‘推广’一词可能引发的负面影响。”[①]从广义上看，汉语国际教育包含了国际汉语教师培养、汉语国际教学、中华文化推广等内容，是汉语国际人才培养的重要组成部分，既包括在国内从事汉语国际教育的人才培养工作，也包括海外的汉语国际教育工作。从狭义上看，汉语国际教育是指面向海外的母语非汉语者的汉语教学。

汉语国际教育的英文为“teaching Chinese to speakers of other languages”（TCSOL）。国内学者对 TCSOL 的定义持不同的解释或者说对其对应的中文翻译持不同看法。从英文字面上看，“teaching Chinese to speakers of other languages”主要是对非母语者的汉语教育。当然，为了区别于对国内其他民族的母语非汉语者的教学，官方翻译为“汉语国际教育”。在这里，teaching 一词对应的是“教育”一词而非“教学”一词。换言之，汉语国际教育的内涵远超“汉语国际教学”，21 世纪汉语国际教育的发展赋予其新的内涵和战略定位。只有清晰地把握汉语国际教育的基本内涵，才能更好地践行“汉语国际教育”事业，从而促进中国软实力的提升。本书认为，应从以下几个方面来对汉语国际教育的内涵进行分析和厘定。

第一，汉语国际教育的教学对象是“海外的母语非汉语者”，即“海外”的汉语学习者。对“海外”一词的理解，这里可与“国外”一词做等同理解。因此，汉语国际教育的对象具有国家主体性。例如，以中国为主体，那么非中国的国家和地区就是属于海外的范畴。因此，汉语国际教育面向海外的理念就是面向非中国的地区。从汉语国际教育的动作发出主体来看，这一动作的发出者是中国，换句话说，汉语国际教育的主体是中国这一特定主体，只有由中国这一特定主体对“来自非中国的国家和地区的母语非汉语者”所进行的汉语教学活动才能称为汉语国际教育。

从发生地而言，汉语国际教学活动既可以在中国国内，也可以在国外。在汉语国际教育实践中，个人并不能代表国家来发起汉语国际教育，在国内从事汉语国际教育工作的教师需要具有国家认定的国际中文教师资格，经过中外语言交流合作中心授权。不过，海外的汉语国际教育工作，无须中外语言交流合作中心授权。从广义来说，在世界各地进行汉语教育和中华文化传播工作的汉语教育者都可以归为汉语国际教育主体的组成部分。

第二，从汉语国际教育的教学层面来确定汉语国际教育的层次。根据传统的定义，所谓的教学即教师面向学生传授知识和技能的过程。同样地，汉语国际教育则是指面向海外的母语非汉语者的汉语教学，是以汉语教学为核心的人才培养

---

① 国务院学位委员会：《关于下达〈汉语国际教育硕士专业学位设置方案〉的通知》，http://www.moe.gov.cn/srcsite/A22/moe_833/200703/t20070330_82703.html。

活动。在教学的整个过程中涉及多方面的问题，比如涉及总体的目标设计、教材的编写以及教学的组织形式等。同时，在教学过程中也要明确汉语国际教育的类型、层次，并针对不同的国家、地区确定不同层次的总体设计、教材的编写和选用、教学时间的长短以及考试的方式等。例如，从汉语国际教育的具体实践来看，其中的教学不但要包括基础的短期汉语识字和汉语应用教学，还要涉及高等学校的领域。"不但有一般的进修学习，还有强化教学；不但有一般的汉语教学，还有职业汉语教学；不但有低层次的汉语学习，还有高层次的汉语（文）研究；不但有班级授课制的汉语国际教育，还有'一对一'的汉语教学辅导；等等。"①

第三，从汉语国际教育的目标来看，虽然汉语国际教育的核心是对外汉语教学，但它不等同于"对外汉语教学"。从实施主体的角度来看，对外汉语教学和汉语国际教育的主体既有相同点也有差异点。对外汉语教学以国内有关教育教学机构为主，但汉语国际教育除了在国内开设针对来华留学生的汉语教育外，还有越来越多的设于国外的机构，以及国外相关学校与社会组织等机构的参与，如孔子学院和孔子课堂。由此，不管是对外汉语教学还是汉语国际教育，其实施主体的共同点是以国内高校为载体。但是，两者也有一定的差异。随着汉语国际教育事业的高质量可持续发展，国外机构是未来汉语国际教育实施的主体阵地。汉语国际教育比对外汉语教学的施教范围更广，不局限于教学层面而在整个"大汉语""大教育"的范畴中。对汉语国际教育来说，教学形式和教学层次更加宽松，可以通过孔子学院、孔子课堂等多种机构进行汉语教学，且其作为一门学科，更多地属于有组织的正规学校教育。因此，汉语国际教育在教学内容、教学形式以及教学层次上有更加严格的组织和规范。从汉语国际教育与对外汉语教学的名称确立实践来看，汉语国际教育是2007年在中国语言推广战略实施的背景下出现的，而对外汉语教学的表述则是在中国改革开放后来华留学生教育事业不断恢复和发展的背景下提出的，其确立的时间要远远早于汉语国际教育。从汉语国际教育与对外汉语教学设立的名称来看，汉语国际教育的英语为teaching Chinese to speakers of other languages，而对外汉语教学则为teaching Chinese to foreigners。二者名称的不同，也反映了汉语国际教育从教学到教育内涵的差异。②

三、汉语国际教育的学科定位

汉语国际教育既是一份事业，也是一个专业。但由于该专业起步较晚，国内

① 伊理：《汉语国际教育的特征分析》，《煤炭高等教育》，2012年第5期，第98-100，104页。
② 伊理：《汉语国际教育的特征分析》，《煤炭高等教育》，2012年第5期，第98-100，104页。

学术界关于这个专业存在着不同的认识，比如，赵金铭先生认为：汉语国际教育继承了对外汉语教学的传统，是一个内涵更广、外延更深的学科。汉语国际教育在学科定位方面，属于第二语言/外语教学，归属应用语言学范畴，其包括国内的汉语国际教育（汉语作为第二语言教学）以及国外的汉语作为外语的教学。①吴应辉和牟岭则认为对汉语国际教育进行研究应把汉语国际教育放在传播学的框架之内。②骆小所和卢石英认为“汉语国际教育”是汉语文国际教育。③陆俭明指出，“汉语国际教育”的核心是汉语言文字教学。④胡范铸等则认为应该进一步扩大汉语国际教育的目标，把汉语国际教育视为“国际理解教育”，从而可以在情感、地缘、政治方面发挥作用。⑤学术界对汉语国际教育专业并没有形成统一的共识，使得汉语国际教育的学科属性难以清晰划定，有些学者认为汉语国际教育专业是一个独立的学科，有些学者则认为它并不能作为一个独立的学科。如果汉语国际教育不能作为一个独立的学科，那么它应该属于哪个学科体系？不同学者又对这个问题有不同的理解。学术界在汉语国际教育专业的学科定位上没有达成一致认识，对汉语国际教育专业的人才培养目标、规格、相关课程设置、教学计划、培养方式等方面造成了直接影响。

从某种角度而言，对外汉语教学是汉语国际教育的前身。因此，汉语国际教育的学科专业历史可以追溯到1981年招收的第一届对外汉语专业本科生。在1998年教育部颁布的《普通高等学校本科专业目录》中，对外汉语的学科代码是“050103*”（*表示需一般控制设置的专业），划归为中国语言文学一级学科。研究生阶段，对外汉语则是语言学及应用语言学二级学科专业下设的一个方向，培养层次包括硕士和博士两个层次。一般来说，语言学与应用语言学专业下设的研究方向与学校有很大关系，每个学校不同，但大多数学校都会设有对外汉语方向，比如北京大学、北京语言大学等。在过去的40多年中，高校为国家的汉语国际教育事业培养了大量的对外汉语专业人才，为汉语国际教育事业做出了积极的贡献。

然而，在2008年教育部高校学生司颁布的《关于招收汉语国际教育硕士专业学位研究生试点工作的通知》中，“汉语国际教育”作为文学门类中国语言文学一级学科下的二级学科单独设置（代码为050180）。⑥2012年教育部发布的《普通高等学校本科专业目录》又对专业进行修订，专业类由修订前的73个增加到

---

① 赵金铭：《国际汉语教育研究的现状与拓展》，《语言教学与研究》，2011年第4期，第86-90页。

② 吴应辉、牟岭：《汉语国际传播与国际汉语教学研究》，北京：中央民族大学出版社，2011年。

③ 骆小所、卢石英：《汉语国际教育的目的是汉语文国际教育》，《云南师范大学学报》（对外汉语教学与研究版），2007年第6期，第1-3页。

④ 陆俭明：《汉语国际教育专业的定位问题》，《语言教学与研究》，2014年第2期，第11-16页。

⑤ 胡范铸、刘毓民、胡玉华：《汉语国际教育的根本目标与核心理念——基于“情感地缘政治”和“国际理解教育”的重新分析》，《华东师范大学学报》（哲学社会科学版），2014年第2期，第145-150，156页。

⑥ 专业名称和代码来自“中国研究生招生信息网：硕士专业目录”，https://yz.chsi.com.cn/zsml/zyfx_search.jsp。

92个；专业由修订前的635种调减到506种。新目录分为基本专业（352种）和特设专业（154种），并确定了62种专业为国家控制布点专业。原对外汉语（代码050103*）、中国语言文化（代码050106W）、中国学（代码050108S）统一划归为汉语国际教育（代码050103）。华文教育专业的代码040110S也改为040109T。①从汉语国际教育的专业代码“050103”来看，汉语国际教育是归属于文学门类（代码05）下位的中国语言文学类（代码0501）。相比之下，在研究生教育体系中，“汉语国际教育”作为专业硕士学位（代码0453）是与教育学（代码04）门类相关的一个领域，它与学术型的教育学（代码0401）、心理学（代码0402）、体育学（代码0403）不同，与专业学位领域的教育（代码0451）、体育（代码0452）以及应用心理（代码0454）等并列，同时涉及文学（代码05）学科门类②。

另外，2013年，北京语言大学成立全国第一个以汉语国际教育命名的博士点。该校汉语国际教育二级学科自主增设博士点，并在教育部成功备案。这是我国汉语国际教育近年发展中的重要性时刻，此后北京大学、北京师范大学和华东师范大学等先后招收专业学位的汉语国际教育博士研究生，体现了汉语国际教育专业人才培养层次的提升，是我国汉语国际教育专业建设中重要的成就，这也进一步提升了汉语国际教育的学科地位。2018年，国家设立学校课程与教学领域的汉语国际教育方向教育博士专业，使得汉语人才培养层次得到了进一步提升，这也反映出国家对汉语国际教育学科的重视。

根据以上专业的划分和调整，我们很难简单地把汉语国际教育划定为哪个学科门类，要想清晰、明确地对汉语国际教育进行学科界定，还必须区分是本科层次的汉语国际教育还是硕士研究生或博士研究生层次的汉语国际教育。出现这种现象的原因是汉语国际教育是中国特有的一个专业，与国际上的学科体系并没有直接地对应；同时在中国高等教育体系中也出现了在学位归属方面摇摆不定的结果。

由于本书主要是关于汉语国际教育硕士培养模式的研究，因此，在讨论汉语国际教育的学科属性时，将其划归为教育学的学科门类。另外，汉语国际教育与专业学位领域的教育、体育以及应用心理等并列，且汉语国际教育不仅作为一种以汉语为基础的教育活动，同时也发挥着文化传承与传播的作用。在理论基础方面，语言学理论、文化学理论、心理学理论、教育学理论、认知科学理论等都可作为汉语国际教育的理论基础。从这个意义上说，汉语国际教育不能划归为某一学科，在学科定位上其具有交叉性，这也是本书所主张的。所以说，汉语国际教育应定位为跨学

① 丁安琪：《汉语国际教育硕士：专业发展十一年》，《国际汉语教育（中英文）》，2018年第4期，第18-35页。

② 崔希亮：《关于汉语国际教育的学科定位问题》，《世界汉语教学》，2015年第3期，第405-411页。

科。这不仅是时代背景赋予的学科性质，也是学科专业知识自身分化和综合的结果。

汉语国际教育除了汉语教学外，还起着弘扬中华文化、提升国家软实力的作用。因此，汉语国际教育不仅是作为一门专业、一门学科，还是国家和民族的一项重要事业。对于事业，我们必须时时刻刻谨记伟大事业的目标，循序渐进地迈向目标。比如，《国务院批转教育部国家教育事业发展“十一五”规划纲要的通知》中明确提到：“完善汉语国际推广的统筹协调机构，加快建设汉语国际推广基地和网络平台。加快推进孔子学院建设，规范管理、提高教学质量。适应多样化的需求，加强汉语国际推广教材的开发和应用，做好汉语国际推广教师的培训和选拔工作，改进汉语水平考试及其管理模式。加强汉语国际推广的研究工作。”①由此可见，现阶段谈及的“汉语国际教育”并不是一般意义上的教育，而是一项“集‘政策性、政治性和策略性’于一体的国家事业”。②在“一带一路”倡议下，汉语国际教育学科以“传播中国声音，讲好中国故事”为主要使命，积极扮演着推动中外人文交流、民心相通的角色。汉语国际教育在推动“一带一路”倡议的发展中具有重要的战略功能。

第二节　专业硕士学位的渊源与本质

硕士研究生有学术型硕士和专业型硕士两大类，与此相对应的是学术硕士学位和专业硕士学位，专业硕士学位目的是培养具有一定理论基础和相应专业技术，适应特定行业或职业实际工作需要的应用型高层次专门人才。欧美发达国家普遍重视专业硕士学位的教育，并且将之作为培养高层次、应用型专门人才的有效途径。

一、专业硕士学位的渊源

专业硕士学位研究生教育最早产生于美国，在成熟度和影响力方面美国也做得比较成功。1936 年，哈佛大学开设了以提高中小学教师实际教学能力为目的的教育硕士学位，而这也成了第一个教育硕士学位。从此之后，美国的专业硕士学位得到了迅速的发展，并扩展到商业、规划、工程、医药、管理、公共卫生、农业等领域。截至目前，美国专业硕士学位的名称已接近 700 种。美国教育主管部门对于专业硕士学位的界定是，“专业硕士学位的培养目标是完成在一个特定职业领域内开展实践所必需的理论性学习，获得高于学士学位水平所应具备的职业

① 国务院：《国务院批转教育部国家教育事业发展“十一五”规划纲要的通知》，http://www.gov.cn/zhengce/content/2008-03/28/content_5495.htm。

② 伊理：《汉语国际教育的特征分析》，《煤炭高等教育》，2012 年第 5 期，第 98-100，104 页。

技能。因此，专业硕士学位就是培养各个职业领域的应用型高级专业人才”[①]。

除了美国之外，英国、法国、日本等一些发达国家的专业型硕士的培养规模也一直呈现着不断扩大的趋势。在人才培养方面，更多的国家不断地加强对于专业硕士研究生等高层次专门人才培养的重视程度。另有部分国家规定，拿到专业型硕士学位才能从事相关职业的相应工作，即将行业的从业资格与专业硕士学位相挂钩，从而进一步刺激和促进了专业硕士学位教育的快速发展。欧美国家专业硕士学位教育起步较早，形成了鲜明的特点，同时也积累了丰富的成功经验。其特点主要包括：①专业硕士学位教育日趋弹性化；②突出教学方法的创新性与多样性；③突出学习和研究内容的实践性和应用性；④专业型硕士研究生培养逐渐适应学科交叉与综合的形势；⑤国际化趋势不断加强。[②]

我国于 1991 年开始针对在职人员开展专业硕士学位教育，自此以后，专业硕士学位教育不断呈现出种类逐渐增多、培养规模也逐渐扩大的趋势。但是总体而言，相对于欧美发达国家来说，我国专业硕士学位教育发展的时间比较短。截止到 2019 年 12 月，中国学位与研究生教育信息网显示：我国已经设置了包括汉语国际教育硕士在内的 40 种专业硕士学位。专业硕士学位教育的完善与发展，培养了大量应用型专业人才，为国家的发展提供了动力支撑。

二、专业硕士学位的本质

相对于西方发达国家的专业硕士学位而言，我国专业硕士学位教育起步较晚且发展时间短，不可避免地表现出发展规模较小、经验相对缺乏等不足，同时也暴露出了诸多的矛盾和问题。因此，有必要合理地借鉴西方发达国家的相关实践经验，从而把握专业硕士学位的本质和发展方向。

第一，要充分认识到专业硕士学位发展的目的是培养专门性应用型人才。这一类人才是具有实践导向的，并适用于特定行业或职业工作需要。一定意义上说，开展专业硕士学位教育与我国社会经济发展相适应。改革开放以来，随着经济社会的发展、社会分工日趋精细，我国对于人才的培养有越来越高的专业化要求，需要大量的专业性、高层次、高规格的应用型人才。另外，在终身教育理念和社会需求背景下，从业者在面临找工作、社会评价、职业规划等压力下，不断追求自身专业素养、职业能力和学历学位提升的意愿也逐渐增强。专业硕士学位教育就是在社会对高层次、高级人才的需求和满足在职人员继续学习深造的要求下应运而生的。为此，专业型硕士的培养必须谨记其目的，专业硕士学位教育的出发

① 曹俊杰：《专业硕士学位教育发展的国际经验及其启示》，《研究生教育研究》，2011 年第 3 期，第 90-95 页。
② 曹俊杰：《专业硕士学位教育发展的国际经验及其启示》，《研究生教育研究》，2011 年第 3 期，第 90-95 页。

点必须是培养适应经济社会发展的应用型人才，面向具有一定实践工作经验的在职人员，以满足他们在职提高与在岗学习的需要。按照国务院学位办的要求，制定培养方案时应遵循拓宽、新颖、统筹、科学、特色、规范的基本要求。①随着专业硕士学位教育的拓展，大多数专业的招生对象已经不设限制，即不管是否有实践工作经验，都可以报考。招生来源也越来越多样，有统考生、推免生等。表 1-1 反映了传统的录取和招生情况。

第二，需准确把握专业型硕士与学术型硕士的区别与联系。汉语国际教育两种类型的硕士在招生计划归属、招生对象、招考时间和培养模式等方面存在着区别和联系。由表 1-1 可见，在招生计划归属、招生对象、招考时间、录取原则、证书类型方面，专业型硕士和学术型硕士存在一致性。另外，由于定位不同，专业型硕士与学术型硕士在导师制度、培养模式等方面存在着差异。不过，需要注意的是，这里所谈的招生计划主要是针对中国学生。对于外国学生来说，教育部则没有明确的招生限制。最后，从两类研究生的具体培养情况来看，因为汉语国际教育实施单位在人才培养能力等方面的差距，专业型硕士和学术型硕士的培养又在日常实践层面存在着明显的交叉和联结。

表 1-1　专业型硕士与学术型硕士的区别

名称	专业型硕士	学术型硕士
招生计划归属	教育部	教育部
招生对象	应历届高等教育毕业生 （大专毕业工作 2 年以上）	应历届高等教育毕业生 （大专毕业工作 2 年以上）
招考时间	每年 9、10 月份报名，12 月底考试	每年 9、10 月份报名，12 月底考试
录取原则	统考，国家统一分数线	统考，国家统一分数线
导师制度	双导师制度	单导师制度
证书类型	学位证书、学历证书	学位证书、学历证书
培养模式	学术理论与实践教学相结合，偏实践教学	学术理论与应用研究相结合，偏理论教学

第三节　教育学视角下汉语国际教育硕士培养研究

一、教育功能论下汉语国际教育硕士培养研究

在教育功能研究中，有关功能的分类大致可分为以下几种：从作用的对象上

① 陈抗生、罗飞：《研究生教育科学论丛（第一辑）》，武汉：武汉水利电力大学出版社，1999 年，第 383 页。

看，分为社会功能与育人功能；从作用的层次上看，分为基本功能与派生功能；从作用的方向上看，分为正向功能与负向功能；从作用的呈现形式上看，分为显性功能和隐性功能。[①]本书立足于汉语国际教育硕士培养现状，主要探讨教育的社会功能和育人功能的相关情况。

（一）教育的经济功能与汉语国际教育硕士培养

1. 教育经济功能的思想内涵

在古代社会，教育的社会功能主要是政治功能，即维护统治阶级的既有利益；然而在现代社会，教育的社会功能的重心则转移到了经济上，教育的经济功能成为当代教育的突出功能，即通过“科教兴国”促进社会的繁荣和发展，这成为教育的社会功能的基本方向。当代教育的经济功能包括以下几个方面[②]。

（1）提供良好的基础与条件以促进经济稳定持续发展。

（2）为经济发展的各部门培养高素质的生产劳动者。

（3）帮助人们形成各种新的观点、态度、行为和习惯以适应现代生活和生产的节奏与变化。

（4）促进生产力发展等。

因此，教育的经济功能进一步拓展了教育服务经济发展的范畴，旨在通过学校教育培养未来服务经济发展的人才。从汉语国际教育发展的全球视野来看，很多中文学习者都带有经济目的，即汉语国际教育硕士培养的实用价值取向。中文学习者在学完中文及相关专业之后，可以从事中文相关的职业，实现自身发展的价值。

2. 汉语国际教育硕士培养的实用价值取向

首先，人力资本理论认为，人力资本是经济增长的关键，而教育则是形成人力资本的重要因素。因此，通过培养汉语国际教育硕士来加强人力资源投资，可转换为物质资本，换句话说，培养汉语国际教育硕士也就是刺激经济增长。

其次，随着我国经济的增长，国家开始设置汉语国际教育硕士专业学位，培养适应汉语国际推广新形势的汉语国际教育专业型硕士。这一方面促进了本土经济的发展；另一方面，通过培养汉语国际教育专业型硕士，向其他国家输送外派教师、志愿者等汉语国际教育专业的优秀人才，促进了当地的中文发展乃至经济的发展，同时也顺应了经济全球化主题下的共同发展趋势。

---

① 厉以贤：《现代教育原理》，北京：北京师范大学出版社，1988年。
② 杨葆焜、范先佐：《教育经济学新论》，南京：江苏教育出版社，1995年。

最后，经济学家指出，一个人所受的教育年限与其所获得的收入在一定程度上成正比变动关系。从个人角度出发，这就意味着同等条件下汉语国际教育硕士研究生与本科生相比，相对能够获得更高的报酬。

根据上述内容不难发现，不论是个人还是国家层面，我们都无法否认汉语国际教育硕士培养的实用价值，它对经济发展的贡献是毋庸置疑的。随着中外经贸往来越来越频繁，中文在中外经济合作与交流中发挥着越来越重要的作用。

3. 市场经济导向下的汉语国际教育硕士培养

随着我国对外开放的不断深入，尤其在“一带一路”建设的持续推动下，汉语国际教育事业的热度不断提高。几乎每年都会有一批院校新开设汉语国际教育专业，招收并培养大量的汉语国际教育硕士。可以说，汉语国际教育事业的蓬勃发展与国家的支持分不开。另外，出于民间需要，或者说是在市场经济导向下，汉语国际教育硕士的培养也不断地发生着改变。

首先，“中文+职业技能”的兴起强化了汉语国际教育硕士培养的经济服务指向。汉语国际教育和职业教育一直是我国教育领域对外开放的重要内容。一方面，经过多年发展，我国汉语国际教育事业日益壮大；另一方面，随着对外开放的深入，我国在职业教育方面成效显著。因此，在市场经济导向下加快推进汉语国际教育和职业教育“走出去”融合发展，实施“中文+职业技能”教育的趋势也是必然的。在这个趋势下，“中文+职业技能”教育领域也开展了一系列实践探索，比如说推动共建“中文+职业技能”国际推广基地以及教育实践与研究基地。2020年11月，中外语言交流合作中心与南京工业职业技术大学共建的全国首个“中文+职业技能”国际推广基地挂牌；2021年9月3日，中外语言交流合作中心和北京工业职业技术学院共建了“中文+职业技能”教育实践与研究基地；等等。以上措施都是致力于推动汉语国际教育、职业教育“走出去”的深度融合，而这些都会对汉语国际教育硕士的培养的实用性等方面提出一定的要求。

其次，新一轮科学技术革命呼吁汉语国际教育技术与经济融合发展。技术进步促进了经济的发展，经济的发展又进一步促进了技术的进步。当前，市场经济条件下培养的研究生就必须懂得一定的经济知识，否则研究以及开发就会脱离现实社会，失去价值。

再次，高科技赋能产业，对为海外中资企业培养熟知中文的高技能人才提出了新挑战。为了满足海外中资企业对高层次中文人才的需要，汉语国际教育需要培养一批能够扎根本土、服务经济发展的中文人才队伍。国家产业中高科技比重越来越大，研究生作为高级人才必须有坚实的基础理论和扎实的专业知识，否则难以在本专业领域内有所作为。同时，现在许多新科技往往都是多专业的结合，成为新兴交叉学科，将来这种交叉会越来越多且越来越复杂。因此，我们应培养专业知识扎实、复合型的“通才”，有利于我国新的技术、学科的出现，使我国科学技术水平登上一个新台阶，当然这也就对师资提出了更高的要求。

最后，教育滞后经济发展的现象要求汉语国际教育硕士培养具有超前思维和实践布局。在经济高速发展的今天，考虑到教育的滞后性，所以要培养汉语国际教育硕士的超前思维能力，使之具有对经济发展的预见性和强的观察力。这种能力的培养除了教师在思想方法上给予指导外，更主要地需要学生在学习中融会贯通，充分利用图书馆和各种信息渠道，以保证始终走在经济战线的最前沿。

（二）教育的社会功能与汉语国际教育硕士培养

1. 教育社会功能的思想内涵

教育的本质是培养人才，通过人才的培养发挥其对社会的作用，是教育实现社会功能的基本途径。从这个意义上说，教育的社会功能是教育的衍生功能，也称作工具功能。那么，教育的社会功能有哪些呢？教育的社会功能表现在教育对其他社会子系统的作用，包括文化、人口、政治、经济等方面。经济方面前文已作详细说明，此处不多做赘述。通常来说，教育的基本社会功能是传递文化，协助个人社会化，以建立共同的价值观。此外，教育的社会功能还包含服务政治等。因此，汉语国际教育社会功能的发挥需要将人才培养置于整个社会发展的大背景下，考量和重构汉语国际教育硕士人才培养方案。

2. 汉语国际教育硕士培养的社会化过程（从个体社会化入手）

汉语国际教育硕士培养的社会化过程，主要从社会和个体互动的教育视角进行分析。鲁洁认为，个体社会化是指个体适应社会的要求，在与社会的交互作用过程中，通过学习与内化社会文化而胜任社会所期待承担的角色，并相应地发展自己的个性的过程。①对社会而言，这个过程是文化得以延续的手段；对个体而言，这是被社会认同、参与正常社会生活的必要途径。教育作为社会的子系统，为谁培养人，培养什么样的人，直接影响了教育服务社会的价值。对此，如何搭建起社会和个体发展的桥梁是汉语国际教育硕士培养中不可忽视的因素。

首先，汉语国际教育硕士培养对于个人来说就是一个个体社会化的过程。国家设立汉语国际教育专业，制定课程标准与课程大纲，院校根据自身实际情况调整培养方案，设置汉语国际教育硕士课程。一方面，汉语国际教育硕士在攻读学位的过程中，不断获得知识和技能且不断内化，从而最终使自身能够获取学位乃

① 鲁洁：《教育社会学》，北京：人民教育出版社，1990年。

至工作岗位；另一方面，汉语国际教育硕士在将专业知识与技能内化后，也能传授给新一代学习者，使他们获得未来社会生活或职业生活中相应的知识，以便他们在进入社会生活时能够尽快地适应新环境。

其次，汉语国际教育硕士培养是依据学校系统进行的，通常学校教育代表一定的社会需求，即传播社会中的主流文化和价值观念，受此影响，学生就易于形成与主流社会文化相一致的思想意识，从而认可并自觉维持现存社会的种种关系。因而，汉语国际教育硕士的培养同时也促进了个体思想意识的社会化，特别表现为个体的政治化。另外在这个过程中，思想意识也影响着自身的行为规范，促使了个体行为的社会化。

3. 汉语国际教育硕士培养的社会参与现状

社会参与常常指社会公众的参与，准确地讲应是公众参与，意味着在政府决策过程及决策执行落实过程中社会公众的参与程序、方式、内容、程度及各种矛盾冲突的调处方式方法。21 世纪以来，海外各国对汉语学习的需求普遍增多，为满足海外汉语教学发展的需要，特别是更好地支持孔子学院的汉语教学，国家有关部门于 2007 年设立了汉语国际教育硕士专业学位。该专业学位设立以来，汉语国际教育硕士的培养取得了令人瞩目的成就。

首先，推动中文走向世界一直是传播中国声音的重要途径。所以我国大力发展汉语国际教育专业，培养优秀的汉语国际教育人才来支持海内外汉语教学和中华文化传播工作。

其次，就学校系统来看，一方面，截至 2021 年 9 月国内设置汉语国际教育专业硕士学位授权点的学校高达 190 多所，不仅招收国内的学生，同样也面向海外大量招生；另一方面，随着民间需求的增长，华文学校的数量在不断增加，海外孔子学院的数量也日益增长。

最后，在资金供给上，不像国外主要是依靠社会力量如民间组织、商会等提供资金，汉语国际教育硕士专业的设置以及培养主要依赖国家拨款，社会参与力量不足。近年来，为了更好地推动汉语国际教育走向世界，资金供给上也逐渐转变为民间基金会自筹的形式。

（三）教育的育人功能与汉语国际教育硕士培养

1. 教育育人功能的思想内涵

教育无论是从广义还是狭义上来解释，都是以培养人为目标的社会实践活动。因而作为一个独立的系统，教育本质上是培养人的一种活动。促进人的全面发展是教育的目的和追求。这种追求在教育实践中运行的实际表现，构成了教育的育人功能。教育的育人功能是在教育活动内部发生的，所以也被称为教育的本体功能或教育的固有功能。汉语国际教育硕士培养本质上就是培养人的活动。所以，在培养过程中，需要立足于人的发展需求，洞察不同国家背景的中文学习者对学习的需要，联动人才培养与个体发展、社会进步等多维要素，从而实现真正育人。这种育人观念可以反映到全人教育视角上。

2. 全人教育视角下汉语国际教育硕士培养反思

全人教育是指在教育教学的时候，能够及时了解学生的心理需求、能力、经验、性格、意愿等主观条件，并加以配合来进行教学活动，从而激发学生的求知欲和学习动机，使学生能够快乐学习。全人教育旨在全面挖掘个人潜力、促进学生个体的全面发展。它是基于人的全面发展学说与教育思想而开展的全人教育活动。

反观汉语国际教育硕士培养方案，自 2009 年 5 月，国务院学位办公布的《全日制汉语国际教育硕士专业学位研究生指导性培养方案》，就将汉语国际教育硕士培养目标确定为：主要培养具有熟练的汉语作为第二语言教学技能和良好的文化传播技能、跨文化交际能力，适应汉语国际推广工作，胜任多种教学任务的高层次、应用型、复合型、国际化专门人才。针对该培养目标，结合全人教育理念，我们不难看到以下几个方面。

首先，汉语国际教育硕士的培养方案对全面发展十分重视。课程等方面的培养要求着力使学生多才多艺——不仅熟悉本国文化，还需要知晓他国的文化，并且在此基础上实现文化传播与跨文化交际。另外，最好还要有中华才艺等技艺“傍身”，以上都体现了全人教育的理念——促进人的全面发展。

其次，汉语国际教育硕士的培养十分重视教学技能。包括培养目标、课程目标以及教学目标的设置都对教学能力提出了要求。诚然，作为汉语国际教育硕士，具有过硬的教育能力，这是理所应当的。但汉语“教育”的主要内容是汉语，因此在培养目标中也应该明确对汉语基础的要求。如果没有扎实的汉语基础，即使拥有再高超的教学技能，也是难以胜任汉语的国际教育的。然而，复合型人才目标并不是简单的“汉语+教育”。结合全人教育理念来看，这也是对人的全面发展的一个疏忽之处。

最后，汉语国际教育硕士的培养在实践中是否契合了全人教育理念的“激发学生的求知欲和学习动机，使学生能够快乐学习”仍值得思考。

3. 不同语言文化背景下汉语国际教育硕士培养的育人特征

语言是文化的载体。语言反映一个民族的特征，它不仅包含着该民族的历史和文化背景，而且也蕴藏着该民族对人生的看法、生活方式和思维方式。语言与文化相互影响、相互作用，因而不同语言文化背景下汉语国际教育硕士培养的育人特征也是不同的。

第一，汉语应用型人才在“一带一路”沿线国家备受欢迎。汉语应用型人才与国内近几年的“中文+职业教育”想法不谋而合。在国内，汉语国际教育硕士的培养，一开始的目的是传播中华文化，但是在其他国家，汉语国际教育硕士的培养一开始的目的就十分具有针对性——培养政治、经济、文化等各个领域与职业的应用人才以促进当地发展。

第二，国内汉语国际教育硕士的培养目标强调跨文化交际能力以及传播中华文化。因而在国内，汉语国际教育硕士培养很注重帮助学生了解和掌握中外文化差异以及跨文化交际的知识和技能，以及加强对汉语国际教育专业学生中华文化知识的教学，使其掌握一些中华才艺，如太极拳、武术、剪纸、中国结、中国画等。培养的汉语国际教育硕士只有具备扎实的跨文化交际能力和外交事务的处理能力，了解和熟悉中国传统文化和当代中国概况，具有较高的文化素养，才能很好地从事对外汉语的教学工作，成为中华文化的传播使者。相反，出于不同的目的，国外的中文人才培养则更加强调汉语语言学习，更加注重学生对汉语的熟练度以及应用度。说到底还是实用性，能够熟练地应用汉语就可以更好地成为各行各业的汉语人才。此外，随着中国国力的增强以及国际地位的提升，海外也更加注重汉学研究。近年来，各国将中国作为主要研究对象，汉语国际教育也随之发展迅速，汉语国际教育硕士的培养也不再局限于对中国语言、文化的学习，也会更多地关注和聚焦中国当代的经济发展与社会文化问题等。

二、课程与教学论下汉语国际教育硕士培养研究

（一）课程与教学论的基本内涵和理论流派

1. 基本内涵

课程与教学是学校教育的核心，课程与教学论是专门研究“教什么”和“怎么教”的理论。在课程与教学论中，学习是基础，教育是目的，课程是核心，传授是关键，教学是中心。

课程与教学论可分为课程论和教学论：①课程论，顾名思义是关于课程的理论，课程既指某一课业或教学科目，又指有关课业和科目教学进程的安排。课程是一切教育活动的核心，也是教育系统得以运行的主要手段，包括课程目标、课程结构、课程内容、课程实施和课程评价等，主要研究教学内容的设计、编制和

改革。②教学论，顾名思义是关于教学的理论，教学是教师的教和学生的学共同组成的一种双边互动的教育活动。教学论是关于教学情境中教师行为的规定或者解释的理论，主要研究如何教学及促进学习。课程与教学论视域下汉语国际教育硕士培养需要秉承课程与教学发展规律，尤其是海外中文课程开发与建设，以及海外中文教学的多样化需求和特色化发展。

2. 理论流派

不同学者对课程论有不同的见解，主要流派如下。

（1）学科中心课程论：又称知识中心课程论，代表人物有斯宾塞、赫尔巴特、布鲁纳。自第二次世界大战后，这一课程理论主要来源于“要素主义”和“永恒主义”。它主张学校课程应以学科的分类为基础，以学科教学为核心，以掌握学科的基本知识、基本规律和相应的技能为目标，关注知识的逻辑性、系统性和连贯性，主张按照知识的学科逻辑编排教材。[①]

（2）学习者中心课程论：主要包括经验主义课程论和存在主义课程论。

经验主义课程论又称为活动中心主义课程论，代表人物是杜威。该理论认为课程应关注学生，以学生的兴趣、爱好、需要为导向，强调学校与社会相联系，使得学生获得关于现实世界的直接经验和真切体验，课程应以学生的社会活动为中心，并强调课程组织应心理学化，即考虑到学生本身的心理发展规律及顺序，让学生能够更好地接受课程内容。[②]

存在主义课程论以奈勒为代表。他认为课程最终要由学生的需要来决定，应当把教材看作是自我发展和自我实现的手段，不能使学生受教材的支配，而应该使学生成为教材的主宰。知识和有效的学习必须具有个人意义，必须与人真正的目的和生活相联系。人文学科应该成为课程的重点。

（3）社会中心课程论：又称社会改造主义课程论，代表人物是布拉梅尔德。他主张以当代重大社会问题为核心来组织课程，树立学生的社会意识，帮助学生在社会方面得到发展。通过对社会问题的分析和学习，最终能够改造社会。[③]

（4）后现代主义课程论：代表人物是多尔。他认为课程目标不是固定的，而是多变的、丰富的、不断生成的，课程目标应该是师生一起建立的，并随着教育活动的具体情况而改变，所以课程目标具有动态性。强调课程是不断生成的，而不是固定不变的。多尔将后现代主义课程标准概括为“4R”，即丰富性（rich）、循环性（recursive）、关联性（relational）、严密性（rigorous）。

① 白秀杰、杜剑华：《教育学》，北京：首都师范大学出版社，2017 年，第 157-159 页。
② 靳玉乐：《课程论》，北京：人民教育出版社，2015 年，第 102-104 页。
③ 孙式武、于淑君：《小学教育概论》，济南：山东人民出版社，2014 年，第 65-66 页。

教学论流派划分如下。

（1）新行为主义教学理论：以斯金纳的程序教学理论为代表。该理论认为，教育目标应突出预期行为结果，教学的目的就是提供特定的刺激，以便引起学生特定的反应，所以教学目标越具体、越精确越好。该理论认为学生的行为受行为结果的影响，要让学生做出合乎需要的行为反应，必须形成某种相倚关系，即在行为后有一种强化性的后果。因此，该理论强调对学习环境的设置、课程材料的设计和学生行为的管理等系统的安排与控制，即强化。这种教学过程分为五个阶段：确定并明确目标行为、评估行为、安排相倚组织（选择强化物和强化方式）、实施方案、评价方案。他提倡采用程序教学方法，遵循小步子原则。①

（2）认知主义教学理论：以布鲁纳的认知结构教学理论为代表。布鲁纳强调教育的质量和理智的目标，教育不仅要培养成绩优异的学生，而且要帮助每个学生获得最好的理智发展。教学过程需要遵循“动机—结构—序列—强化”原则，他提倡发现教学法，认为学生不是被动接受知识，而是积极主动地在教师创造的学习情境中发现知识。发现教学法强调学习过程、直觉思维、内在动机和信息提取。此外，教学内容是建立学科知识结构。②

（3）人本主义教学理论：以罗杰斯的非指导性教学为代表。罗杰斯指出，教育的目标是培养能从事自发活动、能灵活地适应新的问题情境、能灵活选择问题处理方式的人，学会怎样学习并且能不断学习的人。他认为在教学过程中，教师起到促进者的作用。教师通过与学生建立起融洽的个人关系，促进学生的成长。教学过程包括五个阶段：确定帮助的情境、探索问题、形成见识、计划和抉择、整合。罗杰斯倡导意义学习和非指导性学习，认为师生关系的品质是真诚、接受和理解。③

（4）社会互动理论：理论基础主要有罗杰斯的人本主义教学理论、维果茨基的社会互动理论、费厄斯坦的“中介作用”理论。该理论认为通过和谐的互动，以达到最佳的教学效果，从而培养学生的主体性和创造性。在教学过程中强调互动，贯穿教学始终，包括前提、基础、关键和结果。关于教学方法，提倡包括体现互动的所有方式方法，社会互动的主要方法有交换、合作、冲突、竞争和强制等。正是在一系列的互动中，人们理解他人的想法，在符号互动中完成交流，产生情感共鸣，从而影响文化的建构和变迁。④

---

① 徐建敏、管锡基：《国内外当代教学理论简明读本》，北京：教育科学出版社，2011 年，第 92-95 页。
② 周详、潘慧主编：《教育心理学》，天津：南开大学出版社，2014 年，第 169-172 页。
③ 周详、潘慧主编：《教育心理学》，天津：南开大学出版社，2014 年，第 182-184 页。
④ 杨小微、张天宝：《教学论》，北京：人民教育出版社，2014 年，第 377-378 页。

（二）汉语国际教育硕士培养的课程体系与教学模式

伴随着汉语国际教育专业近些年的迅速发展，汉语国际教育硕士学位授权点快速增长，截至 2021 年 7 月，已有 199 所高校具备汉语国际教育硕士招生资格。

1. 汉语国际教育硕士培养的课程体系

目前汉语国际教育硕士的课程主要是基于学科中心课程理论设置的，注重知识的系统性、连贯性。课程体系是由课程目标、课程结构、课程内容、课程实施和课程评价等五大基本要素构成的整体，具体内容如下。

1）课程目标

课程目标决定了汉语国际教育硕士要培养什么样的人才，是指导本专业课程设计和教学实施的必要依据。汉语国际教育专业的课程目标具有多元复合性，主要是：立足于向全世界传播中华优秀语言文化，培养掌握扎实的中外语言文化知识、汉语教学能力、文化交流传播能力和跨文化交际能力，具有较高的人文素养和教师职业素养，能从中外不同语言文化视角学习、教授和传播中华优秀文化，能在国内外从事跨文化、跨语种、跨国别汉语言文化教育的应用型、复合型、创新型、国际化人才。要有高度责任感和使命感，推动汉语和中华文化走向世界，促进中外文明交流沟通，互学互鉴。

2）课程结构

课程结构是指课程体系中各种不同类型课程之间的比例关系。课程结构决定了课程目标的实现程度，并为课程内容设置提供了基本框架。从专业拆分来看，可形成“汉语+国际+教育”多维互动的形式，其中汉语类、国际类、教育类“三元课程结构”的比例应该是均等分布的，包括汉语教育、传播汉语、汉语国际化、国际汉语、国际教育、教育国际化六个方向的课程。

3）课程内容

课程内容是指课程的教学内容，是课程体系的实体。就汉语国际教育硕士的培养而言，应该考虑开设哪些具体学科才能保证未来的国际汉语教师（中华文化传播者）具备所需的知识、能力和素养。目前汉语国际教育硕士的课程由语言、文学和文化等知识类课程，教学技巧、方法等实践类课程和外语类课程这三大主要板块构成。

4）课程实施

课程实施主要是通过专业课程的教学与实践活动的开展进行的。课程实施是课程体系中承上启下的重要环节和组成部分，可以检验课程编制者所设计的课程方案。汉语国际教育专业的课程目标、课程结构及课程内容等通过实施后，可以从中发现问题，及时调整，不断修正完善。大多数院校的汉语国际教育专业在制定人才培养方案时，对社会需求进行了充分调研，对人才培养方案进行多次调整，部分高校结合所在区域根据本校办学实际和特色安排教学计划。

5）课程评价

课程评价是运用一定的评审标准对整个课程体系作出价值评判，也包括对课程评价实施的再评判。汉语国际教育专业课程评价是判断该课程体系是否合理的最有效的措施，主要起到了反馈的作用，以促成科学合理的汉语国际教育专业课程体系的最终形成。

2. 汉语国际教育硕士培养的教学模式

教学模式是在一定教学思想或教学理论指导下建立起来的较为稳定的教学活动结构框架和活动程序，它既是教学理论在教学实践中的具体运用，又是对人们在长期的教学实践中所积累经验的系统概括。它是理论与实践之间的桥梁，具有中介作用。汉语国际教育硕士培养的教学模式如下。

1）传递-接受模式

以赫尔巴特的四段教学法为基础，教学目标是传授系统知识，促进学生发展，为未来生活做准备。教师具有指导作用和权威性，能使学生在短时间内掌握系统的科学知识。汉语国际教育硕士培养过程中，语言、文学和文化等知识类课程通常采用这种模式。

2）程序教学模式

以新行为主义教学理论为原理，以程序教学机器或程序教材为基础进行教学，使学生按照教师期望的方式去行动。教学目标是建立预期的行为结果，采用小步子的方法，可以将复杂的课题化难为易。

3）非指导性教学模式

学生是教学的中心，教师为学生学习提供各种条件，突出学生的情感和价值观作用，充分发挥学生自身的潜力，促进学生实现自我完善。例如，在中华才艺实践课程中，教师不以指导者而是以顾问的身份出现，给学生搭建施展才华的平台。

4）范例教学模式

运用精选的知识经验以及事实范例作为教学内容，使学生掌握一般的、有普遍意义的知识，能使学生将所学的知识迁移到别的地方，形成独立自主的学习能力和判断能力。这种模式在讲授知识类课程中比较常用。

（三）新一轮科技革命下汉语国际教育硕士课程与教学的新变化

随着科技的快速发展，信息技术与我们的日常生活已经达到紧密相连的状态，在课程与教学中也是如此。世界各地出现了越来越多的汉语学习者，这些汉语学习者的年龄、背景、个性和动机各不相同。为了满足不同学习者的学习需求，汉语国际教育硕士的课程与教学出现了新变化。

1. 课程的变化

1）课程目标

由中华文化传播使者转变为熟练掌握信息技术的中华文化传播使者。在汉语学习的不同阶段，由于汉语学习者学习内容的难度、深度和广度的不同，只有掌握现代信息技术的国际汉语教师才能适应学习者们不同的学习环境以及满足汉语学习者的其他学习需求。如《广东外语外贸大学汉语国际教育硕士专业学位培养方案》中将能熟练使用现代教育技术（包括 PPT、Word、Excel 等的熟练操作）列入培养目标①。

2）课程内容

传统的知识类、实践类和外语类课程内容已无法实现变化了的课程目标，因此多媒体辅助教学技术课程被列为必修课，学会熟练运用智慧教学系统成为学生进行在线教学的基本能力。如青岛大学研究生课表里出现的“现代教育技术与汉语教学资源应用”课程②。

2. 教学的主要变化

1）教学形式——灵活性增强

在进行汉语国际教育的过程中，教师结合了信息技术和多媒体技术，而不是与传统的汉语教育模式“教育与接受”相结合，熟练应用开展教育活动的设备和计算机设备③。

一是上课。教师可采用线上、线下的混合教学方式，打破传统教室的禁锢。在新型冠状病毒肺炎疫情的大背景下，学生可以不受时间、空间以及学习方式的限制，在手机或者电脑等信息设备上随时随地地进行线上学习，而不用花费大量时间去特定的场所进行学习。

二是课堂讨论及作业。依托网络教学平台授课，减小了学生的心理压力，学生会更加积极地在留言区发言，一定程度上实现了从“传递—接受”到非指导性教学的跨越，可提高教学效率。此外，作业形式突破传统纸质版作业，更加丰富多样，从多方面提高学生的能力。例如，华南师范大学国际文化学院汉语国际教

① 参见《广东外语外贸大学汉语国际教育硕士专业学位培养方案》。
② 青岛大学国际教育学院：《青岛大学研究生课表》，https://clc.qdu.edu.cn/info/1088/2560.htm。
③ 吴鼎福、诸文蔚：《教育生态学》，南京：江苏教育出版社，1995 年，第 145-147 页。

育专业有几门课依托线上课堂平台，可实现小组讨论以及在线测评功能，课后作业可直接在平台在线提交，非常方便快捷。

2）教学资源——获取度提高

中国相关高校和专家已经建立了较为完善的语料库系统。汉语国际教育学生可以通过该系统进行自主学习，以提高他们的汉语水平。如 BCC 语料库、CCL 语料库和 HSK 动态作文语料库含有大量学习资源，学生可以搜集有关词语辨析、偏误分析等方面的内容从而运用到教学实践中。此外，大量精美的多媒体课件内容可轻易获取，让繁杂的语言和文化知识具有生动性和趣味性。

3）学习模式——碎片化加深

信息技术促进了学生的碎片式学习①，在课堂教学中，由于汉语国际教育的跨专业学生占比较大，每一个学生学习的进度都有所不同，教师难以照顾到所有学生。网络授课平台的录播课可反复听，进一步解决了知识遗漏的问题。

尽管信息技术给汉语国际教育硕士的课程与教学带来了正向变化，但还是存在一些弊端。总体来说，在新一轮科技革命下汉语国际教育硕士的培养正朝着开放化、国际化的方向前进，汉语国际教育学生的信息素养正紧随时代变化，未来将会出现更多掌握现代信息技术的优秀国际汉语教师，为讲好中国故事发光发热。

三、教育国际化理论下汉语国际教育硕士培养

（一）汉语国际教育硕士培养的国际化理论探析

通常意义下，国际化是指人员、思想、商品和服务在不同国家和文化体系之间的交流。它假定的情况是国际化与一个国家的历史、文化、资源和优先事项等密切相关。教育国际化的基本原理在于知识进步有一个普遍本质，它是全球事业，没有边界。

教育国际化是发生在第二次世界大战后，国与国之间相互交流、研讨、协作，以解决教育上共同问题的发展趋势。作为教育自身发展的结果，教育国际化已成为全球教育发展的必然趋势。它的主要特点之一是国际教育组织的出现与发展。1945 年联合国教育、科学及文化组织成立，旨在推动各国在教育、科学、文化方面的合作。此后，国际教育局、国际劳工组织、经济合作与发展组织（OECD）、东南亚教育部长组织等相继成立，开始研讨大家共同关心的教育问题，并派遣专家进行国际援助。特点之二是国际合作加强。各国文化教育交流日益频繁，教师、

---

① 李泉：《汉语国际教育专业硕士培养方案修订建议》，《国际中文教育（中英文）》，2021 年第 2 期，第 3-4 页。

研究人员交往增多，留学生增加，教材交流与协作增强。随着世界经济全球化进程的加快，教育国际化开始对中国教育教学产生较大的影响及推动力，其体现之一是汉语国际教育教学理念及方法的发展。

自汉语国际教育硕士专业学位设立以来，在国务院学位委员会的指导下，以及在全国汉语国际教育硕士专业学位教育指导委员会的督导下，汉语国际教育专业的人才培养取得了令人瞩目的成就，在国内外特别是在海外孔子学院汉语教学中发挥了不可替代的作用，也为国内中小学校和企事业等部门输送了大批高层次专业人才，为国家经济社会和文化事业的发展做出了应有的贡献。[①]1981 年至今，国际汉语教师的专业学历体系得到了健全和发展，为汉语国际教育事业培养了一大批专业人才，但遗憾的是，该体系并没能彻底解决国际汉语教师资源短缺问题。目前国内外都面临师资短缺问题，且国外的情况远比国内复杂。国外发展中国家的国际汉语教师“供不应求”，但在欧美等发达国家，国际汉语教师逐渐达到了“供需平衡”，甚至有“供大于求”的情况（特别表现在中外语言交流合作中心志愿者和外派教师的申请人数的地区差异方面）。

在国际化背景下，学者们普遍指出，我们应秉承开放的理念积极融入国际化潮流，共享国际教育资源，坚持“走出去”与“引进来”战略相结合。针对教育国际化的特点，汉语国际教育实践的发展也要同“走出去”与“引进来”战略结合。首先是国际教育组织的出现与发展，汉语国际教育要多建立国际组织机构，向汉语国际教育专业的学生提供更多的实习机会。其次是国际合作加强，这要求汉语国际教育在人才培养上，不能闭门造车，要关注实际需求，寻求国与国之间的合作交流。需要强调的是，教育的国际化意味着开放、共享、合作，却不是指趋同化、西方化，而是需要在顺应国际化趋势以及坚持“本土化”、“民族化”与“地区化”的原则下，推动教育的国际化、本土化在“相容中相长，相互促进、和谐发展”。

汉语国际教育硕士培养体现了多方面教育国际化的思想。第一，复合型人才培养。近些年来，随着中国在世界上影响力的不断提升，汉语走向世界的步伐加快。汉语国际教育交流日渐频繁，一方面，依托“走出去、请进来”的国际交流方法，为教师提供更多到国外进修、访问、讲学、合作研究的机会；另一方面，请国内外的教育专家介绍先进的教育理念及方法，使教师能够“用国际的理念在宏观上审视改革教育教学，用博大的胸怀从微观上批判性地吸收，用发展的眼光传承和弘扬自身优势”，这是汉语国际教育国际化过程中的一项重要任务，也是

① 李泉：《汉语国际教育专业硕士培养方案修订建议》，《国际中文教育（中英文）》，2021 年第 2 期，第 3-4 页。

更新教师教育思想、教育观念与知识结构，提高教师教学水平的有效途径。第二，课程体系的国际化。课程体系国际化是教育国际化具体实施过程中的重要内容。要实现国际化的培养目标，必须改革汉语国际教育现有的教学模式和教学内容，构建国际化的课程体系。要使汉语走向国际，培养在国际上有影响力的高素质人才，课程的优化与整合尤其必要。长期以来，汉语国际教育理论课程体系存在过于单一化的现象。表现为：一是学科间知识的交叉不够，二是课程本身的各章节条块分割明显，对知识间的内在联系关注不够。课程体系的老化难以体现出知识的系统性和连贯性。鉴于此，有必要对现有的课程体系进行优化与整合。第三，教育观念国际化。国际化课程教学的基本理念，是贯彻以学生为中心的发展观，即追求自由和谐之精神，提高心智的情境化教学，在案例教学中提高分析能力，在第二课堂中促进个性发展。第四，课程资源共享化。伴随着信息技术的高速发展，“大规模开放在线课程”（简称“慕课”）应运而生，使教育国际化交流更加便捷，其开放性、共享性及透明性，使师生可以及时汲取和利用优质的课程资源，丰富和充实教育与教学，同时将汉语文化推向国际。汉语国际教育硕士培养的国际化理论也为我国汉语国际教育硕士培养提供了如下几点启示。

第一，我们要科学制定培养方案，做好人才培养顶层设计。培养单位应根据本校的区位优势、学科特点和师资队伍状况，结合学生就业目的国的需求，量身定制培养方案，按需招收匹配度高的考生，按照培养目标进行精准培养，从而逐渐摸索出本校汉语国际教育硕士专业学位的特色。

第二，注重课程体系建设，提高教学质量。建设符合行业发展需求、与培养目标高度契合的课程体系，并在课程体系中融入对应用能力和职业能力的培养，是提升专业学位教学质量的重要途径。汉语国际教育师资需求主要来自世界各国，那么各学校的课程体系就应该明确学生就业的目的国、区域或语别国家。例如，培养目标是面向西班牙语国家中小学的国际汉语教师，那么就应开设西班牙语、西班牙语国家中小学教育概况、汉西语言对比、西班牙语国家社会文化等针对性课程。以此类推，面向阿拉伯语国家、俄语国家、泰语国家、韩语国家等培养国际汉语教师，均应设置相应课程。

第三，系统谋划实践教学，培养应用能力和职业兴趣。实习实践是汉语国际教育硕士培养中非常重要的环节，对学生的职业规划也往往起到决定性作用。一段美好的实习实践经历能激发学生从事本专业的兴趣甚至激情，而一段失败的实习实践则往往导致学生放弃从事汉语国际教育相关职业的打算。因此，在汉语国际教育硕士人才培养中，应高度重视并统筹谋划学生的实习实践，用心做好实习实践的整体设计，建立联合培养实习机制，抓好实践导师配置与管理、实践方式与内容、实践管理与考核等环节。过去十几年中，全国汉语国际教育硕士的专业实习实践主要有如下几种方式：一是作为汉语教学志愿者外派出国实习；二是在国内汉语教学机构实习；三是与国外高校合作，培养期间在国外实习；四是在线教学实习。不论是出国实习还是在国内实习，只要组织管理和指导到位，均能取得良好的实习实践效果。目前在实习实践中，无指导或指导不足的学生自我实习现象相当普遍。以志愿者出国任教实习为例，学生被派往一个国家的不同地区，甚至不同国家任教，由于种种原因，学生得不到老师的及时指导，不得不自行摸索教学经验，这就必然导致实习实践质量大打折扣。对于汉语国际教育硕士来说，出国实习实践还具有帮助自己适应目的国社会文化以减少跨文化交际障碍的功能。因此，有指导的出国实习和联合培养（含实习）是汉语国际教育硕士的最佳实习方式。

（二）汉语国际教育硕士培养的国际化实践探讨

1. 课程国际化

国际汉语教学理论和教学语法是汉语国际教育专业的课程，但部分院校在这两方面涉及较少，甚至没有开设专门的教学语法的课程。除去公共课，汉语国际教育阶段的主要课程是：语言学纲要、现代汉语、古代汉语、中国/西方文学概论、中国/西方文化概论、社交礼仪、国外汉学研究、对外汉语教学引论等。学生学习到的更多的是汉语本体知识，很少能接触到国际汉语教学理论和教学语法，在这样的课程体系下，很难培养出具有较高的国际汉语教学能力的学生，这是造成教师资质良莠不齐、优秀师资匮乏的原因之一。所以须结合教育国际化理念，优化汉语国际教育专业课程体系，加大对国际汉语教学理论和教学语法的学习，多提供能够提高国际汉语教学能力的配套课程。①研究生培养阶段要明确理论语法与教学语法这两个不同的语法体系，区别普通的教育学理论和国际汉语教学理论，优化课程结构，将对外汉语教学语法纳入主干课程，培养国际汉语教学能力。此外，要明确专业培养取向，特别是在当下新型冠状病毒肺炎疫情和经济、政治波动的世界局势背景下，更应明确专业人才培养取向。汉语国际教育专业是培养国际汉语教师专门人才的应用学科。但是，考虑到就业压力和当前疫情等因素的影响，笔者认为，在汉语国际教育本科生培养阶段以培养学生的多元复合能力为目标，可以适当增设语言文学大类的相关课程，以提升学生底蕴。研究生培养阶段则应注重专业实力，理论与实践并重，提升学生的理论基础，以达到教研互促的效果，

① 谢梦飞：《国际汉语教师职前师资培养中的问题及对策》，《林区教学》，2021年第9期，第34-38页。

可以引导更多的培养单位将汉语国际教育专业硕士的培养年限延长至三年，为理论学习和实践提供充足的时间，从而培养出更多优质的国际汉语教育人才。[①]

2. 学生国际化

伴随着汉语国际教育专业近些年的迅速发展，汉语国际教育硕士学位授权点快速增长，汉语国际教育硕士的报考人数也急剧上升，成为考研的热门专业之一。从国内学生来看，跨专业考研人数较多，生源结构比较复杂，跨专业考生人数多于本科是汉语言文字学或对外汉语专业的考生人数，给教学和培养带来一定的障碍。具有相关教学经验的学生，如有志愿者经历的学生，在教学方面往往更具优势；而跨专业学生的理论和实践基础一般较为薄弱。同一级学生基础各不相同，导致学生学习的目标迥异，教师教学时难以兼顾，这就直接造成毕业生国际汉语教学能力的良莠不齐。从国际留学生来看，随着中国与“一带一路”沿线国家合作关系日益密切，汉语的经济价值也日益凸显，学习汉语成为“一带一路”沿线国家许多学生的首选，再加上政府奖学金、孔子学院奖学金的加持，前往中国留学的国际学生逐渐增多。针对教育国际化，我们可以提高专业设置的“准入”门槛，构建完善的专业评估体系。针对缺乏语言文学类学科基础的院校应考察其是否具备设置汉语国际教育专业的办学条件；申请学位点的院校，必须能够解决专业课师资和毕业生实习等问题，否则不予批准；此外，要控制硕士学位授权点增长速度，要构建涉及学科、师资、科研、实习、毕业生水平、人才转化率等方面的完善的评估体系，撤销不达标院校的学位点。做到精益求精，宁缺毋滥。

3. 教师标准认证与国际接轨

相比于国外的二语教师的培养来说，国际汉语教师的培养还处在不断探索发展阶段，在参考国外二语教师标准认证的同时，为了满足世界各国对国际汉语教师的质量要求，国际汉语教师的标准认证也在不断完善和发展。一方面，国际汉语教师标准认证符合国际通用标准和原则，另一方面，国际汉语教师标准认证要与海外汉语教师发展需求相结合。官方的汉语教师资格证书经历了“对外汉语教师资格证书”“汉语作为外语教学能力证书”“国际汉语教师证书”三个阶段。1990 年 6 月 23 日，国家教育委员会发布《对外汉语教师资格审定办法》，设立了“对外汉语教师资格证书”；2004 年 8 月 23 日，国家教育委员会又颁布了《汉语作为外语教学能力认定办法》，该办法设立了初、中、高三个等级的“汉语作为外语教学能力证书”，该办法自 2004 年 10 月 1 日起施行，1990 年颁布的办法

① 吴应辉：《专业学位水平评估对汉语国际教育硕士人才培养带来的影响及反思》，《天津师范大学学报（社会科学版）》，2021 年第 2 期，第 10-18 页。

和证书同时废止。2005年“汉语作为外语教学能力证书”停考；2014年10月恢复考试并试考“国际汉语教师证书”，2015年正式开考。[①]

4. 技术驱动国际汉语教学信息化

新型冠状病毒肺炎疫情期间，网络教学成为2020年上半年教学的主要手段，涌现了很多网络教学渠道。这一类的应用也可以作为汉语教学和国际汉语教师培训的重要手段，特别是随着5G网络资源的普及和开发，实时的音视频互动将更为便利，甚至一些更高端的互动技术如全息投影等技术也被开发应用，这为国际汉语教师的专业发展提供了更好的技术支持，为汉语国际教师提供更多的线上就业和学习资源，有利于拓宽就业渠道和增加实习机会，提升教学实践能力，有利于缓解国际汉语教师资源的培养和储备压力。与此同时，网络教学的兴起也使世界各国的学生有机会享受到国际汉语教师开设的公益性课程。

5. 专业导师队伍的国际化

汉语国际教育硕士专业学位点的师资队伍结构调整与建设也在朝着国际化方向发展。首先，应该提升专业化程度。一些填入水平评估简表中的代表性教师的代表性成果，都跟汉语国际教育没什么关系或关系甚远，有的是关于中国古代文学、现当代文学、文艺学、中国古典文献学、中国少数民族语言文学的，有的是关于外国语言文学的，这些成果不能说跟汉语国际教育一点关系没有，但至少不是汉语国际教育领域的。如果代表性教师都没有汉语国际教育领域的成果，其他教师的情况就可想而知了，这也充分反映出该专业学位点师资队伍的汉语国际教育专业化程度还比较低。一支专业化程度较低的师资队伍不大可能培养出高水平的专业化人才。因此，对于大多数汉语国际教育硕士专业学位点来说，提高师资队伍的专业化程度十分必要。

其次，还应该重视校外导师队伍建设。校外导师一般为国内外汉语国际教育行业的一线优秀教师或管理者，比如海外孔子学院的优秀汉语教师。他们能为学生实习实践乃至就业提供指导和帮助，特别是开展汉语教师志愿者赴海外实习项目时，能尽快帮助学生适应国外工作环境，提升学生的国际化教学水平。师德师风建设机制、成效和成果是许多汉语国际教育硕士专业学位点此前重视不够的方面，但随着立德树人根本任务的进一步强化，师德师风日益受到重视，加强师德师风相关制度和机制建设非常必要，策划实施师德师风建设项目并对其进行系统化和理论化总结意义重大。

---

① 冯丽萍：《关于汉语国际教育硕士专业学位研究生培养方案指导作用的分析》，《国际中文教育(中英文)》，2021年第2期，第13-17页。

四、教育评价观下汉语国际教育硕士培养

（一）教育评价的理论内涵

1. 教育评价的概念

评价通常是指评价者根据一定的客观要求，运用一定的技术手段，对评价对象的各个方面进行判断的过程，包括对事物的质量和数量的描述以及在此基础上做出的价值判断。

教育评价是指在一定的教育价值观指导下，以教育目标为依据，运用一定的科学技术和手段，对教育活动、过程和结果进行价值判断的过程。教育评价是教育科学体系中的一个重要领域，是社会评价的基本原则在教育科学体系中的具体应用。教育评价是教育的重要组成部分，是对教育活动及其对象作出的价值判断，发挥着鉴定、引导、调节、改进和服务的功能。[①]汉语国际教育硕士培养需要从教育评价观视角反观人才培养质量。

因此，教育评价有利于在汉语国际教育硕士培养过程中，着眼于促进汉语国际教育实践的落实和中外学生的差异化、多样化发展，是提高汉语国际教育专业人才培养质量的关键因素。新时代条件下，人们对学生的全面发展和核心素养的培养有了更高的要求，对公平和优质教育的追求也更加迫切。汉语国际教育的高质量可持续发展也呼吁提升汉语国际教育硕士人才培养质量。

2. 教育评价观的演进

作为一门古老又年轻的独立分支学科，教育评价在 19 世纪末和 20 世纪初开始向科学化发展。这一期间是以标准和量化为代表性的测量和考试时期，以选拔和筛选为目的，以量化的内容为主体，采用测验和考试的方式，突出的是一种鉴定性的功能。1930 年，泰勒正式提出了“评价”的概念，认为“评价过程在本质上是一个确定课程与教学计划实际达到教学目标的程度的过程”[②]。1975 年，比贝提出，评价是一个“系统地收集信息和解释证据的过程，在此基础上作出价值判断，目的在于行动”[③]。他首次提示了教育评价的本质——价值判断，从此教育评价等同于教育的测量和测验时期转向了开始关注课程与教学，倾向价值判断的评价时期。20 世纪 80 年代初，建构主义学习理论兴起，在综合前三代评价的基础上，林肯和古巴提出了“第四代评价”，认为从本质上看，评价是一种通过“协

① 朱立明、宋乃庆、罗琳等：《新时代教育评价改革的思考》，《中国考试》，2020 年第 9 期，第 15-19 页。
② 吴扬、高凌飚：《后现代主义思潮与教育评价观念的演变》，《教育科学研究》，2012 年第 3 期，第 27-31 页。
③ 王琰春：《西方教育评价观的演进及对我国的启示》，《教育与现代化》，2003 年第 1 期，第 74-78 页。

商"而形成的"价值多元化的心理建构"，学习的过程是个人知识建构的过程，评价也开始在价值判断的基础上关注个体与过程因素，在关注"方法""价值"的基础上，开始转向评价的"使用"，在此背景下，"考评"应运而生，"个体"、"过程"、"情景"、"公平"、"对话"、"多元"与"协商"成为教育评价的关键词，突显了教育评价的改进性和促进个体完善的功能。[①]汉语国际教育硕士培养的教育评价观也随着世界各国对中文人才培养质量的新诉求形塑出新的价值取向。"个体"、"过程"、"情景"、"公平"、"对话"、"多元"与"协商"等关键词同样适用于汉语国际教育硕士培养的教育评价，即如何通过教育评价关注中文学习者的个体需求；如何在学习和培养过程中促进学习者的增值评价；如何重构人才培养方案以满足不同语言文化背景的学习者；在人才培养目标、课程方案、实习方案、教学方案等实施中如何确保中国学生和国际学生的公平性；如何开展有效的国际对话和本土对话，促进师生在教学相长中得以发展。在多元社会中，学习者原有的知识结构和能力结构与汉语国际教育专业培养所传授的知识和能力如何建构，以满足多元文化的价值诉求。这些评价内容影响着汉语国际教育硕士培养的方方面面。因此，如何用好评价这一工具至关重要，这也是汉语国际教育硕士培养不可忽视的一种途径和策略。

3. 我国的教育评价改革

我国的教育评价观可以追溯到千百年前"学而优则仕"的封建科举制度，一直到以考试为导向的应试教育下的单一分数评价标准，"一考定终身"的考试评价制度，导致"五唯"之风愈演愈烈，这些都造成了我国教育评价观的扭曲，忽视了学生个体的全面发展。[②]

习近平总书记在2018年全国教育大会中强调，要"坚决克服唯分数、唯升学、唯文凭、唯论文、唯帽子的顽瘴痼疾，从根本上解决教育评价指挥棒问题"[③]。2020年10月13日，中共中央、国务院印发的《深化新时代教育评价改革总体方案》（简称《总体方案》）对新时代教育评价作出了顶层设计。《总体方案》强调全面贯彻党的教育方针，指明了教育发展的方向。明确坚持以下五项原则：立德树人、问题导向、科学有效、统筹兼顾、中国特色。确保新时代教育评价要坚持社会主义办学方向、遵循教育规律、紧紧围绕培养德智体美劳全面发展的社会主义建设者和接班人这一根本育人目标。[①]《总体方案》对评价方式作出创新安排，"改进

① 吴扬、高凌飚：《后现代主义思潮与教育评价观念的演变》，《教育科学研究》，2012年第3期，第27-31页。

② 宋乃庆、肖林、罗士琰：《破解"五唯"顽疾，构建我国新时代教育评价观——基于学生发展的视角》，《教育与教学研究》，2018年第11期，第1-6页。

③《习近平出席全国教育大会并发表重要讲话》，http://www.gov.cn/xinwen/2018-09/10/content_5320835.htm。

结果评价，强化过程评价，探索增值评价，健全综合评价”是该文件的核心提法，尤其是过程评价和增值评价，成为发挥教育评价功能的重点和难点。①参考我国国内教育评价方案，借鉴国际教育评价经验，如何在汉语国际教育硕士培养中推进“改进结果评价，强化过程评价，探索增值评价，健全综合评价”工作，是新时代汉语国际教育高质量可持续发展的一种新探索。

（二）开展基于“核心素养”的汉语国际教育硕士评价

1. 核心素养评价

1）核心素养的内涵

核心素养是21世纪世界各国及地区在制定教育政策、开展教育理论研究和实践探索时共同关注的核心问题，但是对于核心素养的内涵，目前还没有统一的定论。经济合作与发展组织作为国际上对核心素养研究最有影响力的机构，对“素养”的界定是：素养是在特定情况下成功应对复杂需求的能力，需要调动知识、认知和技能以及社会心理资源，如情感、态度、价值观和动机。国外的其他界定也包含了这一界定中的基本内容，即都将“素养”看作是学生适应新时代的必然要求，是解决复杂问题、适应不可预测的情况所需要的知识、技能和态度的综合。

从以上的界定看，要理解素养的内涵，我们应该注意以下几点：①素养是一种高度复杂的综合性解决问题的能力，具有整合性；②它包括情感、态度和价值观维度，强调知识、技能和问题解决的道德伦理影响；③它与特定情境有关，但又可以迁移到其他广泛的情境中；④它具有前瞻性，具有21世纪知识社会和信息时代的最基本特点；⑤素养是在良好的环境中获得的，是在终身的学习过程中获得的；⑥核心素养是个人生活、职业发展和社会发展的最基本、最关键的素养，由跨学科核心素养和学科核心素养构成。②

2）核心素养评价的意义

核心素养评价观强调，要根据学习需求来选择教学方法，以学习成果评价教学效果，通过教师的教学帮助学生的学习，通过学生的学习提高教师的教学水平。开展有效的核心素养评价有利于全面了解和诊断学生核心素养的发展状况，是有效开展旨在培养学生核心素养的课程开发和教学的前提；探索科学合理的核心素养评价方式，有助于促进学生核心素养的培养和发展。为落实党的十八大

---

①《中共中央 国务院印发〈深化新时代教育评价改革总体方案〉》，http://www.gov.cn/xinwen/2020-10/13/content_5551032.htm。

② 郭宝仙：《核心素养评价：国际经验与启示》，《教育发展研究》，2017年第4期，第48-55页。

提出的“立德树人”的根本任务，教育部组织专家团队制定了有利于我国学生发展的核心素养体系，核心素养逐渐成为我国教育理论研究和实践探索的热点话题和重要领域。①

2. 汉语国际教育硕士专业学位水平评估

与学术学位相比，专业学位是一个新生事物，其水平评估与学科评估相比也是一个新生事物。汉语国际教育硕士专业学位于 2007 年正式设立，并于 2020 年底首次启动水平评估工作。汉语国际教育硕士专业学位水平评估指标体系中的一级、二级指标与国家专业学位水平评估指标体系中的指标完全一致。三级指标共 16 项，其中只有“获得职（执）业资格证书”和“服务贡献”两项指标的内容是具有汉语国际教育特色的规定。②

在“汉语热”的国际背景下，汉语国际教育专业作为培养汉语国际教育专业应用型人才的专业学位教育伴随汉语加速走向世界的事业而发展起来。在科学技术迅猛发展、国际竞争日趋激烈的国际环境下，在国家全面推进教育评价改革、促进高等教育治理能力和治理体系现代化的新时代，汉语国际教育硕士专业学位水平评估应立足于落实立德树人的根本任务，服务于国家和经济社会发展的根本需求，促进人才培养与社会需求的对接，致力于实现社会价值与个人价值的和谐发展。

3. 开展基于核心素养的汉语国际教育硕士的评价方式

1）基于立德树人的汉语国际教育硕士学位论文质量评价③

博士硕士学位论文质量是衡量研究生教育质量的重要指标之一。为了保证研究生的教育质量，2014 年，国务院学位委员会和教育部联合发布了《博士硕士学位论文抽检办法》（学位〔2014〕5 号），明确规定了博士硕士学位论文的抽检办法，狠抓学位论文质量。2019 年 3 月，《教育部办公厅关于进一步规范和加强研究生培养管理的通知》发布，文件强调各学校要“加强学术规范和学术道德教育，把论文写作指导课程作为必修课纳入研究生培养环节……狠抓学位论文和学位授予管理”。该文件的颁布再次强调了学术道德在学位论文质量评价中的重要性。

在新时代背景下，坚持立德树人既是对“育人为本、德育为先”理念的继承和发展，也是保证汉语国际教育稳步发展的基石。因此，对论文质量的评价，必须紧紧围绕“立德树人”这一核心指导思想，对于未来汉语国际教育硕士的培养，

① 蔡清田：《论核心素养的评价》，《教师教育学报》，2019 年第 2 期，第 8-14 页。

② 吴应辉：《专业学位水平评估对汉语国际教育硕士人才培养带来的影响及反思》，《天津师范大学学报（社会科学版）》，2021 年第 2 期，第 10-18 页。

③ 朱晓民、黄雪莉、谢丹：《基于立德树人的教育硕士学位论文质量评价：内涵及理念》，《扬州大学学报（高教研究版）》，2021 年第 3 期，第 90-96 页。

要认真落实立德树人的核心理念。

教育评价是检验人才培养质量的重要手段，是汉语国际教育事业发展的风向标。为了更好地对汉语国际教育硕士学位论文进行质量评价，必须树立立德树人的学位论文质量评价理念，既要以国家宏观教育政策为指导，又要符合学位论文质量评价的内在要求。首先，从国家教育政策来看，立德树人是我国当前和未来教育发展的根本任务。其次，从学位论文质量评价的内在要求来看，评价是由不同主体进行的，是为了满足不同主体的需要，要坚持多元评价的导向，注重多元化发展。最后，通过对学位论文质量的解读和质量评价的内涵，要明确教育实践性是最能凸显学位论文本质的特征的，因此评价还需要坚持以实践取向为指导，注重理论的实际应用。

第一，坚持以立德树人为指导，注重道德的培育。

党的十八大报告首次把“立德树人”明确为教育的根本任务，党的十九大报告提出“落实立德树人根本任务”。习近平总书记在全国教育大会上强调，“要把立德树人融入思想道德教育、文化知识教育、社会实践教育各环节，贯穿基础教育、职业教育、高等教育各领域，学科体系、教学体系、教材体系、管理体系要围绕这个目标来设计，教师要围绕这个目标来教，学生要围绕这个目标来学”[①]。《教育部办公厅关于进一步规范和加强研究生培养管理的通知》再次强调“立德树人”的根本任务，要求加强学术规范和学术道德教育。新时代背景下，学位论文质量评价坚持贯彻立德树人的教育理念，要认识到学生不仅要具备较强的学术研究能力，还要有较高的学术道德修养。因此，从弘扬实事求是的学术研究风气出发，立德树人的指导思想是在论文评价过程中关注学生的学术道德素质，注重对学生的学术诚信、学术规范、学术道德、学术责任和学术精神的评价。同时，借助评价的改进功能，改善学风不正、抄袭舞弊的不良风气，营造弘扬学术道德、遵守学术规范的良好氛围。

第二，坚持以多元评价为指导，注重多元化发展。

多元评价以美国心理学家加德纳的多元智能理论为基础，以多元化的评价主体、评价方法、评价内容为特征，它既关注评价对象的未来发展和全面发展，又关注评价对象的个体发展和多元发展。以多元评价为指导的硕士学位论文质量评价有以下三点要求：①在评价主体多元化的基础上，坚持他人评价和自我评价相结合。不仅国家、社会、高校要成为论文质量的评价主体，而且汉语国际教育专业人员，包括教师、学习者等也要成为评价主体的一员，参与论文质量的评价。②注重评价内容的多样化，坚持定量评价与定性评价相结合。论文是汉

① 《习近平出席全国教育大会并发表重要讲话》，http://www.gov.cn/xinwen/2018-09/10/content_5320835.htm。

语国际教育硕士的知识水平、学术研究能力、实践能力及其学术道德修养等的综合体现，这就要求在论文评价过程中，不仅要注意评价学生的知识、方法和技能等主导性现实表现，注意学生论文的原创性、规范性和科学性等指定要求，更重要的是要关注隐藏在学生论文创作背后的相关能力和素质，这对学生今后的专业成长和全面发展有很大帮助。如发现问题和提出问题的能力、收集文献的能力、分析的能力、研究过程的设计和对学术前沿的敏感性、学术的严谨性和规范性等。③注意评价方式的多样化，坚持形成性评价与终结性评价的统一，反思性评价与发展性评价的结合。首先，要重视论文的形成性评价，抓住论文写作过程中的关键环节，如选题、设置、研究设计、中期检查等，预防或及时发现一些可能出现的问题，从而提高论文质量评价的效率和效益。其次，评价不仅是为了鉴别利弊或得到最终结果，而且是为了以评价促进改革和发展。因此，要重视反思性评价和发展性评价，充分发挥评价的反思、改进和发展功能。

第三，坚持以实践取向为指导，注重理论应用于实际。

汉语国际教育硕士专业学位是国家为培养对外汉语教学事业的专业人才而设立的专业硕士学位。具体来说，实践导向下的汉语国际教育硕士学位论文质量评价主要包括三个方面：一是注重研究问题是否基于实践，选题价值是否来源于实践；二是注重评价论文的研究成果是否具有指导实践、解决实际问题的实用价值；三是注意评价学生解决教育实际问题的实践能力和专业素质，通过实践探索促进其专业发展。同时，需要注意的是，以实践导向为指导的论文质量评价不是“实用主义”或“唯实践”的评价，而是注重理论与实践相结合的评价。在这种评价理念下，评价不是排斥学生的学术水平、学术能力和理论素养，而是强调突破学术导向中的“唯学术”评价。根据国家和社会的实际需要以及汉语国际教育硕士自身的发展特点，在注重对学生学术能力评价的基础上，应更加注重对学生实践能力、应用能力和综合素质的评价。

2）汉语国际教育专业硕士实习环节的360度反馈评价①

《全日制汉语国际教育硕士专业学位研究生指导性培养方案》中明确提出汉语国际教育硕士的培养目标是“培养具有熟练的汉语作为第二语言教学技能和良好的文化传播技能、跨文化交际能力，适应汉语国际推广工作，胜任多种教学任务的高层次、应用型、复合型、国际化专门人才”，强调教师基本技能的形成；在培养方式上，课程学习应与对外汉语教学实践相结合；在学习时限上，实习和毕业论文应在一年内完成，教学实践的学分相对较高。由此可以看出，教学实践能

① 许有胜：《360度反馈评价在汉语国际教育专业硕士实习环节的应用》，《蚌埠学院学报》，2020年第5期，第108-110，123页。

力是汉语国际教育硕士培养的重点，而实习作为培养教学实践能力的有效途径，更为重要。

360 度反馈评价，又称多源反馈评价或全方位评价法，是一种基于成长的管理评价方法，从与被评价者的工作关系中得到各种主体（如上司、同事、下属、客户等）的绩效信息反馈，形成对工作成果的立体呈现，并通过有效利用评价结果达到改善绩效、促进职业和个人成长的目的。一些高校将 360 度反馈评价引入教师教学能力评价，取得了良好效果。将 360 度反馈评价应用于汉语国际教育硕士的实习评价中，可以为实习生和指导教师提供多角度的信息反馈，从而进行有效的实习评价，提高实习的质量和效果。

（1）360 度反馈评价在汉语国际教育硕士实习环节应用的适用性

首先，能够提供全方位视角。360 度反馈评价体现了对实习生个体发展的关注，有助于学生能力的提高。传统的实习评价通常采用实习单位评价结合学生提交实习报告等方式，比较简单，不能全面评价实习生的综合表现。360 度反馈评价弥补了传统评价方式的不足，提供了更加立体的评价方式，更加关注个人发展。360 度反馈评价的主体是多方面的，因此在一定程度上避免了个人偏见等主观原因造成的认知偏差。同时，360 度反馈评价的内容是多元化的，可以全面反映实习生的整体表现。这种全面的视角可以帮助学生感知自己的优势和劣势，也为学生今后进行有针对性的训练和改进提供依据。

其次，有利于完善实践教学体系建设。对 360 度反馈评价结果的数据汇总和分析，有利于教师梳理培养计划的缺陷和薄弱环节，完善实践教学体系建设。实习是检验师生教学成果的重要手段，360 度反馈评价基于每个学生的实践数据采集，不仅可以帮助教师有针对性地对每个学生进行教学指导，而且学生可以更加全面可靠地对照实习全貌，在总结、梳理、分析中发现实习环节的共性问题和典型问题以及个性问题，教师可以梳理出课程教学和专业培养计划中的缺陷和薄弱环节，逐步完善教学体系。

（2）提供的评价指标体系为学生实习提供方向和指导

360 度反馈评价提供的评价指标体系对学生的实践起到指导作用，为学生的实践提供方向和指导。汉语国际教育硕士的实习往往存在地域分散、时间跨度大的问题，指导教师难以对学生的实习情况进行实时监督和指导，360 度反馈评价指标体系的建立将在一定程度上起到指导作用，引导学生在实践过程中关注重要方面和关键环节，重视反馈和改进，防止出现偏差。

360 度反馈评价的价值不仅在于为个人的提高和发展提供多角度的建议，从评价内容来看，它可以通过对实习生收集的数据进行分析认识，相当于对实习生进行了一次全面的考查和评价，从而确定其实践能力的优劣势、了解汉语国际教育硕士实际素质水平与岗位需求和胜任能力之间的差距，从而为后续培训的设计、课程的安排和培训计划的调整提供重要信息和依据。目前，汉语国际教育硕士实习评价往往采用指导教师打分的方式，缺乏一定的科学性、合理性和指导性。360度反馈评价打破了原有的单一评价方式，选择多个评价主体，从多个角度综合评价学生的实习效果和能力素质，提供了一种更加客观和发展性的评价方法。当然，360度反馈评价存在很多问题，如参与人数多、实施程序相对复杂、工作量相对较大、主观偏差大等，这些问题需要在实践中加以克服。但是，360度反馈评价在汉语国际教育硕士实习中的应用将对学生发展和专业建设大有裨益。

第四节　汉语国际教育硕士培养的理论探讨

汉语国际教育硕士专业学位，英文名称为master of teaching Chinese to speakers of other languages（MTCSOL）。[①]汉语国际教育硕士专业学位是应汉语国际教育发展的需要，于2007年经国务院学位委员会第二十三次会议批准设立的。与其他学科专业相比，汉语国际教育硕士培养的理论基础还较为薄弱，需要对其人才培养的相关理论内涵进一步明晰。

一、汉语国际教育硕士培养的动因

随着全球化和国际化发展，社会各个领域或多或少都与国际化发展相联系，并通过国际化助推本领域改革与发展。同样，教育也登上国际化发展舞台，为教育国际化发展开辟一片新天地。在高等教育国际化动因理论视域下，汉语国际教育硕士培养主要有哪些动因呢？

（一）教育国际化动因理论

关于教育国际化动因理论，不同学者立足的角度和理解不同，且多数都集中在高等教育领域。美国学者阿特巴赫（Altbach）揭示了教育国际化对国际贸易的重要性，指出高等教育国际化发展主要是基于追求学校发展利益、满足人们高等教育入学等需要、跨国高等教育发展的使然等动因。[②]由此可见市场利益、教育需

① 国务院学位委员会：《关于下达〈汉语国际教育硕士专业学位设置方案〉的通知》，https://yz.chsi.com.cn/kyzx/zcdh/200706/20070601/917299.html。

② Altbach P G, "Higher education's landscape of internationalization: motivations and realities", *Journal of Sciences in International Education*, No. 11, 2007, pp. 292-295.

求和文化流动对教育国际化发展的影响。值得注意的是，全球化不同于国际化。全球化是 21 世纪经济和学术思潮的现实背景，而国际化包括学术体系和机构，甚至是个人，对全球学术环境所采取的政策和实践策略。国际化动因可以归纳为商业利益、知识和语言习得、课程国际化需求等方面。具体来说，分校拓展、跨境合作安排、国际学生项目、双语项目和学位认证、其他与国际化相关的内容均为教育国际化的进一步发展提供动力。①就高校来说，华纳（Warner）表明国际竞争、自由、社会转型等原因促使高等教育走向国际化。②这样，高校就通过教育国际化秉承国际理念，参与国际竞争，推动全球各族人民自由发展。奈特（Knight）也从国家层面和高校层面对高等教育国际化的动因给予论证。③从国家角度看，高等教育国际化将牵涉到国家建设、战略合作、社会文化及人力资源等要素。从高校角度看，高等教育国际化重视大学办学质量、国际声誉和国际形象、科研和知识发展、师生成长等方面。汉语国际教育发展过程中同样受到国际、国家和高校办学取向的影响。

相比较而言，国内学者对教育国际化的动因有类似或别样的解读，但其思考的方式则不同于国外学者。杨启光通过探索不同国家教育国际化演变的原因，也构建了多元动因理论。该理论强调国家利益、能力建设及国际理解在高等教育国际化流变中的重要作用。④李盛兵和刘冬莲概括了国内外学者的动因演变，提出了以政治、经济、社会文化、学术及人力资源五个维度为纵坐标，以国际组织、区域、国家及高校四个层面为横坐标的全新动因理论体系。⑤该动因理论，是基于高等教育国际化主体的新变化而构建的，其剖析了教育国际化动因理论的横纵尺度。孟照海则从政治、经济、学术、科学、宗教这五大方面窥探当前国家高等教育发展存在的主要原因。⑥赵哲和陶梅生从价值视角论述高等教育国际化的八大动因，主要包括国家的政治意图、经济利益、本国文明特色、人口变迁、人类共有利益、科学技术与学术发展、高等教育一体化及高校私有化等层面。⑦类似地，在教育国际化视野下，汉语国际教育既与政治、经济、社会、科技等因素密切相关，也有自身发展的特点。

---

① Altbach P G, Knight J, "The internationalization of higher education: motivations and realities", *Journal of Studies in International Education*, Vol. 11, No. 4, 2007, pp. 290-305.

② Zha Q, "Internationalization of higher education: towards a conceptual framework", *Policy Futures in Education*, No. 2, 2003, pp. 248-270.

③ Knight J, *Internationalization of Higher Education: New Directions, New Challenges*. Paris: International Association of Universities, 2006, pp. 16-20.

④ 杨启光：《教育国际化进程与发展模式》，北京：社会科学文献出版社，2011 年，第 103-115 页。

⑤ 李盛兵、刘冬莲：《高等教育国际化动因理论的演变与新构想》，《高等教育研究》，2013 年第 12 期，第 29 页。

⑥ 孟照海：《高等教育国际化的动因及其反思》，《现代教育管理》，2009 年第 7 期，第 16-18 页。

⑦ 赵哲、陶梅生：《全球化背景下的高等教育国际化多维动因探析》，《中国成人教育》，2011 年第 1 期，第 47-49 页。

总体而言，教育国际化动因理论涉及因素众多，不同时期所生成的动因各有差异，同一时期动因内容也会发生变化。不管怎么说，教育国际化动因理论不仅为教育国际化的进一步发展提供背景机理，也为汉语国际教育发展动因提供理论依据。汉语国际教育是在教育国际化背景下生成的，是教育国际化在汉语教育领域的应用与发展，进一步扩充了教育国际化的理论内涵和应用范围。

（二）汉语国际教育硕士培养的主要动因

教育国际化动因理论视域下，汉语国际教育硕士培养主要源自国家、市场和教育三方面动因。汉语国际教育不仅是国家利益的需要，更是国家软实力建设推动的结果；不仅是全球“汉语热”的语言需求，也是市场经济发展对语言的驱动；不仅切合汉语教育走向世界的需要，也是教育国际化发展的诉求。

1. 国家的软实力建设

汉语国际教育是我国“走出去”发展战略和“一带一路”建设的重要语言支撑。2004 年 11 月，韩国首尔孔子学院正式挂牌，成为全球第一所启动运行的孔子学院。自此以后，汉语国际教育作为我国软实力建设的重要表征，积极响应“走出去”战略，不断提升我国在国际的地位和影响力。为贯彻落实党中央、国务院的战略部署，提升国家的软实力，进一步促进汉语走向世界，加快汉语国际教育发展的步伐，我国迫切需要培养一大批从事汉语国际教育工作的专门人才，即高层次应用型、研究型、复合型人才。在“一带一路”倡议背景下，语言是我国与“一带一路”沿线国家合作与交流的工具。此时，汉语国际教育承担着重要的国际化使命。

2016 年，中共中央办公厅、国务院办公厅发布的《关于做好新时期教育对外开放工作的若干意见》指出：通过深化与世界各国语言合作交流，加强在汉语推广和非通用语种学习中的互帮互助，推进与世界各国语言互通。2017 年 12 月，《关于加强和改进中外人文交流工作的若干意见》提出：要构建语言互通工作机制，着力加大汉语国际推广力度。①2020 年 6 月，《教育部等八部门关于加快和扩大新时代教育对外开放的意见》中，要求以习近平新时代中国特色社会主义思想为指导，坚持教育对外开放不动摇，主动加强同世界各国的互鉴、互容、互通，形成更全方位、更宽领域、更多层次、更加主动的教育对外开放局面。把“讲好中国故事、传播好中国声音”作为教育对外开放的重要内容。汉语不仅作为“一带

①《中共中央办公厅 国务院办公厅印发〈关于加强和改进中外人文交流工作的若干意见〉》，http://www.gov.cn/zhengce/2017-12/21/content_5249241.htm。

一路”建设中外国家合作与交流的重要桥梁，而且是我国软实力和国际竞争力的重要保障。为此，汉语国际教育硕士培养的成效，很大程度上影响“一带一路”建设的深入开展和实施。简言之，国家的软实力建设为汉语国际教育发展提供良好的机遇，而语言市场需求也在某种程度上对汉语国际教育起着推动作用。

2. 语言市场需求驱动

21世纪以来，随着我国市场经济的发展，加上实用主义和新管理主义思潮的影响，汉语教育的实用功能表现得更加明显。在当前国家提出“一带一路”倡议的背景下，语言市场的社会需求愈来愈大，大力推广汉语国际教育，以满足全球不断增长的汉语学习与国际汉语教师的需求，是与当前国际社会发展的需求相一致的。当前的汉语国际教育仍处于起步的初级阶段，在“一带一路”建设的背景下其社会需求还有很大的发展空间。

“一带一路”建设对语言有着五大需求，即语言文化融通需求、语言人才需求、语言产品需求、语言服务需求、“一带一路”语言文化历史资源的发掘与利用需求。语言服务大有可为，语言能力建设迫在眉睫。张日培就“一带一路”语言规划提出设想，具体包括七个方面：中西部现代化进程提速背景下的语言资源保护研究；跨境语言与周边安全研究；丝路外语教学政策与规划研究；国家的汉语传播研究；沿线国家和地区的华语教育研究；“一带一路”话语体系研究；语言智库建设与研究。[①]这些都凸显了“一带一路”建设背景下语言市场具有迫切和广泛的需求，包括汉语语言与文化的需求。为此，在语言市场需求的驱动下，汉语国际教育将充分刺激由“一带一路”建设带动的语言市场需求，不断服务各国汉语教育事业发展，进而提升汉语国际教育的内涵质量。

3. 教育国际化的诉求

教育国际化是教育发展到一定阶段下形成的现象，彰显出21世纪教育在国际上将扮演更多的角色。教育国际化不仅促进各国教育交流与合作，也推动教育各个领域朝着国际化方向发展。汉语国际教育作为教育学科领域的一个方向，也迎合教育国际化的发展机理。教育国际化理论强调跨国教育合作办学，注重培养具有国际理念和国际视野的人才，强调师资队伍国际化、课程国际化、学术研究国际化，强调教育资源在国与国之间合理配置等方面内容，从而提升教育质量。

当前，在教育国际化背景下，我国为加快推进高等教育治理体系和治理能力

① 张日培：《服务于“一带一路”的语言规划构想》，《云南师范大学学报（哲学社会科学版）》，2015年第4期，第48-53页。

现代化建设，启动了世界一流大学和一流学科建设（简称“双一流”建设）。对此，教育对外开放程度与治理水平的高低将影响高水平大学的建设。教育国际化是高水平大学建设的重要手段，而汉语国际教育是教育国际化发展的重要表现方式之一。随着教育国际化的发展，汉语国际教育将以丰富多样的汉语教育活动为载体，参照世界一流大学的办学理念，不断完善汉语国际教育体系。总之，在教育国际化诉求下，汉语国际教育硕士培养工作取得了瞩目的成就，在一定程度上满足了海外中文学习者的需求，助力大学教育国际化。

二、汉语国际教育硕士的培养指向

汉语国际教育硕士的汉语教学主要面向的人群是“海外母语非汉语者”。汉语国际教育是一门新兴学科，且是一门具有教育学、语言学、心理学等多学科融合和交叉的学科，不仅担负着重要的国际化使命，而且还直接影响着汉语的推广和中国文化的传播。所以，汉语国际教育硕士的培养指向于汉语教学和跨文化交际。在培养过程中，汉语国际教育硕士必须掌握汉语语言的知识、技能和各种能力。其中，最主要的是汉语教学能力和跨文化交际能力。教学是核心和本质，跨文化交际是基础和保障。正如赵金铭教授所提到的：汉语国际教育的本质是汉语教学。[①]由于教学对象是留学生或外国人，汉语国际教育硕士的课堂教学活动中还面临着跨文化交际的问题。由此可见，汉语国际教育专业所培养的教师所具备的能力已不仅是传道、授业、解惑，汉语国际教育教师除了具备教师的基本职业素质、丰富扎实的教学理论及科研能力之外，还必须加强自身学习，了解跨文化知识，树立跨文化交际意识和掌握跨文化交际能力，同时具备厚实的汉语语言本体知识和掌握汉语作为第二语言习得的理论和方法论，为今后胜任各种汉语国际教育任务和促进文化理解和融通奠定基础。

三、汉语国际教育硕士的培养方式

在招生对象上，汉语国际教育硕士研究生的招生对象是国内外学生，主要分为全日制攻读和在职攻读两种培养方式。目前，汉语国际教育硕士研究生的类型越来越多，除了国内全日制汉语国际教育硕士研究生、在职汉语国际教育硕士研究生（单证）以外，还有汉语国际教育专业的国际学生。由于学生类型不同，硕士研究生实习的方式也变得多种多样。从长远发展来看，今后汉语国际教育硕士研究生的类型仍将继续变化，主要体现在不同类型的比例上。全日制硕士研究生

① 赵金铭：《国际汉语教育的本旨是汉语教学》，《汉语应用语言学研究》，2013年第2辑，第11-18页。

日益增加，国际学生比例越来越多，在职硕士研究生越来越少。[①]为了能够满足全球汉语教学的迫切需求，以及随着研究生培养结构调整和培养模式的改革，汉语国际教育专业的建设也在不断改革创新，这也加快了培养适应汉语国际教育新形势需求的合格师资人才的步伐。

汉语国际教育专业和对外汉语专业都可以作为中文、对外汉语专业学生攻读硕士学位选择的专业方向。相对而言，由于汉语国际教育专业是一个年轻的专业，再加上汉语国际推广缺少合格的国际汉语教师，国家急需培养汉语传播专业人才，所以汉语国际教育硕士的培养正处于探索和发展阶段。

从 2014 年开始，所有专业的硕士研究生，不管是学术型还是专业型都必须缴纳学费，而学校再通过完善奖助学金体系和加大奖助力度来弥补学生学费，其旨在促进学生积极努力学习。尽管如此，多数高校专业型硕士研究生的学费至少是学术型硕士研究生学费的两倍。另外，一般来说，专业型硕士研究生要进行实习实践，而学术型硕士研究生没有强制要求实习实践。汉语国际教育专业比较特殊，它是一门实践性和应用性非常强的学科。因此，不管是专业型还是学术型，都需要实习实践，只不过对学术型硕士研究生的专业理论能力要求更高些，而专业型硕士研究生则更倾向于专业实践和应用能力。

四、汉语国际教育硕士的培养标准

2019 年 12 月，国务院副总理孙春兰在出席国际中文教育大会时强调，“随着世界多极化、经济全球化、社会信息化、文化多样化的深入发展，世界各国相互联系日益加深，政治、经贸、人文等交流合作更加广泛。中国在扩大开放中深度融入世界，也为各国发展带来了机遇，到中国商务合作、学习交流、旅游观光的人越来越多。语言是沟通交流的桥梁纽带，各国对学习中文的需求持续旺盛，汉语人才越来越受到欢迎。现在很多国家将中文纳入国民教育体系，在大中小学开设汉语课程，支持企业、社会组织参与中文教育，促进了中外人文交流、文明互鉴和民心相通”[②]。汉语国际教育硕士专业学位是与国际汉语教师职业相衔接的。另外，根据《全日制汉语国际教育硕士专业学位研究生指导性培养方案》，汉语国际教育专业“应培养具有熟练的汉语作为第二语言教学技能和良好的跨文化交际能力，适应汉语国际推广工作的高层次、应用型、复合型人才”[③]。由于汉语国

① 吴方敏、陈颖：《汉语国际教育专业硕士实习问题的调查与思考》，《云南师范大学学报（对外汉语教学与研究版）》，2012 年第 2 期，第 29-33 页。

② 中华人民共和国中央人民政府：《孙春兰出席国际中文教育大会并发表主旨演讲》，http://www.gov.cn/guowuyuan/2019-12/09/content_5459817.htm。

③ 王祖嫘：《汉语国际教育硕士专业发展现状与问题——访“汉语国际教育论坛”及“汉语师资培养专家论坛”》，《国际汉语教育》，2010 年第 2 期，第 16-20 页。

际教育硕士的培养目标和教学都是围绕培养实用型、复合型人才来进行的，相应地，汉语国际教育硕士必须是未来的高素质国际汉语教师。因此，建立国际汉语教师标准有其必要性。换言之，要培养合格的国际汉语教师，必须有一套完备的、合理的、规范的测评标准。

为了适应汉语国际推广的需要，进一步提升国际汉语教师的能力和素质，2012年国家汉办/孔子学院总部发布了新版的《国际汉语教师标准》。新标准包括五个部分，分别为“汉语教学基础”、“汉语教学方法”、“教学组织与课堂管理”、“中华文化与跨文化交际”和“职业道德与专业发展”。新标准对2007年发布的《国际汉语教师标准》进行凝练，同时突出了三项基本技能，分别是汉语教学、中华文化传播和跨文化交际，更加突出了国际汉语教师的实践性、操作性，全面体现了国际汉语教师的知识、能力和素质，成为相对科学、完整的教师标准体系（表1-2）。新标准也同样适用于汉语国际教育硕士，要求汉语国际教育硕士必须具有较强的教学理论、实践基础，并能灵活、熟练运用各种教学方法，具备较强的跨文化交际和汉语授课能力等。国际汉语教师标准不仅可以为国际汉语教师资格认证提供参考，也可以作为评估教学质量的标准，以之来评估课堂教学。

表1-2　国际汉语教师新标准的特点①

教学理念	教学形式
语言知识	展示、呈现
语言技能	使用、操作、体验
文化意识	吸引、理解
情感态度	感召、沟通
学习策略	点明、引导

① 孔子学院总部、国家汉办：《国际汉语教学通用课程大纲》，北京：北京语言大学出版社，2014年。

第二章 汉语国际教育硕士培养的发展基础与现状

汉语国际教育既是语言系统的一部分，也是教育系统的一部分，其身处国际社会环境中，将随着国际社会的变化而发生变化，呈现出历时和共时的发展特点。为了更好地理解汉语国际教育硕士培养的时代特征和未来发展取向，我们需要以史为鉴，通过历史回溯透视现实价值，并通过现状分析揭示历史意义，从而剖析其每一个发展阶段的特点，为新时代汉语国际教育事业发展奠定基础。

第一节 汉语国际教育硕士培养的发展基础

汉语国际教育硕士培养是在汉语国际教育事业发展进程中对国际汉语人才质量追求的一大改革。汉语国际教育硕士专业学位正式获批始于国务院学位委员会于2007 年下达的《汉语国际教育硕士专业学位设置方案》的通知。此举是为了培育高层次、实践能力强的汉语国际教育师资人才，缓解当时国际汉语教师匮乏的状况，从而迎合汉语国际推广的新形势。这一决定不仅缓解了国际汉语教师稀缺的问题，也进一步提升了国际汉语人才的培养层次，为我国汉语教育“走出去”保驾护航。

早在此前，我国高校就设立了对外汉语专业。汉语国际教育硕士专业学位便是在此基础上发展起来的。追本溯源，我们可以从新中国成立后进行探讨。新中国成立之初，我国政府就十分重视汉语国际教育事业的发展，并为此提供了各种资源和条件。结合相关文献和实践思考，其历史进程大致可以分为如下四个阶段。

一、发轫阶段

1950 年，我国清华大学最先在校内设立“东欧交换生中国语文专修班”，专门为东欧留学生来华接受教育提供条件。“东欧交换生中国语文专修班”属于专修班性质，之后由于管理问题转入了北京大学，改名为“北京大学外国留学生中国语文专修班”。1961 年，“北京大学外国留学生中国语文专修班”和“北京外国语学院非洲留学生办公室”合并为“北京外国语学院外国留学生办公室”。至此，我国从事对外汉语教学的专业教学机构和从事对外汉语教学的专职教师就此产生。这些教师是我国从广大的优秀毕业生中选出，并对其进行为期三年的外语（英语、法语、阿拉伯语、西班牙语）培训，之后再陆续派往海外任教的。经过多年的发展，当初的这些对外汉语教师已成为我国该领域里的业务骨干、专家学者，对我国当今国际汉语教师人才的培养起着重要的作用。他们的教育思想、教学实践及科学研究都影响着新一代国际汉语人才培养的观念和举措。

20 世纪 50 年代初到 60 年代初，这 10 年间我国共接收了来自全球 60 多个国家或地区的 3000 多名留学生。我国成立了对外汉语教学机构，并打造了一支专门从事对外汉语教学的教师队伍，以便更好地培养留学生。在成立伊始，这些教学机构难免存在着诸多问题，如学校规模小、教学门类单一、不稳定等，但我国依然负重前行，成功实现了对外汉语教学机构从无到有的突破，为新时代汉语国际教育事业奠定了坚实的基础。由此，汉语国际教育人才培养开始发轫。

二、巩固阶段

在前期发轫的基础上，20 世纪 60 年代初至中期，随着国家发展水平的提高，对外汉语教学的相关措施得以进一步强化，各项相关事业实现了巩固发展。此时，对外汉语教学事业稳步前进，从对外汉语师资培养培训、来华留学生汉语教学等方面进一步得到充实和发展，并从教学和管理中逐渐形成一批从事对外汉语教学的机构和人员。1961 年起，我国就有意识地开始培养对外汉语师资。当时高等教育部决定从 1961 年起选拔部分优秀中文系大学生来从事对外汉语教学工作。这些学生大多来自国内的重点高校，他们后来都成为我国对外汉语教学领域中的中坚骨干。这些人从事对外汉语教学活动前会先进入相关高校进修三年外语。1961—1966 年，培养了四批，总共 100 多人，这些教师被派遣到全国各大高校里向留学生教授汉语。1962 年由“出国留学部”和“北京外国语学院外国留学生办公室”合并成立的“外国留学生高等预备学校”是该阶段的重要标志①，这所学校的设立稳定了对外汉语教学的机构和从业人员。该校成立之初的核心任务就是从事对外汉语教学方面的教学和科研，该校也是“北京语言学院”（现北京语言大学）的前身。1965 年，越南派遣了 2000 多名学生来华就读。越南留学生来华学习在相当程度上刺激了对外汉语教学的发展，此时约有 20 多所高校开始设立对外汉语专业，为汉语国际教育事业储备人才。总的来看，在巩固阶段，国际汉语教师培养经历了多样化和专业化的发展，教学规模逐步扩大，进一步推动了汉语国际教育的发展。

① 张德鑫：《对外汉语教学五十年——世纪之交的回眸与思考》，《语言文字应用》，2000 年第 1 期，第 49-59 页。

三、恢复和发展阶段

20 世纪 70 年代初至 90 年代后期是汉语国际教育的恢复和发展阶段。因受“文化大革命”影响，当时汉语国际教育事业的发展几乎处于停滞状态，直到 70 年代初我国外交事业取得新进展，国际交流与合作增加了对汉语人才的需求，使得汉语国际教育事业重新燃起了星星之火。1978 年召开的党的十一届三中全会，提出了以经济建设为中心，大力发展生产力，实施改革开放的伟大政策。这一切的有利条件在国际上随即掀起了一股学习汉语的热潮。在某种程度上，这些改变极大地促进了我国对外汉语人才培养模式的加速转型与升级。自 1978 年至 1987 年，我国对外汉语教学专业开始尝试独立创办，不依赖于相关中文专业和外语专业。1982 年，北京语言学院举行第一届“对外汉语教学学会”筹备会，开始扩大该专业的培养规模。1981 年起国家正式开始在高校中设置本科层次的对外汉语专业，不仅增强了汉语人才培养的专业性，也有助于从学科专业方面对汉语教师的培养质量给予保障。1986 年，一些高校开始培养对外汉语教学方向的研究生，这进一步提升了国际汉语人才培养的层次。从学科创设初期，我国高校在培养对外汉语专业人才时，其教学目标较为注重培养学生的实践教学能力、跨文化意识、语言技能、教育管理知识和教学评估技能。所以相比于理论能力，高校倾向于培养学生的实践能力，提升学生在真实教学情景中的知识运用。20 世纪 90 年代，汉语国际教育趋向专门化和制度化。1990 年由国家教育委员会发布了《对外汉语教师资格审定办法》，促进了国际汉语教师资格制度的合理化，为各个培养机构的对外汉语人才培养提供制度指南，有效地推动了汉语国际教育的专门化发展，为其后期全方位发展提供了制度保障。

四、全方位发展阶段

20 世纪末至今，是汉语国际教育的全方位发展时期。这种全方位发展是在世界大变革时代中由多个复杂因素共同酿造而成的。经济全球化背景和中国改革开放促成了我国经济发展的良好态势，也增强了中国的国际竞争力，提高了中国的国际地位。随着中国对外开放的逐渐扩大，世界上许多国家与中国建立了良好的关系，在多个领域与中国加强了交流和合作，包括政治、经济、文化、教育、军事等，为汉语国际人才的发展提供了良好的环境。全球对高素质对外汉语人才的需求也逐渐增加。在大量外籍人员开始学习汉语的背景下，“中国热”“汉语热”逐渐成了国际热词。相应地，对外汉语专业的人才培养规格在新时代面临着新的使命和新的任务。2004 年，第一所启动运行的孔子学院在韩国的落地，为汉语教育“走出去”提供了新平台。鉴于此，我国在实施对外汉语教学，加快中国语言文化海外传播上开始提出新的方法和实施新的战略，从单纯的语言方面的教学开始转为中华文化的海外推广。这个转型的标志之一是2005年第一届世界汉语大会的成功举办，它为中华文化的海外推广起了桥头堡的作用。另一个标志则是国务院办公厅于2006年发布《关于加强汉语国际推广工作的若干意见》(国办发〔2006〕17号)，提出了汉语国际传播工作和中华文化推广活动在新时代的重要性和紧迫性。同年，全国汉语国际推广工作会议成功召开，会议上提出了发展战略、工作重心、推广理念、推广机制、推广模式和教学方法的“六大转变”的重要思想，为下一步的对外汉语人才培养工作指引了方向，铺设了道路。

2007年1月，“汉语国际教育硕士专业学位论证专家小组”在国家汉办/孔子学院总部的强力支持下成立，专家小组的职能是论证和制定我国开设汉语国际教育硕士专业学位的计划。在专家小组和各职能部门的密切配合下，国务院学位委员会于2007年4月3日正式批准与设立了汉语国际教育硕士专业学位。这一决定无疑是想从根本上解决国际汉语教师稀缺的问题，是成功将“引进来”的单极理念转变为“引进来”和“走出去”双管齐下的汉语国际推广做法。北京师范大学等24所大学获得首批招生资格。这24所高校中共选派出了48名教师进行了相关培训。2007年9月，时任国务委员陈至立明确指示要大规模培养对外汉语教师，扩大对外汉语教师的外派规模。10月，首届汉语国际教育硕士专业学位全国联考的报名人数为1418人，该年的初试分数线在经相关学科的教育指导委员会充分讨论后被定为208分，复试录取比例定为1.2∶1，其中，针对已经有对外汉语教学经验且为对外汉语教学做出突出贡献的优秀国际汉语教师中国志愿者（具有优秀国际汉语教师中国志愿者荣誉证书）和本科除英语外其他语种的外语生复试最低分数线可以放宽至200分。2008年1月，首届汉语国际教育硕士专业学位研究生复试录取工作方案通过各招生院校及单位向社会公示。根据国家相关数据，我国首批汉语国际教育硕士专业共招收学生1020名。2021年7月1日起，由教育部、国家语言文字工作委员会发布的《国际中文教育中文水平等级标准》（GF 0025—2021）正式实施。汉语国际教育硕士培养迈入了新的发展阶段。

这段时期，我国对外汉语事业采取“引进来”和“走出去”相结合的方式向外推广中华文化，改变了以前仅教授语言而不注重语言背后的文化背景这一缺点。孔子学院不仅注重汉语教学，还承担着促进中外文化交流和增强中外相互理解和相互信任的重担；同时，不断地培养和储备国际汉语师资力量；编写教材，从理论研究层面创新对外汉语教学法；此外，通过设立留学奖学金、基金项目，举办“汉语桥”等比赛，创新汉语考试结构和类型，开展国际汉语网络教学等多种方式来进行汉语国际推广，这一系列举措都进一步提升了我国汉语语言和中华文化作为国际产品的价值，助力于中外人文交流事业发展，服务于人类命运共同体构建。

纵观该学科的历史发展脉络，从对外汉语教学到汉语国际教育，该专业的发展经历了一段漫长而艰辛的历程。在汉语国际教育人才培养中积累的许多宝贵的实践经验，为汉语国际教育理论建设提供依据。汉语国际教育硕士的培养重点是从理论上探讨汉语作为第二语言或外语的教学规律，使其具有理念的内涵、体系性的价值和方法论的意义，与此同时完善和完备汉语教学的学科课程设置体系和教材体系。

从国际角度来看，汉语国际教育主要通过四个途径来推动汉语国际传播和中华文化国际传播：途径一是众多的孔子学院（课堂），满足了办学所在地社区层面相关人员的汉语学习需求。依托外国学校的孔子学院（课堂）是非学历教育，不颁发学历证书。途径二是国外相关学校开设的中文系或中文专业，是培养专业汉语人才的学历教育。途径三是大学中作为公共外语课程的汉语教学和中小学的汉语教学，是作为外语课程的学习，是一种外语语言训练的项目。途径四是各类华文学校的汉语教育，这也是国际上汉语传播的主要途径之一。华文学校通常由华人华侨开设，主要以培养华人华侨子女为目的，将汉语作为母语和教学语言，这类学校在东南亚地区分布较广，且许多华文学校具有较长的办学历史。近年来，许多华文学校也开始招收其他族裔的学生入读，积极促进华裔和非华裔学生之间的交流，增进彼此的友谊。

不管是通过何种途径传播中华文化和从事汉语教育事业，都需要有大批高素质的国际汉语师资队伍作为支撑。汉语国际教育硕士培养弥补了国际汉语师资的不足，为世界上许多国家的汉语教育带来了强有力的师资力量，特别是汉语国际教育硕士留学生，他们是日后本土汉语师资的重要来源，为汉语教育本土化发展提供人力资源。不仅如此，他们也是促进海外汉语人才在多个职业领域发展的主推手，为新时代“汉语+职业技能”在世界多个国家落地生根提供条件，尤其是“一带一路”沿线国家。总之，汉语国际教育硕士培养将随着世界各国对汉语人才的新诉求而不断提升培养质量，不断地转变培养思路，改进培养过程，调整培养方式，创新培养路径，为我国和世界各国汉语教育发展提供源源不断的动力。

第二节　汉语国际教育硕士培养现状

一、培养体系已逐渐完善

随着世界各国对汉语教育高质量发展需求的日益旺盛，汉语服务社会经济发展的价值越来越凸显，呼吁加快完善汉语国际教育硕士人才培养体系。汉语不仅是中国的语言，更是世界的产品，是全球多元文化系统中的组成成分，是属于世界的公共产品。汉语作为联合国六种工作语言之一，不仅使用广泛，也是中国国际地位和国际影响力的重要表征。鉴于此，我国积极促进汉语走出去，让世界上更多国家理解中国，让汉语充分发挥作为世界性语言的功能，发挥作为多元文化繁荣的功能。当前，在我国扩大教育对外开放新时代背景下，传播好中国声音和讲好中国故事成为我国承担起世界各国对汉语教育需求的新使命和新任务，也是人类命运共同体构建的实现路径之一。

（一）建立起本科—硕士—博士完整的人才培养体系

由于汉语对于世界语言和全球文化的价值，我国对汉语国际教育十分重视。近年来，汉语国际教育人才培养体系日益完善，已经发展成为本科—硕士—博士的完整的人才培养体系。当前，汉语国际教育本科专业早已不能满足世界各国对汉语教育质量的高需求，尽管汉语国际教育硕士在一定程度上有效缓解了国际汉语师资的不足的状况，但是海外汉语国际教育还需要一定数量的具有高水平的汉语专家。2018 年，为了满足汉语国际教育对于高层次人才的需求，包括北京大学在内的 7 所高校在教育博士专业学位学校课程与教学领域，开始试点招收汉语国际教育方向教育博士专业学位研究生 22 人，探索培养高层次汉语国际教育人才。[①]2019 年，我国教育部进一步增加汉语国际教育专业博士培养点的试点院校数量和扩大招生规模，不仅为汉语国际教育博士人才培养提供各种资源和条件支持，也是回应世界各国对高层次汉语国际人才的诉求。例如，笔者 2019 年在柬埔寨实地调研汉语教育现状时，发现柬埔寨汉语教育发展环境相对印度尼西亚(以下简称印尼)、越南等国家而言更加宽松，然而在高层次汉语人才方面却呈现出严重缺乏的现状。例如，调研中多位在柬埔寨从事汉语教育或华文教育实践的被访谈者提到：虽然柬埔寨汉语教育发展良好，但是汉语人才培养主要集中在基础教育层面，高等教育层面相对薄弱。究其原因，其中一个因素就是高层次汉语师资严重不足。此外，我们还发现，柬埔寨金边皇家大学中文系汉语师资均来自中国选派的汉语教师，没有本土汉语教师。其实，不仅仅在柬埔寨，在东南亚乃至世界上其他国家，高层次或高端人才，包括汉学家都还是很稀缺的。可见，高层次汉语国际人才的培养，不管是中国学生还是外国学生，都是新时代汉语国际教育事业发展的必然选择。

（二）培养院校规模也日益壮大

随着汉语国际教育人才培养体系的完善，培养院校的规模也日益壮大。为了

① 宁继鸣：《孔子学院研究年度报告 2018》，北京：商务印书馆，2018 年，第 11 页。

促进汉语国际教育在全球的传播与发展，加大培养合格的汉语国际教育师资人才力度，国家出台了相关的政策文件。例如，2007 年出台的《汉语国际教育硕士专业学位设置方案》，正式批准设立了汉语国际教育硕士专业学位，首批硕士试点培养单位为 24 所高校，当年开始招收非全日制汉语国际教育硕士。2009 年，培养单位增加了 39 所高校。2011 年，培养单位增加了 42 所高校。截至 2018 年，全国共有 399 所高校设置汉语国际教育本科专业。①截至 2021 年 7 月，全国共有 199 所高校设置汉语国际教育硕士专业。②目前，汉语国际教育虽然还是一个新兴的专业，却受到社会人士的广泛关注。汉语国际教育专业发展建设也不断得到完善。从培养院校的招生情况来看，多数院校培养模式主要以全日制教育为主，只有少数院校还招收非全日制汉语国际教育硕士。

从培养院校的实践案例来看，北京语言大学汉语国际教育专业发展较为充分。作为一所以中外语言教学与研究为主要办学内容的国际型大学，北京语言大学在汉语国际教育的沃土上不懈耕耘了半个多世纪，取得了巨大的进步。其拥有的雄厚的师资队伍、不俗的学科实力以及丰硕的教学成果、教学经验和教学质量更是为世界所公认，每年毕业的汉语国际教育等相关专业的中外研究生数量为全国之冠。从 2007 年起北京语言大学便开始招收该专业的硕士研究生，第一年招生 50 人，按培养语种分为英语 20 人、西班牙语 10 人、法语 10 人、阿拉伯语 10 人。它还率先完成了汉语国际教育二级学科博士点的架构设置，对汉语国际教育高层次人才培养和汉语国际推广事业的发展产生了积极的推动作用。

（三）教学实践也更加完善

尽管汉语国际教育硕士专业学位 2007 年才开始设立，发展时间并不算长，但是它切合了该专业培养目标的针对性和实用性。每年都有一大批的汉语国际教育硕士前往海外担任国际中文教师志愿者，承担海外汉语教学的任务。这也是汉语国际教育硕士进行教学实践的重要形式之一，并形成了择优选拔、岗前培训、岗中指导的完整的教学实践体系。

1. 国际中文教师志愿者的选拔

全球新型冠状病毒肺炎疫情未暴发前，中外语言交流合作中心每年会根据国外中文教学机构对国际中文教师的需求组织若干次的国际中文教师志愿者选拔工作。承担志愿者选拔的一般是各高校设有汉语国际教育硕士培养点的院系。

---

① 中华人民共和国教育部：《教育部关于公布 2018 年度普通高等学校本科专业备案和审批结果的通知》，http://www.moe.gov.cn/srcsite/A08/moe_1034/s4930/201903/t20190329_376012.html。

② 硕士专业目录，https://yz.chsi.com.cn/zsml/queryAction.do。

汉语国际教育硕士需先根据当年的岗位情况选择自己想赴任的国家或教学点，然后统一在中外语言交流合作中心官网报名。报名通过后便开始准备面试相关的内容。面试一般分为三个部分：第一部分是心理测试，对于大多数汉语国际教育硕士来说，可能是第一次去一个陌生的国界，其中可能会遇到诸如交流障碍、文化冲突等问题，因此心理测试的目的在于评估汉语国际教育硕士的心理健康情况，为他们在海外顺利开展工作提供一些建议和意见；第二部分是英语面试，主要考查国际中文教师志愿者的英语听说能力，考查其是否具备基本的英语交流技能以及在课堂中灵活运用英语作为辅助教学语言的能力；第三部分是综合面试，包括汉语专业知识的考查、中华才艺以及临场应变能力的考查等。

2. 国际中文教师志愿者的岗前培训

根据当年的岗位需求和选拔考试成绩，达到要求的汉语国际教育硕士被顺利录取，但要成为一名合格的国际中文教师志愿者还需要参加为期一个月的岗前培训。岗前培训主要由中外语言交流合作中心有关培训基地负责，一般去往同一地区的国际中文教师志愿者集中在一起培训。下面将从国际中文教师志愿者岗前培训的目标、课程设置、组织管理、考核评价四个方面进行一一介绍。

第一，岗前培训的目标。岗前培训的目标主要可以概括为四点：一是增加对当今世界和中国国情的了解，进一步坚定理想信念；二是增强作为国际中文教师志愿者的光荣感、使命感和责任感，激发对汉语国际教育事业的热情、激情和感情；三是全面掌握汉语作为第二语言的教学能力、中华文化传播能力和跨文化交际能力；四是能适应赴任国的生活，胜任志愿服务工作，成为中外友好交流的民间使者。由此可以看出，岗前培训的意义在于尽快帮助国际中文教师志愿者适应海外中文教学的工作，找准定位，明确方向，顺利度过迷茫期。

第二，岗前培训的课程设置。国际中文教师志愿者岗前培训的课程设置多样，大致可以分为四个模块：理想信念与志愿精神、汉语教学能力、中华文化传播能力、赴任指导。表 2-1 和表 2-2 列出了每一模块大致的课程内容以及 2019 年某培训点一周的课程安排情况。

表 2-1 国际中文教师志愿者岗前培训课程设置情况

课程模块	课程内容
理想信念与志愿精神	成立党、团支部，开展党团活动：学习习近平总书记系列讲话精神、理想信念主题演讲比赛等主题党日、团日活动 志愿者精神讲座：例如邀请往年优秀的国际中文教师志愿者分享在海外的教学经历
汉语教学能力	“对外汉语语法教学及案例分析”、“对外汉语词汇教学及实践”、“对外汉语汉字教学及案例分析”、“对外汉语语音教学及实践”、“对外汉语课堂活动设计与课堂管理及案例应用”、试卷编写作业、“备课-教材分析与教案编写”等

续表

课程模块	课程内容
中华文化传播能力	文化课："对外汉语教学中的中华文化传播"、"跨文化交际" 才艺课：书法、剪纸、戏曲、太极拳或八段锦、舞蹈
赴任指导	外派人员个人安全风险管理——防御之道、国际安全形势分析、海外素质拓展训练、境外突发事件应急处置安全演习；针对不同赴任国进行不同指导

表 2-2　2019 年某培训点国际中文教师志愿者课程安排（部分）

时间		周一	周二	周三	周四	周五	周六
上午	7：30-8：30	外语早读	晨练	外语早读	晨练	外语早读	晨练
	9：00-10：25 10：35-12：00	对外汉语汉字教学及案例分析	教学基本功：简笔画（太极拳或八段锦）、舞蹈	参观国家博物馆	对外汉语教学中的中华文化传播	对外汉语语音教学及实践	学员分小组备课、准备试讲
下午	13：30-14：55 15：05-16：30	外语学习：缅甸语、马来语、韩语、印尼语、英语	国情秀	参观国家博物馆	外语学习：缅甸语、马来语、韩语、印尼语、英语	才艺课：书法、剪纸、戏曲	学员分小组练习试讲、准备文史知识竞赛
晚上	18：00-19：25	党团活动：学习习近平总书记系列讲话精神等	作业	作业	党团学习	作业	作业
	19：35-21：00	作业	作业	作业	作业	作业	作业

从国际中文教师志愿者岗前培训的课程设置情况来看，既注重汉语本体知识、文化传播能力的培养，也注重国际中文教师志愿者理想信念、安全意识以及志愿精神等方面的培训。在教学方式上，除了教师讲授之外，每周都会有三到四节课的时间用来让国际中文教师志愿者分小组备课，完成教案编写、作业，最后准备试讲。除此之外，他们还需要简单地学习赴任国语言，以备不时之需。中华才艺的种类也比较多样，有戏曲、书法等，在北京的国际中文教师志愿者还被组织前往国家博物馆参观，亲身体验中华文化的博大精深，以便在海外教学期间更好地做好中华文化的传播工作。

第三，岗前培训的组织管理。国际中文教师志愿者在培训期间需要服从培训基地的组织管理工作，比如每次大课点名，旷课两次将被劝退；请假需写请假条，注明外出和返回时间、电话、室友。在宿舍管理方面，规定不能往墙上贴东西；不能留宿外人。

第四，考核评价。国际中文教师志愿者在岗前培训结束之后须接受考核评价，合格者才具备正式派出资格。考核的最终成绩由平时成绩和选拔笔试成绩构成，平时成绩主要是由班主任全程量化考核并对学员进行评价，考核评价的内容主要集中在以下几个方面：一是三次试讲活动；二是实践活动；三是中华才艺。三次试讲活动层层递进，逐渐深入。第一次试讲一般安排在第三周，一般开展汉语本体知识的试讲，比如语言要素教学试讲，试讲的要求便是通俗易懂，便于国际留学生理解；第二次试讲一般安排在第四周，进行课堂活动方面的试讲，要求活动设计合理，便于开展；第三次试讲一般安排在第五周，主要考查教学设计能力、试讲的完整性和丰富性以及试卷的编写能力。除此之外，教师基本功（板书、普通话、课堂指令用语等）也是考查的主要内容之一。实践活动包括 PPT（或视频）制作、外语学习、参观培训点周围景点、自编自导自演跨文化案例小品、文化知识竞赛、周报写作及编辑等。中华才艺包括书法、剪纸、戏曲、太极、舞蹈等。经过一系列考核之后，再结合选拔笔试成绩，最终由中外语言交流合作中心向合格的国际中文教师志愿者颁发“国际中文教育志愿者荣誉证书”。

3. 国际中文教师志愿者的岗中指导

为了帮助国际中文教师志愿者尽快适应当地的中文教学工作，一般都会在志愿者所在教学机构安排一名有丰富教学经验的老师作为国际中文教师志愿者实习期间的校外导师。校外导师可以根据教学点和国际中文教师志愿者自身情况不定期组织一些会议，由国际中文教师志愿者汇报自己的工作情况、遇到的问题以及下一步的工作计划等。国际中文教师志愿者在实习期间需完成一定量的中文教学工作，以泰国皇太后大学孔子学院为例，一般每周教学时长约为 18 个小时，包含基础汉语、汉语阅读、汉语听力等多种课型。除此之外，国际中文教师志愿者还须坐班，每人每周坐班时间须满 9 个小时，每学期合计 153 个小时，坐班期间国际中文教师志愿者的主要工作内容为给学生辅导答疑、课程测验审题及备课等。

在实习期间，志愿者还需向培养单位提交实习计划，撰写实习总结报告，最终由实习单位和培养单位出具考评意见，作为学生本次的实习实践成绩。可以说，汉语国际教育硕士实习实践环节的进一步完善，有利于加强汉语国际教育专业应用型和学术型的协同发展，进一步完善汉语国际教育人才培养体系。相对于学术型硕士来说，汉语国际教育专业型硕士更加注重实践教学，并且倡导在理论指导下训练汉语教学技能、课堂管理以及文化差异处理等技巧。对此，相比以往汉语国际教育人才培养，汉语国际教育专业型硕士对于现代汉语教学及跨文化交际能力的要求更加重视。现代汉语教学和跨文化教育也就成了汉语国际教育硕士人才培养的两大核心任务。总之，汉语国际教育专业培养了一批从事国际汉语教学的专业型应用人才，为我国汉语国际教育事业的发展做出了重要贡献，特别是为海外汉语师资队伍建设注入了新的生机和动力。与此同时，汉语国际教育人才培养体系的不断完善，为汉语国际教育事业提供了良好的生态运行环境，为汉语师资培养和中华文化传播奠定了有效而必需的基础。

除此之外，汉语国际教育人才培养体系的完善，不仅表现在培养层次上，也表现在培养领域上。当前，随着"互联网+汉语教育""汉语教育+行业"等信息化教育、多领域多行业教育与汉语国际教育协同育人政策及培养新途径的探索，汉语国际教育硕士不仅仅要掌握本领域的知识和能力，还要熟知其他领域，特别是旅游、经贸、计算机等领域。这些领域与汉语国际教育人才培养的有效结合，也反映出了海外汉语人才培养的理论内涵和实践内容正在不断扩大。对汉语人才的需求也不再局限于汉语语言和文化的交流与理解上，还需要具备一定领域的专业素养、专业知识和专业能力。从海外汉语学习者的学习动机来看，大多数学习者对职业发展的需求比汉语语言兴趣或文化交流更为强烈。鉴于此，汉语国际教育硕士人才培养需要进一步转型，扩大选修课程比例，多为学生提供不同领域的课程，同时注意将汉语国际教育与其他领域相结合。近年来，不同学科领域的研究者丰富了汉语国际教育发展的研究成果，如传播学、教育学、心理学、经济学、管理学等领域。这些跨学科的研究成果为汉语国际教育与其他领域的结合提供了实践依据。

二、人才培养的发展机遇

汉语国际教育硕士培养与专业硕士学位的设置是紧密相关的。汉语国际教育硕士专业学位的设立与实施给全球汉语教育带来了各种发展机遇，不仅为国际汉语教育事业培养了一批兼具理论素养与实践素养的专业性人才，也彰显出了汉语国际教育硕士专业学位设置的必要性和可行性[①]。

（一）加快促进中华文化国际理解的现实需要

当今世界，随着多元文化与全球经济一体化的发展，世界各国间的交流越来越频繁，同时国与国之间的竞争也越来越复杂和激烈。在国际竞争中，国家和地域文化的内部嬗变和外部推广是不可避免的内容。国家语言文化的国际推广也是

① 国务院学位委员会：《关于下达〈汉语国际教育硕士专业学位设置方案〉的通知》，http://www.moe.gov.cn/srcsite/A22/moe_833/200703/t20070330_82703.html。

提升国家软实力必不可少的一部分。汉语国际教育作为国家事业，其不可或缺的地位在综合国力竞争中也日益凸显出来，并在相当程度上影响着国家的发展。汉语国际教育人才培养正是处于国家战略发展需求和国际竞争的环境中，是推动汉语国际教育改革与发展的重要机遇。这种改革与发展也是出于加快促进中华文化国际理解的现实需要。

21世纪以来，我国经济发展水平得到了较大的提升，2010年超过日本，经济体量跃居世界第二，综合国力和国际竞争力也日益增强。不过，作为综合国力的一部分，中国的文化软实力还没有达到与经济体量相匹配的程度。如今随着中国国际地位的提升，参与的国际事务的增多，越来越多的国家开始更加关注中国。但是，相对于国际地位的日渐凸显，我国在语言与文化的国际推广能力方面却很薄弱。当今世界，各个国家都在用各种方式努力推广本国的语言文化。大多数国家都将本国语言文化的国际推广作为扩大国家影响力的工具，通过制定政策、跨国跨境办学和教育援助等各种方式推广本国语言文化。在一定程度上，本国语言文化的国际影响力也是本国国际地位和国家综合实力的一种表征。

从另一个侧面来看，实现中华民族的伟大复兴需要加强汉语国际理解，促进汉语言文化的国际沟通。这是全面提高中华文化国际影响力的一种重要方式，同时也为进一步增进中国和世界各国的友谊提供强有力的支撑。这些措施是促进中国与世界各国在各层面、各领域交流合作的推手，是提升中国国际影响力的重要战略举措，也有助于实现“传播中国声音、讲好中国故事”的目标，在现实层面，更有助于加速促进中华文化的国际理解，进而实现中华民族的伟大复兴。

（二）满足海外汉语教师需求的主要途径

全球化时代背景下，中国与世界各国人文交流更加广泛和深入，而汉语是世界各国全面了解中国和中国文化最有效的工具，尤其是这些年随着汉语热度的提升，汉语的交流价值和实践价值正在不断升级。国际上许多国家从政府机构到民间学校、教育机构、企业和普通民众都开始认识到学习汉语的价值和必要性，这使得各国汉语学习者的数量也在持续增加。随着汉语国际教育深入发展，世界各国人民对汉语教育质量和师资队伍质量都提出更高的要求，由数量型需求转向质量型需求。由此，汉语国际教育硕士的培养能有力地弥补目前海外汉语教师的巨大需求。不仅如此，汉语国际教育人才培养体系的不断完善，包括汉语国际教育博士人才培养，进一步提升了汉语国际人才的培养层次和培养质量，以满足世界各国汉语学习者对汉语教育高质量的需求。

汉语国际教育专业设置以来，比较注重知识性和系统性训练，而实践经历的匮乏加上现实条件的有限，导致了很多该方向的毕业生在派出之后往往很难快速适应目的国的教学氛围和教学条件。此外，海外汉语教师的“在地培养体系”还没有完全建立起来，因此我们还要加强对海外来华留学生的汉语教育，为海外汉语人才培养提供师资资源。这就要求我们必须采取强有力的措施，有效解决当下面临的问题，大胆创新。有鉴于此，侧重相关实践能力学习的汉语国际教育硕士人才培养成为汉语国际教育人才培养的主要路径。培养研究生层次的汉语国际教育人才旨在改革国内的人才培养体系，创新人才培养模式，总结经验，提升汉语国际教育人才适应国际规范的能力。目前，汉语国际教育专业型硕士和学术型硕士培养并重，使汉语国际教育的人才培养体系在新时期迈上了一个新台阶，可以为汉语以及中华文化的推广培养更多的高层次、复合型、专业型人才。

（三）解决外派汉语师资问题的新诉求

当前，我国的汉语国际教育人才培养体系和学科设置始终无法完全适应汉语国际推广的变化与需求，其表现主要呈现在以下几个方面：一是未确立独立的依托学科，外派汉语教师的输送不稳定。我国研究生专业中仍然缺乏独立的汉语国际教育学科研究方向，汉语国际教育人才培养大多在中国语言文学、外国语言文学、教育学等各个学科领域，因而很难培养出能够满足汉语国际教育推广需要的人才，外派汉语教师的培养和输送存在较大挑战；二是人才培养模式缺乏针对性，难以服务新时代汉语国际教育的发展需求。很多学校的培养目标集中在对学术型人才的培养上，而缺乏对外语能力和跨文化交际能力等相关实践能力的培养，缺乏对“一带一路”沿线国家的深入了解和认识。这种现象在当前的汉语国际教育人才培养模式下是一种普遍现象，也在客观上导致了我国一些外派汉语教师授课经历不足、实践经验少等问题，无法达到世界各国对汉语教师的高质量要求。

（四）加强国际传播，推进汉语国际教育人才培养高质量发展

加强和改进国际传播工作是新时代我国“走出去”战略的重要举措，也是提升我国国际形象地位的主要任务。汉语国际教育人才培养的专业特点要求其在新时代国际传播的新机遇下抓住机遇并有所作为。汉语国际教育人才培养不仅要培养能够胜任海外汉语教育教学工作需要的人才，也要培养具有汉语国际教育学科素养和学科研究能力的人才，他们能够为国际传播工作营造良好的人文环境，培养更多知华友华的国际人员。汉语国际教育专业从一门学科的角度来讲，有其自身的学科理念和人才培养规律，教学目标、教学方法、教学内容、教师素质等一

系列人才培养构成要素均有其自身学科内在的特点和规律。所以，在汉语国际教育人才培养过程中，不能忽视其自身学科的特点和属性，需要遵守汉语国际教育学科发展的规律。另外，汉语国际教育也是一门具有跨专业性质和学科交叉特点的专业，本身就具有多种属性，涉及多个领域，其中包括了语言学、社会学、心理学、教育学、文化学、政治学等，而且除了学术性之外，实践性也是汉语国际教育专业最大的特点之一。汉语国际教育硕士不仅仅要掌握汉语的课堂教学知识和技能，还须学会有效教育管理和跨文化交流，以便提升汉语国际教育传播效果。然而，很多汉语国际教育专业的研究生社会阅历相对比较浅，学科知识结构与能力结构等都有待进一步强化，难以很好地承担起海外汉语教学和中华文化传播的任务。当前，国际汉语学习者对外派汉语教师素质有着更多的期待。对此，我们在培养汉语国际教育人才的时候，还需要强化他们的学科意识，以学科发展的眼光科学地践行汉语国际教育在世界各国的本土发展，进而增强汉语国际人才培养的本土适应性和发展性。

（五）改革汉语国际教育人才培养的历史机遇

面对复杂变化的国际形势和新时代教育对外开放的工作需求，高层次人才尤其是熟知中国与世界各国发展情况和需要的人才十分稀缺，改革汉语国际教育人才培养模式，扩大其招生和培养规模，适合当下的发展需要。改革汉语国际教育人才培养的历史机遇，既蕴含在我国研究生教育与教育整体现代化的发展进程中，也体现为世界范围内高等教育改革的整体趋势和潮流。2020 年，习近平对研究生教育工作作出重要指示指出，中国特色社会主义进入新时代，即将在决胜全面建成小康社会、决战脱贫攻坚的基础上迈向建设社会主义现代化国家新征程，党和国家事业发展迫切需要培养造就大批德才兼备的高层次人才。①2022 年，我国建成世界最大规模高等教育体系，在学总人数超过 4430 万人，高等教育毛入学率从 2012 年的 30%，提高至 2021 年的 57.8%，实现了历史性跨越，高等教育进入世界公认的普及化发展阶段。②如何将高等教育“人口红利”转变为“人才红利”成为高等教育各个学科领域（包括汉语国际教育）推动我国建设人才强国的重要抓手。

总的来说，汉语国际教育硕士培养在解决近年来国际汉语师资短缺的问题上已经初显成效，也推动了国际汉语人才培养的专业化和职业化，为新时代汉语国际教育的可持续发展奠定基础。在“一带一路”倡议的全方位发展和扩大教育对

① 《习近平对研究生教育工作作出重要指示强调 适应党和国家事业发展需要培养造就大批德才兼备的高层次人才 李克强作出批示》，http://www.xinhuanet.com/politics/leaders/2020-07/29/c_1126301069.htm。

② 《我国建成世界最大规模高等教育体系》，http://www.moe.gov.cn/fbh/live/2022/54453/mtbd/202205/t20220518_628351.html。

外开放的新时代背景下，汉语国际教育人才的培养在迎接发展机遇的同时也面临着相应的挑战。

（六）对外开放新时代带来的新机遇

为加大开放力度，扩展与世界各国在教育上的交流互通，2016 年，中共中央办公厅、国务院办公厅发布了《关于做好新时期教育对外开放工作的若干意见》，教育部发布了《推进共建“一带一路”教育行动》，这两份文件对汉语国际教育学科发展具有重大影响。文件中均提到，在新的时期，社会面临着各种各样的新问题，想要发展，应遵循继续扩大改革开放的重要路径，“关起门来做事”“闭门造车”的想法和做法是不可取的和有害的。因此，在新时代背景下教育需要继续扩大开放，迎接各种各样新的挑战。汉语国际教育身处在全球化发展的国际社会背景中，是主动承担教育对外开放的重要主体。如何发挥出汉语国际教育专业自身巨大的优势，更好地助力中国“走出去”的发展举措，是该专业在新时代发展中所需要重点发展的部分。

1.“一带一路”倡议为汉语国际教育人才培养工作提供大好机遇

近年来，中东难民收容问题、“英国脱欧”和美国前总统特朗普极力主张退出全球化等国际事件引发了国际社会对于全球化的重新思考和对新保守主义的研究，这些事件甚至在一定范围内引发了逆全球化思潮，对全球化的恐惧在逐渐蔓延。然而在全球化将各个国家裹挟于其中的时候，我们必须承认其发展的不可逆性，并不会因为少数特殊现象而否定其成就和前进的趋势。全球化不可阻挡。[①]伴随着全球发展整体放缓的步伐和我国稳步提升的国力，越来越多的国家在寻求与中国的广域合作。“一带一路”倡议是我国对外开放长时间实践不断思考和探索之后的结果，它积极响应了当今国际社会一体化发展的需要。其中，“五通”即“一带一路”建设的政策沟通、设施联通、贸易畅通、资金融通、民心相通，是我国与“一带一路”沿线国家进行沟通交流的基本举措和前进方向。尽管经济贸易是最直接的目标和最有力的抓手，但是，实现民心相通是整体战略顺利实施和可持续发展的根本保障，而这一目标的实现最终需要借助文化教育的软实力，这种文化教育软实力的培养就需要我国持续改革并完善汉语国际教育人才的培养体系，为实现“一带一路”建设目标提供源源不断的专业人才资源。

2.“一带一路”建设背景下汉语国际教育人才的机遇表现——以东南亚为例

以东南亚汉语国际教育人才培养机遇为例，进一步说明“一带一路”建设为

① 沈丁立：《全球化是人类不可逆转的大势》，《探索与争鸣》，2017 年第 3 期，第 37-39 页。

汉语国际教育人才培养提供的新机遇。“一带一路”建设为面向东南亚的汉语国际教育人才培养工作开创了广阔的发展空间，主要体现在基础设施建设和经济贸易领域。东盟国家每年在公路、铁路、电力和水力等战略性基础设施的投资需求是 600 亿美元，但是，该地区内的国际性组织，例如亚洲开发银行（Asian Development Bank）每年的借贷能力仅有 130 亿美元，东盟基础设施基金（ASEAN Infrastructure Fund）目前的资产总额也只有大约 4 亿美元，这在庞大的发展项目消耗面前显得有些杯水车薪，远远不能满足发展需求。[①]在亚太经济合作组织和中国—东盟“10+1”合作框架的基础上，我国提议并率先向其注入大量的投资基金。例如，亚洲基础设施投资银行（Asian Infrastructure Investment Bank）的资金总规模达到了 1000 亿美元，其中的一半由中国出资，旨在发扬人道主义精神，为亚洲的基础设施建设注入发展资金，解决燃眉之急，承担国际道义。除此之外，“一带一路”建设中规模达 400 亿美元[②]的丝路基金也无疑对其发展起到锦上添花的作用，为这一地区的繁荣创造不计其数的发展机会。“‘一带一路’倡议将在升级东盟地区的基础设施上扮演一个关键的角色。”[③]根据中国海关总署 2020 年 7 月公布的数据，我国与东盟进出口总值为 2.09 万亿元人民币，同比增长 5.6%，占我国外贸总值的 14.7%，其中出口达 1.15 万亿元，增长 3.4%；进口达 9385.7 亿元，增长 8.5%。按美元计，双方货物贸易总额为 2978.9 亿美元，同比增长 2.2%，其中出口为 1640.4 亿美元，与去年基本持平；进口为 1338.5 亿美元，增长 5.0%。[④]2022 年 1—7 月，中国与东盟贸易占中国对外贸易总值比重的 15.0%，上年同期这一比重是 14.6%，今年较上年同期这一比重增长 0.4 个百分点。中国向东盟出口达 3157 亿美元，同比增长 18.9%；中国从东盟进口达 2291.8 亿美元，同比增长 6.0%。2022 年 1—7 月，中国前三大贸易伙伴是东盟、欧盟、美国。[⑤]因此，“一带一路”建设是我国接下来与东南亚国家加强贸易沟通交流的主要平台，在此基础上，需要培养经济贸易型的专业汉语国际教育人才为双方的沟通交流提供支持。

除此之外，在世纪之交，我国初步确立“大国是关键，周边是首要，发展中国家是基础，多边是重要舞台”的对外关系格局。东南亚各国是我国周边外交的重要区域，与东南亚诸国的外交是我国外交行动的首要，建立各国之间的良好外

① Jetin B, One Belt-One Road Initiative and ASEAN Connectivity: Synergy Issues and Potentialities, In Deepak B R: China's Global Rebalancing and the New Silk Road. Springer, Singapore.

②《解码丝路基金》，http://www.gov.cn/xinwen/2015-04/22/content_2850653.htm。

③ ASEAN Connections: How mega-regional trade & investment initiatives in Asia will shape business strategy in ASEAN and beyond, https://supplychainasia.org/mega-regional-trade-investment-initiatives-asia-will-shape-business-strategy-asean-beyond/.

④ 中华人民共和国驻东盟使团经济商务处：《中国—东盟贸易快报：上半年东盟稳居我国第一大贸易伙伴地位》，http://asean.mofcom.gov.cn/article/o/r/202007/20200702984160.shtml。

⑤《中国—东盟经贸合作座谈会在京召开》，https://baijiahao.baidu.com/s?id=1740741836587896512&wfr=spider&for=pc。

交关系，促进本地区的繁荣稳定是国际社会的共同愿望，也是大势所趋。但在贸易交流和文化互动并举的“一带一路”建设中，人才的作用尤为关键。东南亚各国在发展水平上呈现出差异化的特点，有经济水平较为发达的国家，如新加坡和马来西亚等；也有经济欠发达的国家，如老挝、柬埔寨、缅甸等。这些国家都需要中国的人才输送和支持。从历史渊源来说，面向东南亚培养服务于“一带一路”建设的汉语国际教育人才有着坚实的基础。东南亚各国与中国在文化上有着诸多共同点，对宗教文化和中华文化的共同追求是联系该地区各国人民的一股强劲力量。与此同时，东南亚人口基数庞大的华人华侨是促进地区间交流合作的重要桥梁。据统计，2019 年全球海外华人华侨规模达到了 6000 多万人，在全球的 160 多个国家和地区都有华人华侨的身影。其中，东南亚地区是世界范围内华人华侨分布最广、数量最多的地区。2019 年《华侨华人蓝皮书》显示，全球华侨华人中，有 4000 多万人口分布于“一带一路”沿线国家，其中中新经济走廊是华侨华人人口数量最多的区域，占“一带一路”沿线国家所有华侨华人总数的 95%以上。同时中新经济走廊也是华侨华人密度最高的区域。[①]首先，这些华人华侨就是实践特征最为明显的汉语国际教育人才，因为他们大多掌握了汉语和所在国的第一语言，并直接参与所在国家的社会发展和建设中。其次，华人华侨的历史血缘关系，为汉语国际教育人才培养打下了民心根基，有力地促进了汉语国际教育人才培养的本土化。最后，由他们带动和影响的国际贸易和交流活动将反哺汉语国际教育人才的培养，进一步扩大对汉语国际教育人才的需求。

相应地，东南亚国家落实国家的发展战略也对汉语国际教育人才提出实际的需求。东南亚国家的发展战略可以分为两个层次：第一个层次，即东盟层面提出的“东盟共同体”建设，其目标是将东盟建设成同一愿景、同一身份以及相互关怀和分享的共同体。[②]2016 年，在反思已有成就的基础上，东盟最新的发展规划得以面世，即《东盟互联互通总体规划 2025》（“Master Plan on ASEAN Connectivity 2025”），规划指出东盟接下来的发展愿景是建设一个无缝衔接、完全整合的联合体，鼓励竞争和包容，培养更强烈的共同体归属感[③]。这一最新出台的规划还强调，该地区内各个国家之间的受教育水平不一，有 11%的人没有接受过正规教育，近 60%的人只接受过小学及以下的教育。据估计，到 2025 年，东盟劳动力市场总

---

① 《2019 年<华侨华人蓝皮书>发布》，https://baijiahao.baidu.com/s?id=1653436720271401121&wfr=spider&for=pc。

② Association of Southeast Asian Nations: The ASEAN Charter, Jakarta: The ASEAN Secretariat, 2008: 6, https://asean2021.bn/asean/about-asean/asean-charter.

③ Association of Southeast Asian Nations: Master Plan on ASEAN Connectivity 2025, Jakarta: The ASEAN Secretariat, 2016: 39, https://asean.org/wp-content/uploads/2018/01/47.-December-2017-MPAC2025-2nd-Reprint-.pdf.

共将会迎来6820万名新劳动力。[①]以汉语国际教育人才的培养来提升该地区居民的受教育水平大有可为，而经济贸易和教育交流将成为“一带一路”建设背景下我国与东盟各国互动的两翼。第二个层次，即国家层面，东南亚各国又分别出台了不同的发展战略，包括与中国的合作都做出了不同陈述，其中有的还特别强调了“一带一路”建设所创造的机遇。例如，鉴于新加坡的地区金融和贸易中心的地位，它将通过允许离岸商业活动和把握地区增长机会来从“一带一路”建设中受益，一些重点的建设项目多分布在现代基础设施建设领域，具体有：现代物流、旅游业、清洁能源行业、金融和专业服务行业。[②]

截至2021年底，汉语国际教育发展的一个重要成就是有76个国家将中文纳入了国民教育体系。[③]这76个国家里东南亚国家占据了7个，比例超过该地区所有国家的半数。这7个国家分别是马来西亚、菲律宾、新加坡、越南、老挝、印尼和泰国。此外，联合国教育、科学及文化组织，联合国粮食及农业组织，联合国世界旅游组织等10个联合国下属专门机构将中文作为官方语言，180多个国家和地区开展中文教育，外国正在学习中文人数超2500万，累计学习和使用中文人数近2亿。[④]从这点可以看出汉语教学和汉语国际教育人才培养的重要性已经取得了国际性的影响，获得了大多数国家的支持。有一些国家虽然尚未将汉语纳入本国的国民教育体系，没有开展学历教育，但是这些国家也有很多在本国设立了孔子学院（课堂），这也在一个方面折射了汉语国际教育人才培养在东南亚的地位。截至2022年7月，东南亚地区共开设了59所孔子学院。开设孔子学院数量最多的国家是泰国，其次是印尼，再次是马来西亚和菲律宾，具体数据见表2-3。2015年6月24日，全球第一家海上丝路孔子学院（Confucius Institute on the Maritime Silk Road）在泰国成立[⑤]，其在服务“一带一路”建设的汉语国际教育人才培养工作中迈出了坚实的一步。当前，结合其余各国孔子学院（课堂）的数量不断上涨的现状，我们可以推断，汉语国际教育人才的培养在东南亚国家拥有乐观的发展前景。

① World Economic Forum: Human Capital Outlook—Association of Southeast Asian Nations(ASEAN), http: //www3.weforum.org/docs/WEF_ASEAN_HumanCapitalOutlook.pdf.

② BDO: One Belt, One Road, https://www.bdo.com.sg/getattachment/ae15ddcd-7d5b-452c-b190-02e4ca0ac599/attachment.aspx?disposition=attachment.

③《教育部：76个国家将中文纳入国民教育体系》，http://edu.cctv.com/2022/06/30/ARTIVVmCx4VotPlkLCdtc0jP220630.shtml。

④《教育部：76个国家将中文纳入国民教育体系》，http://edu.cctv.com/2022/06/30/ARTIVVmCx4VotPlkLCdtc0jP220630.shtml。

⑤《全球首家海上丝路孔子学院在泰国成立》，http://world.people.com.cn/n/2015/0624/c1002-27202685.html。

表 2-3　东南亚国家孔子学院数量统计　（单位：所）

国家	孔子学院
泰国	27
印尼	8
菲律宾	5
柬埔寨	3
新加坡	3
缅甸	3
马来西亚	6
老挝	2
越南	1
东帝汶	1
文莱	0
总数	59

注：根据中国国际中文教育基金会网站资料统计而成，统计日期截至 2022 年 7 月。

三、培养中需解决的问题

汉语国际教育硕士专业学位设置及其人才培养已有十多年，但在学科的改革上还处于摸索阶段。目前，汉语国际教育专业在其发展进程中暴露出了一些问题，主要表现为培养目标、培养方案、课程设置，学生的知识结构和学习动机差异，以及汉语国际教育硕士毕业生就业的问题。

（一）培养目标、培养方案和课程设置中的问题

1. 目标定位中汉语基础的核心地位受到挑战

2007 年 12 月，受国务院学位委员会办公室、教育部学位管理与研究生教育司的委托，全国汉语国际教育硕士专业学位教育指导委员会秘书处组织专家制定了《汉语国际教育硕士专业学位研究生指导性培养方案》（简称“07《方案》”）。方案中将汉语国际教育专业的目标定位进行了明确化，即培养具有熟练的汉语作为第二语言教学技能和良好的跨文化交际能力，适应汉语国际推广工作，胜任多种教学任务的高层次、应用型、复合型人才。[①]2007 年，我国一共有 24 所高校成为第一批尝试招收该专业非全日制硕士的试点高校，全日制学生到 2009 年时才开始尝试招生。为了进一步规范汉语国际教育的人才培养体系，2009 年 5 月，国务

① 国务院学位办：《汉语国际教育硕士专业学位研究生指导性培养方案》，2007 年。

院学位办颁布了《全日制汉语国际教育硕士专业学位研究生指导性培养方案》（简称“09《方案》”），此方案将汉语国际教育专业培养的人才目标进行了进一步的升华：具有熟练的汉语作为第二语言教学技能和良好的文化传播技能、跨文化交际能力，适应汉语国际推广工作，胜任多种教学任务的高层次、应用型、复合型、国际化专门人才。

将两个版本的方案进行比较可以发现，“09《方案》”在人才培养的知识技能方面增加了一些要求，如新增了“文化传播技能”和“国际化”两种知识技能要求。但根本上两者都是一致的，着重点都放在了学科的应用性和实践性方面，并把“第二语言教学技能”和“跨文化交际能力”作为该专业人才培养的核心素质要求和目标指向。诚然，汉语国际教育硕士研究生必须具备过硬的“教育”本领。但“教育”的主要内容还是“汉语”，因此在培养目标中也应该重点强调汉语基础知识的水平。如果缺乏相应的汉语基础，即使教师本身的专业素质过硬，教学技巧扎实，也没有办法在汉语国际教育领域立足。同时，作为一名国际汉语教师，重视对其师德的培养也是相当重要的。因此，汉语国际教育硕士的培养目标和方向可以进一步被重新定义为：在经过了学习和实践后，具有良好的教育教学技能和中华文化素质、强烈的社会责任感与道德感，汉语语言功底扎实，熟练掌握跨文化交际能力，可以快速适应不同教学环境的高水平、应用型、复合型、国际化人才。

不过，两个方案对汉语基础都没有提出相应的要求，也许是因为方案制定者认为把汉语作为母语的学生，其汉语水平应该是完全可以胜任教学任务的，这些学生的汉语能力自然达到了熟练的水平。还有学者提出以汉语作为母语的国际中文教师志愿者“他们已经具备足够用的汉语知识”[①]。这种观点在一定范围内代表了长期以来学界的主要看法和默认前提。但实际的情况是，汉语专业的许多学生本体知识都并不扎实。

2. 培养要求中道德、知识与能力未能全方位提升

汉语国际教育的培养目标能否实现，在很大程度上来说，主要来自培养要求是否具备合理性和可行性。对此，培养要求是为实现培养目标而提出的具体要求。

“07《方案》”中的培养要求指出：

（1）掌握马克思主义基本理论，具备良好的专业素质和职业道德。

（2）热爱汉语国际教育事业，具有奉献精神与开拓意识。

（3）具备系统的专业知识、较高的中华文化素养和跨文化交际能力。

（4）具备熟练的汉语作为第二语言教学技能。

① 蒋小棣：《汉语国际教育硕士专业课程设置研究》，北京：世界图书出版公司，2009年。

（5）能流利地使用一种外语进行教学和交流；能熟练运用现代教育技术和科技手段进行教学。

“09《方案》”中的培养要求指出：

（1）掌握马克思主义基本理论，具备良好的专业素质和职业道德。

（2）热爱汉语国际教育事业，具有奉献精神和开拓意识。

（3）具备熟练的汉语作为第二语言教学技能，能熟练运用现代教育技术和科技手段进行教学。

（4）具有较高的中华文化素养和传播能力。

（5）能流利地使用一种外语进行教学和交流，具有跨文化交际能力。

（6）具有语言文化国际推广项目的管理、组织与协调能力。

就两个方案提出的基本思想来看，在培养要求方面两者基本相同，不过在一些细节上面，“09《方案》”的叙述显得逻辑性稍强一些。不过仍不够完善，其缺点都在于没有明确提出对汉语基础的要求，至少是没有突出汉语基础水平的问题；也没有对研究能力等问题提出任何要求。所以，通过以上的分析我们可以看出这些方案的制定者对于汉语基础、研究能力等的重视力度还是远远不足的。

此外，从以上两个方案的基本思想可以看到，对汉语国际教育硕士的培养，无论是全日制的还是非全日制的，都必须提出以下四个基本要求：第一，必须具备良好的思想品德。第二，要有扎实的汉语基础知识。第三，教学及交际技能是必不可少的条件。第四，需要有相应的研究及管理能力。这四个方面的要求也可以进一步概括为“德、知、能”三个方面。只有达到了这些方面的培养要求，才能向汉语国际教育的专业人才培养迈进一步。

3. 课程设置中教学类课程与汉语类课程的比例分配存在争议

培养的目标和要求都是要靠课程设置和教学来实现的。在课程设置问题上，两个方案有着明显的不同。“07《方案》”中建议开设的课程可以分为三类：必修课程、公共课程和选修课程，其中选修课程又可以再次分为五个类别。以汉语国际教育硕士课程培养方案（中国研究生）为例，具体课程如表 2-4 所示。

表 2-4 “07《方案》”课程设置

课程模块	课程名称
公共课程（共 8 学分）	政治（2 学分）、外语（6 学分）
必修课程（共 10 学分）	中华文化与跨文化交际、汉语作为第二语言教学法、汉语语言学导论、第二语言习得导论、课堂教学研究

续表

课程模块		课程名称
选修课程（五大类，共23门课程，每门课程2学分，须修满10学分）	语言类	汉字概说、汉语语音概说、汉语词汇概说、汉语语法概说、汉外语言对比
	教学类	汉语教学案例分析、汉语教材分析与编写、汉语测试与教学评估、现代教育技术及教学应用
	文化类	国别与地域文化、当代中国概况、礼仪与公共关系、中国思想史、国际政治与经济专题、中华文化技能
	教育类	外语教育心理学、教师发展概论、儿童心理发展与成长、教学设计组织与管理、国外中小学教育专题
	方法类	案例分析研究、教学调查与分析、课堂观察研究

“07《方案》”指出：专业学生需要修满一定的学分才可以毕业，其中公共课程必须修满8个学分，必修课程与选修课程则各需要修满10个学分。在学分的设置上，除了外语类课程的学分设为6分，其他课程的学分均设为2分。在五大类选修课程中，学生至少应该选择3个类别。

从课程结构看，我们认为“07《方案》”把重心放在了教学方面的课程设置上，而对于汉语基础的课程设置几乎没有。尽管有“研究”性质的课程，但都主要在教学领域。建议开设的5门必修课程中，有3门课程着重于教授教育教学技巧，专门学习汉语的课程只有一门。所以，为了更好地让学生夯实汉语基础，该门汉语课程专门编制了课程说明，在说明中将课程内容分为18个模块：①汉语概说；②汉语的历史；③汉语的语音；④汉语的词汇；⑤汉语语法（上）；⑥汉语语法（中）；⑦汉语语法（下）；⑧语言与文字概说；⑨现代汉字；⑩语用理论与语用分析；⑪汉语的语用功能；⑫结构语言学；⑬功能语言学；⑭认知语言学；⑮语言研究的基本方法；⑯汉语语言学研究（上）；⑰汉语语言学研究（下）；⑱复习考试。每一个模块安排两个学时，需要学习许多内容。仅仅一门汉语课程，就几乎包含了汉语课程的各个方面，还包含了语言学等现代语言学理论，如此复杂的课程内容，教师该如何把握呢？这种教学方式根本不可能如“课程目标”中所要求的那样，能够让学生充分掌握汉语基础知识。因而，这一方案实施起来难度很大，必须在此基础上有一定的创新。

在“07《方案》”中我们可以发现汉语课程中有一些模块强调了培养学生的探究和学术研究能力，而在“09《方案》”中，这一培养目标已经不见了踪影。这是国家对汉语国际教育专业人才培养目标和思路的一个调整，给予其新的诠释。以汉语国际教育硕士课程培养方案（中国研究生）为例，具体的课程设置如表2-5所示。

表 2-5　"09《方案》"课程设置

课程模块		课程名称
核心课程（共 18 学分）	学位公共课程	政治（2 学分）、外语（4 学分）
	学位核心课程	国外汉语课堂教学案例、汉语作为第二语言教学、中华文化与传播、第二语言习得、跨文化交际
拓展课程（三大类，共 14 门课程，每门课程 2 学分，须修满 8 学分）	汉语作为外语教学类	汉语语言要素教学、偏误分析、汉外语言对比、课程设计、现代语言教育技术、汉语教材与教学资源
	中华文化传播与跨文化交际类	国别与地域文化、礼仪与国际关系、中国思想史、中外文化交流专题
	教育与教学管理类	汉语国际推广专题、国外中小学教育专题、外语教育心理学、教学设计与管理
训练课程(共 4 门，须修满 4 学分）	方法类	教学测试与评估、中华文化技艺与展示、教学调查与分析、课堂观察与实践（以上均 1 学分）
教学实习		6 学分
学位论文		2 学分

通过对比分析，我们发现除了公共课，"09《方案》"所设置的全部课程中，很多都忽略了汉语知识的教学，而重在培养汉语教学技能。这样就会导致一系列问题，比如教学类课程设置过多，教学技能方面的内容就会有所重复，而忽略了对汉语基础知识的学习。那学生自身的汉语基础知识真的很牢固吗？学生总体来说知识储备较少，很容易在具体的教学情境中遇到难以克服的情况。考虑到汉语国际教育专业的特殊性，即使是该专业深耕多年的老教师也会在处理新情况时感觉到茫然无措。在知识爆炸的今天，部分教师难以回答留学生依据时事和社会焦点提出的汉语知识问题，这暴露出教师专业发展中所存在的缺陷。对于国际汉语教师来说，汉语基础知识需要不断补充和升级，同时需要对教师专业发展中的课程体系进行升级改造。虽然教师汉语基础知识需要长期积累，并且并不能完完全全从书本中获得，但也不能依此否定理论知识的重要性，走向以偏概全的一面，完全强调所谓的"活动课程"和"从做中学"。

汉语教材在一定程度上是夯实学生汉语基础、打牢知识结构的必要工具，是提升学生教学能力的必经之路。只是我们需要的汉语教材是什么样的教材？这些教材又如何与时俱进，促进师生共同发展？如何适应全球各地本土汉语发展需要，促进中华文化与当地文化的相互理解与沟通？如何推动师生共同设计和开发新型特色化教材，以促进学生取得学业进步和教师专业发展？如何真正促进汉语教育资源的公平分配并产生社会效益，而不仅仅局限于教育效益？这些疑问或问题都对课程设置的结构与功能产生影响，从而影响学生的知识结构和能力结构。

（二）学生的知识结构和学习动机差异问题

跨专业考研进入汉语国际教育专业学习的硕士研究生占据了招生人数的很大比例，学生间的知识结构和学习动机存在较为明显的差异。此外，目前汉语国际教育硕士有两种培养形式，即全日制在校学习和非全日制学习形式，其中非全日制学生主要集中在寒暑假等假期集中上课。在这样的形势下，又由于学科特性和不同高校之间培养方案、教师水平和设备的不同，该专业学生的培养质量参差不齐。对于本科是汉语言文学或者外语相关专业的学生来说，汉语国际教育硕士的课程与本科课程具有一定的相似性和共通性，因而比较容易学习和把握。其他人文社科类的本科毕业生，学习起来则相对比较困难，加之一些学校还有很多外籍学生，从而使得在学生培养过程中存在着两个突出的难点：第一，学生背景、基础不同，进行统一教学有困难。这个问题既包括生源专业背景不同的问题，即其中非中文专业学生的专业知识较为薄弱，也包括生源国别背景的差异问题，即不少培养单位谈到，留学生的基础较差，很难跟中国学生一起上课，若分开授课，又因为需要面向多个国家，没有办法集中授课。第二，学生人数众多，管理难度较大，在教学、指导、实习等诸方面都遇到了较大的挑战。[①]还必须提及的是，对我国具有培养汉语国际教育硕士资质的学校而言，上述挑战在新型冠状病毒肺炎疫情的背景下更加明显，如何保障学生在疫情期间的学习，成为一个棘手的问题。

鉴于学生的不同来源、不同背景和不同水平因素，他们的知识结构存在较大差异。从某种程度上来说，知识结构的差异会影响个体对汉语的学习动机和学习效果。另外，不同的学生有不同的学习动机和学习需求。比如以就业为导向的学生，学习动机就倾向于实用型、工具型，考虑的是汉语知识学习是否对将来的工作有用；而以文化为导向的学生，学习动机更倾向于融入型，考虑的是如何学习和理解中华文化，如何更好地进行跨文化交际。当然，这种文化导向的动机也与其自身的内在情缘有关，特别是海外华人。他们对中华文化根基的认可及对自身祖籍文化的渴求，使得他们的融入型动机取向较为明显。另外，当前汉语国际教育硕士培养更多的是从教师教育者的视角，对如何培养学生成为一名能够胜任汉语国际教育教学任务而展开各种课程、教学实践活动。相比而言，对学习者的关注不足，使得很多国际汉语教师教育者不清楚学生的需要、学生的学习内容，或者是如何学习以及怎么学习才有更好的效果等。这些困惑都与教师教育者缺乏对

① 王祖嫘：《汉语国际教育硕士专业发展现状与问题——访“汉语国际教育论坛”及“汉语师资培养专家论坛”》，《国际汉语教育》，2010年第2期，第16-20页。

学习者的知识结构认知、学习者的需求和动机的认识和理解有关。所以说，学生的知识结构和学习动机差异问题，仍然需要在汉语国际教育硕士培养中被给予高度的重视。

（三）就业问题

对于汉语国际教育硕士研究生的培养而言，有一种代表性观点是主张研究生的培养不需要过多考虑就业的问题，这种观点认为研究生学历本身代表着一种学习成果和认证，是成功就业的垫脚石。如施一公所言："研究型大学从来不以就业为导向，从来不该在大学里面谈就业。就业只是一个出口，大学办好了自然会就业，怎么能以就业为目的来办大学？"[①]这种观点认为就业是经济层次的问题，不属于大学应该考虑的范畴。在汉语国际教育硕士的培养中，这样的认识转化为我们时常听到或看到的表述有，"汉语国际教育硕士是中华文化的传播者，是海外中国形象构建与传播的大使，他们的主要任务就是从事海外中国文化与语言的教学"。这样我们就时常看到一个窘困的情况，即汉语国际教育专业的硕士完成了海外服务任务后回国，在求职的过程中屡屡碰壁，发现很难有合适的就业空缺岗位。

上述观点是否适用于汉语国际教育硕士呢？在对此观点进行评述前，我们不妨再次回顾汉语国际教育硕士的培养目标，即汉语国际教育硕士培养的是具有熟练的汉语作为第二语言教学技能和良好的文化传播能力、跨文化交际能力，适应汉语国际推广工作，胜任多种教学任务的高层次、应用型、复合型、国际化专门人才。这个目标是该专业培养人才的基本指向，其设置有着自己的专业要求和现实使命。因此，在专业人才的培养上不能随便降低标准。根据这个目标，汉语国际教育硕士不应该考虑就业问题，这与上述观点相符。不过，从硕士学位类型上来看，汉语国际教育硕士大多数是专业学位，而非学术学位。专业型硕士培养的是某一领域的专业化人才，其主要目的并不是学术研究，而是从事某一领域的一线工作，具有职业性与学术性并存的特点。[②]

目前的实际情况是，海外汉语教育需求量大，提供了大量的汉语师资岗位。然而，汉语国际教育硕士鉴于自身的年龄、职业发展及生活环境等原因，在海外从事汉语国际教育往往只是他们的暂时之举，不为长久之计。相比之下，在国内与汉语国际教育专业对口的就业岗位就比较少了。对于大学中的工作岗位，硕士学位文凭一般很难在大学里任教；对于中小学中的工作岗位，虽然也招收汉语国

① 《施一公：研究型大学不应以就业为导向》，https://www.sohu.com/a/403949006_498154。

② 刘颂浩：《就业困境和汉语国际教育硕士培养重点》，《国际汉语教学研究》，2016 年第 3 期，第 83-89 页。

际教育专业毕业的学生，但相比于汉语言文学专业的学生来说，也依然不占优势；对于国际学校中的工作岗位，从事汉语教学的岗位也不多，且主要集中在少数大城市。这些大城市中，外国人相对比较多，其子女需要对汉语语言及中华文化有一定的了解和认识，所以对汉语师资有一定的需求。还有部分外国人由于需要与中国进行经贸往来，可能也会聘请汉语教师进行私人授课。至于其他与汉语国际教育相关的就业岗位则比较少，所以汉语国际教育专业毕业的学生在就业上比较困难。

鉴于社会市场中汉语国际教育就业岗位供给的数量及其竞争力，这些汉语国际教育硕士研究生中有相当大的一部分毕业生被就业压力和就业形势所迫，而去选择专业不对口的工作。这就使得该专业的毕业生陷入了一个窘境：因为汉语国际教育培养的学生主要是到海外从事汉语教育和中华文化国际传播的工作，而目前国内国外的政策条件、经济条件和学生自身的就业倾向等不利于该专业的学生长期在外国从事专业对口的工作。大多数汉语国际教育专业的毕业生最后都选择在国内就业。然而，国内并不是该专业的就业指向地，因此现实条件导致了学生就业无法得到有效的保障。有些对该专业怀有热情的毕业生却没有办法长期从事国际汉语教师的工作，这就在一定程度上导致了社会对该专业设置的质疑。基于此，目前拓宽该专业毕业生的职业范围和就业去向也是专业的重点建设项目之一。①

除了上述关于汉语国际教育专业建设自身的问题、学习者的知识结构及学习动机、就业问题等方面会影响汉语国际教育硕士人才培养取向和培养质量外，还有社会资源分配、汉语师资队伍建设、学科专业理论建设、汉语国际市场变化等因素也会对汉语国际教育硕士人才培养产生影响。这些因素也是汉语国际教育发展过程中需要解决的问题。

四、人才培养限度的反思

教育国际化为各国语言教育的发展提供新机遇的同时，也带来许多挑战，具有一定的限度。汉语国际教育硕士培养的发展过程中，存在条件、内容和方法等方面的限度，需要进一步深思，从而提升汉语国际教育质量和促进汉语教育国际化的永续发展。

（一）汉语国际教育硕士培养的条件限度

汉语国际教育硕士培养的条件限度主要体现在对汉语传播目的的质疑、文化

① 刘颂浩：《就业困境和汉语国际教育硕士培养重点》，《国际汉语教学研究》，2016年第3期，第83-89页。

价值观念的冲突等方面。尽管国家软实力、语言市场需求和教育国际化为汉语国际教育发展提供了巨大的推动力，但其同样受到许多条件的制约。从国家层面来看，随着我国综合国力与国际地位的显著提升，全球掀起了一股“汉语热”。但是在汉语国际教育过程中，由于过于显性的国家战略和国家资金投资力度，有些国家对汉语教育心存戒备和质疑，且认为汉语语言与汉语文化观念将影响其本国国民的价值观念并对本国文化造成冲击。

从文化层面来看，在多元文化交融的时代背景下，汉语文化走向世界、走向国际市场是必然趋势，然而路途却密布荆棘，因为在中华文化与其他国家文化交流的过程中，充满了各种文化价值观念冲突。孔子学院作为汉语国际教育发展平台，也面临着与西班牙塞万提斯学院、韩国世宗学堂、德国歌德学院等语言传播机构一样的文化价值观念冲突的境遇，2020 年 6 月 18 日，教育部发文将孔子学院总部更名为中外语言交流合作中心，孔子学院也交由民间公益组织中国国际中文教育基金会全面负责运行。[①]长期以来，国际社会都存在孔子学院是中国政府进行政治宣传工具的舆论，究其原因，一方面是孔子学院受到中国政府的大力支持，另一方面是东西方意识形态差异与价值观冲突长期难以弥合，尤其是近几年中国举世瞩目的发展成就引起了西方国家的警惕，这种冲突更加凸显。

那么，如何破除汉语国际教育发展存在的文化价值观念冲突限度，对于汉语国际教育未来的发展具有重要意义。比较教育学者埃德蒙·金提出“文化相对主义”理论，即将自身“悬置”，从价值无涉的角度去反思自我文化。这是国际理解教育的一种重要的表现形式，而国际理解教育可为破解汉语国际教育条件限度提供基本旨趣和方向。

（二）汉语国际教育硕士培养的内容限度

汉语国际教育硕士培养的内容限度主要体现在汉语教育课程设置、教学内容与文化传播内容的限度。从目前多数高校汉语国际教育硕士的专业课程设置可以看出，课程以知识学习和技能训练为核心。其中，语言技能训练类课程重在培养技能，包括综合课、单项技能课和专门技能课。语言文化知识类课程则以传统文化内容为主，包括语言基本技能课、中华文化素养课和其他文化课。就课程设置内容来说，跨文化类课程和教育教学类课程的比例相对较低，现代文化内容欠缺，这限制着国外学生对汉语的学习。据访谈得知，国外学生经常对我国传统文化与现实行为差异感到诧异：为什么一些中国人对自己的传统文化都了解不多，还让我们学习

① 中国青年报：《教育部设立中外语言交流合作中心》，http://news.cyol.com/app/2020-07/06/content_18689034.htm。

呢？可见，传统文化与现代文化尚未融通，从而影响汉语国际教育的发展。

另外，整体课程的内容也存在一定限度。整体课程的创设背景是对整体主义思维的熟练把控。它和还原主义有所不同，不将分析、解剖与严格界定看作是理解现实的工具。[①]汉语国际教育专业课程倾向于技能训练，通过解读、分析和比较等方式界定汉语知识教育，强调的是汉语学习者多技能的语码机械转换，而不是从整体思维视角，促进学习者对汉语与其母语间的语言转换。诚然，汉语国际教育需要这种整体思维和整体课程教育。

目前在实际的对外汉语教学中，其特点是一些发展中国家的对外汉语教育的教学内容和教学环境都是依据中国特色和中国思维来开展的，是对中国特色和思维的简单理解，也就是说没有做到教材与教法等教育要素的本地化。这样一些外国学生在学习汉语的过程中，因为不熟悉中国文化，很难产生共鸣，导致其无法有效地理解老师的教学内容，从而影响学习效果。尽管在课堂教学过程中，教师会尊重不同国别和不同文化背景的学生，即围绕某一个知识点让学生各自阐述本国家的情况，以便更好地促进不同国家学生间文化的交流和融合。但是，这也只是单方面的国别化文化教学，对于真正培养学生多元文化的国际理念和思维还远远不够。为此，在国际理解教育过程中，需要拓展多元文化内容，注重国际思维训练，坚守国别化独特文化的同时，提升国际文化的包容度。

（三）汉语国际教育硕士培养的方法限度

当前，我国汉语国际教育硕士培养的方式方法与路径还比较单一，各种资源整合度依旧不高，从而制约着汉语国际教育的全面开展。其中，方法路径单一主要表现在传播主体或培养机构单一。当前，国内汉语国际教育以高校为主，国外则以孔子学院、孔子课堂以及华文学校为主，民间组织和社会力量较为欠缺，组织机构过于单一。[②]

资源整合方式不够多样化和本土化也限制了汉语国际教育的发展，具体表现为汉语教育教材、课程、师资等资源仍以我国为主，国外资源尚待挖掘，汉语教育资源依旧难以结合当地实际需要进行整合并优化汉语教育教学。除了通过孔子学院、当地华人华侨学校、国际学校等汉语传播路径外，很少对这些平台机构进行国内外教育资源整合，同时本土社区或第三方组织开办且从事汉语教育的情况也严重缺乏，导致国际教育资源和本土社区或第三方组织的优势无法充分发挥出

① 安桂清：《整体课程：面向21世纪的课程愿景》，《比较教育研究》，2006年第6期，第85-89页。
② 吴坚：《汉语教育国际化发展的现状、问题及对策》，《华南师范大学学报（社会科学版）》，2015年第6期，第89-93页。

来，进而阻碍汉语国际教育发展的进程。

此外，在汉语人力资源开发方面，汉语国际教育硕士人才培养以应用型为主，对学术科研能力训练不足，其跨文化交际能力也无法满足汉语国际教育发展需求。这种单向的汉语人才培养方法，不利于培养具有国际胜任力的高层次人才。

由此，对如何拓宽汉语国际教育发展路径，并充分利用国内外优质物质资源、财力资源和人力资源进行探索，必将引起对汉语国际教育发展旨趣的反思和预测。

第三章　汉语国际教育硕士培养模式的具体内容

在新时代加快和扩大教育对外开放和“双一流”建设的时代背景下，汉语国际教育相关人才的培养在推进汉语走向全世界、教育“走出去”和提升汉语国际教育治理水平方面都起着十分重要的作用。在这样的背景下，该专业的学生要具有深厚扎实的汉语言文化知识、熟练的汉语作为第二语言或外语教学的技能，还要求有较强的外语口语能力和外语教学能力以及跨文化交际能力。然而，关于如何具体实现培养“高层次、应用型、复合型人才”的目标，国内的许多相关部门、高校以及课程教师一直都在探讨。为此，本章从教育理念、知识和能力结构、课程设置、教学实施过程、实习及评价机制五个维度来分析汉语国际教育硕士培养模式，加深对汉语国际教育硕士专业学位的了解，从而更好地探析人才培养的内在机理，为汉语国际教育事业的深入发展提供强有力的人才支持。

第一节　汉语国际教育硕士教育理念探讨

汉语国际教育硕士教育理念涉及培养什么样的国际汉语人才以及怎么培养的思想机理，引导着汉语国际教育实践的目标、内容、方式方法及管理事项，特别是汉语国际教育面对世界百年未有之大变局的新时代背景，如何通过革新教育理念推动汉语国际教育的可持续发展。

一、“技能+方法”导向的本土实用理念

汉语国际教育面向的是国际汉语教师，它的目标是培养优秀的国际汉语教师。“09《方案》”中关于培养目标和培养要求的相关表述如下：一是关于技能方面，要培养“具备熟练的汉语作为第二语言教学技能”和“具有较高的中华文化素养和传播能力”；二是能力方面，要培养“胜任多种教学任务的高层次、应用型、复合型、国际化专门人才”，还要求“能熟练运用现代教育技术和科技手段进行教学”，这就明确地突出了“09《方案》”对汉语国际教育硕士的培养格外重视

汉语教学能力和跨文化交际能力的培养，也重视对教学技巧和方法的掌握，还注重实用型人才的培养，而这也正是培养汉语国际教育硕士的核心理念。

就“技巧和方法的有限性和有效性”来看，我们首先必须了解教学技巧和方法在外语教学中的重要性，教师掌握的外语教学技巧和方法越多，不但有利于将这些方法技巧灵活地运用于现实的教学活动，还有利于培养学生的外语能力，反之则不然。毋庸置疑，技巧和方法是有效的、有用的。更进一层来说，掌握外语教学技巧和方法的多少是评价一位教师是否能胜任多种教学任务和评价教师是否优秀的重要标准之一。如果从事汉语国际教育的工作者的教学方法单调且缺乏一定教学技巧，那这样的教学势必难以满足学生学习的需求，尤其是向国际友人推广汉语国际教育的需求。在浩繁的知识中，与方法技巧有关的知识是重要的，这也是汉语国际教育硕士培养中重视教学技能和方法的一个关键原因。有效性是教学技巧和方法的精髓，但这并不意味着每个人使用的教学技巧和方法都是合适、切实可行和有用的。更值得一提的是，教学技巧和方法并不是万能的，因为并不存在可以适用于满足任一教学对象、任何教学环境、教学模式以及教学内容的万能技巧和方法。国内和国外的目的语环境不同，因此在国外非目的语的环境下，国内的教学技巧和方法并不一定适用；有些技巧或方法适合某些人使用，能收获意想不到的效果，有些人用起来可能毫无效果。更详细地说，教学技巧和方法要与自身的教学对象和具体教学内容相匹配，适合自己的，却未必适合他人；自身需求，也就是教育基本原理和现实教学情况，是探求适合自身的教学技巧和方法的基础。现实的教学实践远远比方法和技巧更重要，这也是汉语教学真正有效的方法。

教学技巧和方法必须在培养汉语国际教育硕士的课程中体现，当然这同样也是汉语国际教育硕士培养的最终目标和方向。然而，“直奔目标”不是最终目标的唯一实现方式，相关教学知识的加强对方法的选择和使用、教学技巧和能力的培养都有好处。知识就是力量，从某种层面上来说也意味着是一种能力。扎实深厚的专业知识有利于提升教学能力。另外，也要看到技巧和方法的有限性，一味地追求教学技巧和方法的传授是行不通的。教学技巧和方法并不是万能的，它并不适用于所有的汉语国际教育。

但其启发和借鉴作用却不可小觑。孙德坤转引国外学者的观点时指出：20 世纪语言教学研究充满了对有效方法的寻求，但结果表明“没有一种方法可以适用于所有的教学对象或环境，过去没有，今后恐怕也不会有”。[①]我们认为，即使如此，教学技巧和方法依然是语言教学研究的永恒性和核心性主题。教学技巧和方

① 孙德坤：《教师认知研究与教师发展》，《世界汉语教学》，2008 年第 3 期，第 74-86，3 页。

法的探索和研究不但可以丰富教学理论，还能推进教学实践的深入，提高教学效率。因此，我们要适当地教授和使用教学方法，但是不能把方法捧到神坛上去。

从“教学实践的复杂性”来看，汉语国际教育硕士专业学位的本质就是为了汉语语言和中华文化推广工作而设立的，主要目标是培养国际汉语教师。国际汉语教师不但要热爱汉语国际教育事业，而且要能够熟练地运用现代教育技术和汉语国际教学技能进行教学。因为每个国家的教学要求、教学对象和教学环境等不同，所以就要求教师具备各式各样的教学技巧和方法。在汉语国际教育硕士培养过程中，虽然我们尽量依据海外的现实状况来传授教学技巧和方法，但由于现实教学的复杂多样性，并不一定都能找到适合的技巧和方法。汉语国际教育遍布海外的各学习阶段，包括幼儿园、小学、中学和大学；华裔和非华裔都会学习汉语，普通工人和大公司商业精英也都会学习汉语；有课堂集体教学的，有一对一教学的，汉语水平差距很大的人甚至也会在一间课室学习；有的人想学汉字，有的人不想学汉字，想学听说，而有的人想听说读写都学；等等。在海外进行汉语教学都是在缺乏目的语环境的状况下进行的，是在远离中国社会环境和中国文化背景条件下进行的，是在上课时间比较少的情况甚至可能是一个星期只有一到两节课的情况下进行的，更甚至是在学习者工作时间之外进行的。除此以外，不同国家和地区的教育水平、文化习俗以及学习者的个人学习习惯等诸多因素都在影响着汉语学习。所有这些因素都会对施教者在教学技巧和方法的选择与使用上产生一定的影响，这会让我们对根据国内教学实践而形成的技巧和方法究竟对国外汉语教学有多大实用意义表示怀疑。为什么同样的教材，在国内就十分有效而在海外却没什么效益呢？原因是教法的不同，而不一定是教材质量平庸。所以说，教学方法和技巧在不同国别和区域是不同的，需要进一步基于本土实际情况进行调整和完善。

从“海外汉语教学的复杂情况”来看，我们依据现实情况适时地做出调整，从而制定出和实际情况适用的教学方法和技巧。课堂活动和教学过程实际上并不像我们以前所认为的那么简单，是十分复杂甚至有些杂乱无章的。因此，面对海外复杂多变的教学需求以及看起来杂乱无章的课堂教学，我们应加强以下几方面的能力：熟练掌握汉语作为外语教学的基本性质和特点以及基本原则和模式，掌握并能运用于适合课堂教学与管理的基本方法，希望达到以不变应万变的效果，并试图让它成为汉语国际教育硕士培养方案的一个实施方案。

综上可见，汉语国际教育硕士教育理念与培养目标相一致，并且彼此之间相互影响。为了实现汉语国际教育硕士培养目标，需要进一步厘清其教育理念。掌握汉语教学技巧和方法是从事国际汉语教育教师的必备素养，也是汉语国际教育硕士培养过程中重要的教育理念，体现了汉语国际教育的学科属性，即培养的人才首先就必须要能够胜任汉语国际教育教学的各种任务。汉语教学技巧和方法不仅是教师胜任汉语教学任务的基本技能和方法，也展现出了教师进行汉语教学的教育理念和价值取向，即“技能+方法”导向的本土实用理念。

二、专业知识和能力为本位的个性化理念

目前，从汉语国际教育硕士的培养要求来看，只有少数院校仍然以培养学术型硕士为主，其余的大部分试点院校对汉语国际教育硕士的培养要求都提倡专业型硕士的培养模式，也就是加强培养学生的汉语国际教育教学技能。教学技能是国际汉语教师专业能力的重要表征。这反映出海外汉语教育发展对汉语教师能力的技能要求。为此，以汉语教学为核心技能的国际汉语教师专业人才培养方案得以强化。由此可见，“直奔目标”的这种要求和做法看似已经成为汉语国际教育硕士培养以及海外教师培训的主流内容。“直奔目标”的方法见效快，与单纯地教授知识相比，尤其是传授一些空洞、枯燥和乏味的理论而忽视实用教学技能的培训，这种培养方法性价比更高。然而这不是长久之计，“直奔目标”的做法只是针对局部的解决办法，只能在短期内有比较好的效果，如果长期采取这种办法，是不现实的。事实上，这种浮于表面的方法只能简单地解决问题，并不能深入地根除矛盾。因此，确定汉语国际教育硕士的教学理念应当全方位地考虑培养对象的实际情况、方法技巧的有限性和有效性以及未来从事实际教学活动的复杂性等。这种理念主要针对不同国家和区域的汉语学习对象及其文化和社会发展需求，这样能更有针对性，也会更有利于实现汉语国际教育硕士的培养目标。

从“培养对象的学科专业知识背景”来看，大部分报考汉语国际教育专业的考生专业背景知识与“中国文化”和“汉语言文字”实际相距甚远。仇鑫奕统计了从 2009 年到 2013 年汉语国际教育硕士的本科专业背景情况，发现大约 60%的学生是非对外汉语专业出身。[①]由此可见，报考汉语国际教育专业的大部分考生缺乏甚至不具备汉语言文字学和语言学的基本理论、中国文化等相关方面的知识。当前，随着国内外对汉语国际教育认知的提高，汉语国际教育专业的生源也有了较好的保障，专业知识方面得以增强，不过，总体上仍需要进一步权衡好专业知识的普遍性与教学对象的个性化之间的关系。

由此可知，从现实情况来看，有相当一部分的汉语国际教育专业考生基本上没有汉语本体知识及一些相关学科的基本知识，因此，我们不能忽视汉语国际教

① 仇鑫奕：《汉语国际教育硕士专业学位研究生专业问题研究能力培养刍议》，《华文教学与研究》，2015 年第 1 期，第 32-40 页。

育专业知识的教学。与此同时，我们也应该注重对汉语本体知识、中国文化相关知识、跨文化交际意识、汉语作为外语教学的基本理论以及相关支撑学科如语言学、教育学、心理学等的教学能力方面的培养。无论学生的专业背景如何，都不应忽略汉语知识的教学，因为这关系到汉语教学的基础。如果教师本身对汉语本体知识以及中国文化相关知识了解不多，甚至一知半解，那么即便是有了相关的技巧和经验，恐怕也难以真正达到教学效果。因此，正如赵金铭先生指出：具备深厚扎实的汉语知识是十分有必要的，如果对所教语言了解不深刻，那么就不能自如应对在教学中不时出现的各类语言问题。作为以汉语为母语的教师来说，更是万万不能忽略对汉语的深入学习钻研。[①]不管是知识学习还是教育教学能力的训练，都只是汉语国际教育硕士培养的一部分，而这些都是为了满足培养汉语国际教师的基础胜任力的需要。由此说来，汉语国际教育硕士教育理念还需要进一步考虑教师专业标准，并从教师专业发展的角度入手对汉语国际教育专业学生进行科学性、系统性的专门培养。

三、教师素养导向的人本理念

汉语国际教育硕士培养的是将来从事汉语国际教育工作的教师。由此，从招生工作开始，一直到入学后的整个培养过程，基本都按照一名标准的国际汉语教师的要求进行培养。一定的汉语教育知识、技能、方法和能力是汉语国际教育专业学生将来从事汉语国际推广和汉语教育教学的基本素养。毋庸置疑，培养高素质的、能够胜任多种汉语教学任务、具备扎实深厚的汉语本体知识、熟练的教学技能的人才，是培养汉语国际教育硕士所要追求的核心，而教师素养也需要基于人本思想，从人本视角培养全球化时代下具有国际竞争力的国际汉语人才。

然而，问题是汉语国际教育专业学生修读完课程、修满学分、完成学位论文，就意味着他们都能成为优秀的国际汉语教师吗？答案是否定的。换句话说，培养方案和具体实践是两回事。从具体实践来看，所有会说汉语的人不可能都是优秀的国际汉语教师。每个人的能力都是不同的，作为教师，还需要一些特别的要求。有些才能可以靠后天习得，有些东西却是天赋。比如说有些人天生害羞胆小，不善于表达。那么这一部分人就不太适合教师这个行业。尤其是不大适合国际汉语教师这个行业。单从报考汉语国际教育专业的考生来看，其中有一部分考生其实并没有想清楚要如何做好一名国际汉语教师，或者说在这方面思虑不多。有些人只是抱着想提升一下外语能力、顺便体验异国人文风情的想法；有些人虽说是怀

① 赵金铭：《汉语作为外语教学能力标准试说》，《语言教学与研究》，2007年第2期，第1-10页。

着满腔热血甚至报国之志，要教外国人学习汉语、传播中华文化，但是对汉语本体知识却一知半解；有些人从始至终都没想到教汉语是件不简单的事，甚至会觉得教外国人学中文是一件非常简单的事；有些人是因为对目前的工作不满意，考取汉语国际教育硕士专业学位可能只是为了换工作；有些人则完全不适合老师这个职业。他们的这些想法都是无可厚非的。但是，在考取汉语国际教育硕士专业学位之后，他们虽经过个人努力学习了专业知识，但是有可能还是没有能够达到预期的培养目标。所以我们可以在汉语国际教育专业的生源上下功夫，在研究生复试过程中可以适当加强对考生综合素质方面的考量和考核。这种综合素质也可反映了考生日后成为国际汉语教师队伍中的一员所应具备的人本思想、价值。

综上所述，我们除了要确保汉语国际教育专业生源质量外，还要在汉语国际教育硕士培养过程中强化教师素养，增强教师从业信念，培养成为国际汉语教师的基本素养及核心能力，为其将来从事汉语国际教育事业奠定基础。

第二节　汉语国际教育硕士培养的知识和能力结构

就目前汉语国际教育硕士培养目标来看其培养的内容，有学者认为涉及多个学科，主要有语言学、教育学、心理学、政治学、文化学、社会学。还有学者认为汉语国际教育硕士课程的教学内容设计需符合应用型、国际化人才的培养模式，也就是说有一部分的培养课程应涉及汉语国际教育的专业课、汉语语言学基础课、政治课、文化教育课等多门学科。还有部分学者则提出汉语国际教育硕士课程设置应该注重特色项目的研发，增强课程的可选择性，有意识地推动知识的相互交叉与渗透，适当考虑增加一些诸如研究方法、语言学及延伸国际视野的课程。另外，从汉语国际教育硕士的培养目标出发，再联系课程结构体系与《国际汉语教师标准》的内容，本书认为汉语国际教育硕士的培养过程需要坚持知识与能力并重的思路，秉承“理论与实践相结合”“知识传授和技能训练相结合”两大宗旨。在具体实践中，需要对知识类课程和实践类课程同等重视。其反映在具体课程的教学实施上，需要凸显知识与能力、理论与实践相结合的实践取向，这样才能更加有利于教学技能的形成。不管是偏向理论知识还是偏向方法和技巧的理念，都是不可取的。如此一来，在课程设置时需要同时考虑到知识与能力的部分，具体表现为如下两方面。

一、汉语国际教育硕士培养的知识结构

汉语国际教育硕士培养的知识结构主要包括语言学知识、文学文化知识、汉语作为第二语言的教学知识、教育学科的相关知识和研究方法，整体结构上突出

了跨越语言学、文学和教育学的特点。

一是语言学知识。将语言学知识作为汉语国际教育的基础理论知识已经是学界的基本共识。语言学的研究对象是语言，在汉语国际教育硕士的培养方案中，既是“汉语作为第二语言教学”这门课程的教学客体，也是国际汉语教师应达到的基本要求。一般而言，语言学知识涵盖较多领域，包括汉语语言学、社会语言学、文化语言学等。其中，汉语语言学尤为重要，不仅包含汉语语音、语法、词汇、修辞几大重点的系统知识，而且还包含了中国古代的汉语知识以及基本的方言知识等。另外，中国的汉字本身具有特殊性，一些汉字还有多种不同的发音，因此学习汉语不能不学汉字以及汉字背后所包含的文化知识。

汉语语言学知识主要分为普通语言学知识和汉语知识两部分。反映语言宏观方面的主要是普通语言学，语言的共同规律和普遍性为语言教学提供指导。语言的基本特征是符号性、生成性、交际性、社会性、思维性、人类独具性。这六种特性中每一种都具有一定的教学启示意义。语言符号性表明了语言是一个系统，有一定的排列规则，这就是语法。在教学中教师应使用一定的方法设立明确的教学目标，让学生掌握这种规则。语言的生成性表明语言规则有限、表达方式无限的特点。要通过不自觉的方法，比如大量阅读使得学生掌握有限的规则和丰富的词汇，进而提升学生的创造性表达的能力。语言的交际性体现在语言是人类最重要的交际工具，教学的根本目的就是使学生能够熟练掌握运用汉语进行交流的技能。语言的社会性表明语言形成于特定社团，反映相应社团的文化特征，学习语言要与社会文化相联系，否则就可能会出现交际障碍。语言的思维性表明语言是思维的重要载体，培养汉语思维是我们教学的重要目标。语言的人类独具性表明语言是人类才具有的，只有在一定的语言环境下，语言才会“生长”出来，所以二语习得需要基于人类生产生活的具体情景中进行学习。

汉语语言学对教学的贡献除了具有普通语言学的特点外，还有汉语自身独特之处。与其他语言进行对比并做比较分析，与学生原有的母语学习经验联系起来，可以帮助教师提高教学的效率。汉语语言学在汉语国际教育中同样具有宏观的指导意义。

本书认为，在汉语国际教育硕士专业的课程设置方面，普通语言学和汉语语言学的知识应当相互联结，单纯地教授汉语语言学知识并不一定能在教学中起到重要作用，因为语言教学具有复杂、综合的特点，了解语言的一般特征就具有简化和概括的作用。结合普通语言学知识，能让国际汉语教师更多地将知识性内容转变成语言学习者的能力。总之，对于汉语国际教育硕士来说，掌握语言学是学习的基础。

二是文学文化知识。语言是文化的载体，学习任何一门语言都不能脱离赋予语言知识背后的文化。在教学过程中，教师必须具备一定的文化知识，这些知识既包含中国的历史、政治、经济、社会、民族、宗教，也包含地理、节令、习俗、名胜古迹等。只有全面掌握了这些知识，才能在教学过程中更好地应对学生所提出的相关问题，毕竟留学生所提的问题不一定都是关于语言的，其中也可能会有涉及中国文化方面的各类知识。当然，文学知识也是不可或缺的一部分，它涵盖古典、近代及当代的文学知识。此处借用周有光先生提出的英语学习的三个层次——生活层次、工作层次和文学层次理论来描述“汉语作为第二语言”的学习也是十分适用的。

三是汉语作为第二语言的教学知识。它包括“汉语作为第二语言教学”和“第二语言习得”两大部分。汉语作为第二语言教学课程的主要内容有汉语作为第二语言教学的理论以及教学方法等。汉语作为第二语言教学的理论包括：当前汉语作为第二语言教学的发展现状、性质、发展历程、学科定位和体会、与相关学科之间的支撑情况和理论基础的异同等。汉语作为第二语言的教学方法涵盖语言教学流派的种类、各个教学流派的发展历程及各自特点、已经被发现和普遍被认可的教学方法；汉语作为第二语言的教学策略则涉及教学顺序安排、师生交流互动选择的技巧等。

汉语作为第二语言的教学方法，基本可以分为四大流派：第一个是注重学习者自己理解和掌握知识的认知派；第二个是注重学习者经验总结和习惯养成的经验派；第三个是以人为中心的人本派，它更注重人作为一个特殊个体内心所带有的情感因素；第四个是注重发挥语言交际作用的功能派。这些不同流派在不断完善自身理论基础的过程中，既为汉语教学提供了方法论指导，也为汉语教学向纵深发展提供了相应的行为理论支撑。不同的教学流派一方面保持自身特色，另一方面也在不断摩擦和借鉴交流中实现融合，逐步突显出教学流派综合化的发展趋向。教学方法在注重研究方法规律之余，开始主动自觉地将第二语言学习者的学习规律和教学规律有效结合，作为一个统一的整体去研究。既让第二语言学习者的学习规律和第二语言教学方法发挥了各自的功能，又从更高层面发挥了它们的综合作用。总之，任何语言知识和语言技能之所以被学生顺利地掌握，都离不开教师在语言教学中对其的合理运用。

汉语语言的教学者为学习汉语者的主要引导人，在熟练掌握汉语知识之余，还应该有意识地运用汉语的第二语言习得理论。教师不仅要教学生知识，同时在教的过程中还要遵循一定的规律。第二语言习得理论也就成为汉语国际教育专业学生必修的课程。它告诉我们要根据学生发展的独特性、自身所具备的能力和性格特点来激发其学习的主动性和创造性，如此才能实现科学有效的教学。刘珣在《对外汉语教育学引论》一书中认为，语言学习规律的研究和认识是一切语言教学活动的基础，教学需要了解语言学习的本质特征和心理过程以及学习者个体因素的作用，否则就是盲目的、不成功的。①

第二语言习得理论的基础是一般学习理论，其中影响较大的有行为主义学习理论和认知学习理论。学习理论是对学习者在学习过程中心理活动的主要规律进行系统概括的理论，又被称作学习论，以心理学研究者对其研究最多、最为深入。行为主义学习理论在经验主义哲学的影响下，认为学习与人和动物生存的外部环境作用密切相关。随着外部环境的变化，为了更好地适应外部环境，在进行经验总结的基础上不断改变自身行为，而这种行为的改变是被动的，主要针对外部环境做出改变和调整。另一大学习理论——认知学习理论则与之相反，它认为人类行为的改变是主动的、有意识的，是学习者为深入认知世界而主动改变自身行为并不断发挥自身能力的变化过程，而不是受外界影响被动地改变。这一理论强调学习者在学习过程中认知机制发挥的作用，认为学习是属于学习者自身的，出于心理认知的，而不是由外部环境刺激产生联结而生发的结果。这一理论基础主要是关乎学习者内心的心理构建并由此产生的认知渐变。

根据第二语言习得理论的特征，汉语教学法也实现了巨大的转变，从传统的注重学生学习并获得语言知识和技能，到注重学习者语言交际能力的提升。运用语言进行交际是语言教学一个重要的目的，在这一过程中教学者要注重学习者的内在特征，既关注学习者自身的情感因素，又关注学习者的人际交往因素，只有两者并驾齐驱，才能实现真正意义上的教学。

第二语言习得理论要求教师在教与学的过程中，充分掌握学习者的情况，这是保证语言习得高效的根本。其内容包括知识结构和储备、学习者的个性、兴趣爱好等。学习的内容包括认识第二语言领域的核心思想、主要理论、目前的发展以及研究现状；善于分辨学习与习得、第一语言与第二语言等概念知识；理解并掌握学习者习得规律，以及习得过程的阶段和特征；研究学习者的学习环境；了解学习动机、知识储备、学习策略和方法、学习心理感知和个人兴趣爱好等。

四是教育学科的相关知识。教育学和心理学是在探讨教师和学生语言教学的交互过程中涉及的主要学科。因此，作为汉语国际教育专业的硕士研究生，学习并且掌握教育学和心理学相关知识是十分必要并且也是非常重要的。具体体现为“教育学中所涉及的教育本质、教育方针、教育目的、教育制度、教育管理和教学理论中有关教学过程、教学原则、教学内容（课程）、教学方法、教学手段、教

① 刘珣：《对外汉语教育学引论》，北京：北京语言文化大学出版社，2000年。

学组织形式和教学评估等所反映的各种教育规律和教学规律，一般来说对对外汉语教学都具有指导意义”[①]。这反映出了汉语国际教育的教育学科属性和教师教育发展的要求。

五是研究方法。虽然汉语国际教育专业更倾向于培养应用型和实践型的硕士研究生，但在教学中不能忽视对学生在研究方法方面知识的培养。正如施良放曾提出：在教学活动中，总会出现各种各样新的问题，如果学生在教学之前就能够自觉地培养出观察问题的好习惯并加以思考和总结，从而形成一套自己的可操作性的研究模式，之后把每天的教学活动、教学体会和经验放入其中，这样就能不断地促进和推动其研究能力和反思能力的提升。然而，由于当前汉语国际教育专业重视实践性和技能应用性的培养，学术专业研究没有受到良好的训练。尽管多数教师认为研究很重要，但由于现实情况和自身情况的限制，对专业研究关注不够，缺乏科学严谨的方法论训练，致使很多学生到写毕业论文的时候，一问三不知，对如何确定研究问题，如何选择和运用合适的研究方法展开设计和研究都没有相应的了解，不懂得如何做研究。显然，研究方法的缺失不仅影响了学生的研究专业素养，也影响了汉语国际教育专业的可持续发展以及专业教学实践发展。

二、汉语国际教育硕士的能力结构

对于一个合格的国际汉语教师而言，不仅需要良好的基础理论知识，还需要一定教学基础的实践，并将自身的知识经验灵活地运用于教学，不断实现自我更新与自我发展。一旦缺乏教学实践经验，教师在课堂上会遇到的各种诸如关于知识的讲解技巧、课堂提问技巧、如何调动学生的积极性等问题都会变得难以处理。对于诸如此类的问题，教师只有通过教学实践不断地去探索、反思、积累经验后方能胜任汉语课堂教学。换句话说，一名优秀的国际汉语教师除了具备本专业的基础理论知识外，还应该具备相应的教学实践能力。基础理论知识和教学实践能力二者是相辅相成的。

不管是知识还是能力，都处于动态变化发展中，需要时刻关注汉语国际教育发展的变化并进行不断的学习。特别是当今世界处于百年未有之大变局，加上新型冠状病毒肺炎疫情的暴发，使得整个世界变得更加不稳定，对汉语国际教育人才培养提出新的挑战。但不管是何种变化，作为国际汉语教师来说，最基本的知识和能力结构也反映出了汉语国际教育专业培养的人才规格。从汉语国际教育硕士的培养目标来看，该专业所培养的人才需要具备以下几方面的能力。

---

① 刘珣：《对外汉语教育学引论》，北京：北京语言文化大学出版社，2000 年，第 66 页。

一是汉语作为第二语言的教学能力。汉语作为第二语言的教学能力这一板块主要包括四大环节：①总体规划能力。总体规划是教学管理问题。从事汉语国际教育相关职业的工作者要想发挥自身效力，需具备一定的管理能力，具有教育顶层规划和教学底层规划的双重能力，能够针对汉语作为第二语言教学展开高效规划，其中对学生规划、对课程规划、对教材规划、对教学规划、对教师自身专业发展规划等都是十分重要的，这些都要求工作者需要具备汉语作为第二语言教学的总体规划能力。②课堂教学能力。课堂教学是教师展现自己的教学技能的重要途径。课堂教学将为汉语国际教育人才培养提供语言要素教学和语言技能的训练机会，即在课堂中教师通过教学活动将语言传授给学习者，而教学的过程反映了所有教学活动的原因、动力和结果。教师想要帮助学习者理解并掌握这些内容，首先其自身的汉语教学理论功底要扎实，并且能够认真贯彻课堂教学的原则以及熟练运用教学方法和技巧，这主要表现为灵活运用观察能力、辨别判断能力、推理能力、思维和空间转换能力、创新能力等。这些能力体现的是综合能力，它和教师的天赋、后天所学的教学理论知识以及获得的教学实践锻炼都密切相关。③教材选编能力。这要求教师在明晰和把握汉语教学课程与大纲设计的目的、内容和范围的条件下，根据教学的实际情况来恰当地选择以及使用教材和相关辅助材料。虽然目前国内出版了很多类型的汉语教材，但由于教学目的和对象的多样性，并没有一个固定的汉语教材能很好地满足所有学生的需求，因此对于汉语国际教育硕士来说，要具备很好的教材选编能力，从而更好地胜任国际汉语教学工作。④测试和评估能力。笔试和口试两种方法是教师用来检验教学效果的通用途径，除此之外，还需要对学生提出关于学习态度、学习方法及学习效果的长短期评估和改进的建议和意见。由此，国际汉语教师应明了和谙习各类评估测试的标准、作用、优劣势等内容，并根据具体目的来选用合适的手段和测试方法。评价是教师获知学生结果信息的有效来源，在教学过程的不同阶段和不同时期，应结合实际施行不同的评估方式。因此，对于学生选择的不同课程，教师要通过不同的评价方法来获得有关学生语言水平的相关信息。与此同时，在学生汉语学习的过程中，教师也需要借助评价来了解和确定学生正处于何种水平和阶段。换言之，教师需要不断发掘学生的“最近发展区”，并根据学生的发展需求和学习现状进行科学、客观和多元的评价。

二是跨文化交际能力。“跨文化交际”是一个涉及面较广，含义相对较宽泛的概念，所以很难有一个衡量文化的标准和准则。它不仅存在于两个乃至多个国家或民族间的文化交际，也存在于同一个国家或民族内部不同文化群体间的交际。国际汉语教师的工作主要是在海外。不管身处哪个国家，在生活和工作中，他们要面对的是不同文化的外国人。然而，每个国家的文化和习俗是不可能在课堂上被充分了解的，因此培养学生的跨文化交际能力和意识是课堂教学的关键一步。既要让学生学习有关跨文化交际的基础知识和理论，同时也要提高中国学生与外国学生的交流能力，特别是鼓励中国学生到海外进行汉语教学，这可以很好地提升他们的跨文化交际的实践体验感。总而言之，就汉语国际教育硕士来讲，在教育实践的过程中，跨文化交际是在所难免的，所以在某种程度上跨文化交际能力比理论知识的培养更重要，因为如果缺乏跨文化交际能力，国际汉语教师与学生之间就难以建立起良好的关系，学生也很难充分理解和掌握汉语语言和中华文化。

三是中华才艺及多媒体操作方面的能力。多才多艺是一种能力，也是一种才华。中华才艺技能主要包括书法、中国菜、绘画、中国剪纸、民歌、中国功夫等与汉语教学相关的技能。对于国际汉语教师来说，掌握了这些技能，在海外教学过程中一方面起到了传播优秀的中华传统文化的作用，另一方面也是一种吸引学生走进汉语课堂并激发其学习汉语动机的方法。除了中华才艺之外，国际汉语教师还必须掌握计算机技能。随着当代社会信息化水平的不断提升，我们迎来了电脑及网络技术的“革新潮”，它对我们的思维方式，如教育理念、教育模式、教育方法、教育手段等层面产生了前所未有的影响。面对此种形势，如果不能熟练使用计算机进行辅助教学，就会严重制约对外汉语推广事业的发展，落伍于时代，不配称为“国际人”。[①]总之，在信息化时代，教育与技术已紧密结合在一起，现代教育技术不断融入教学过程之中，搭建各类学习平台，开发多媒体的课程和课件，并通过线上线下、境外境内相结合的方式，在提升教学效果的同时，也激发了学生的学习兴趣。因此，对于汉语国际教育硕士的学生来说，将现代网络教学技术应用于不同语言技能的教学中是必不可少的能力要求。

第三节 汉语国际教育硕士课程设置

课程设置是汉语国际教育人才培养的跑马道，也是一项复杂的系统工程，它不仅与社会需求、生源状况有关联，而且与培养目标也密切相连。现代课程论之父泰勒在《课程与教学的基本问题》一书中针对课程设置问题提出了四个原理，即学校和课程设计者在对课程进行设计时一定要考虑以下四个方面：一是在教育过程中，学校应该达到哪些目标？二是需要通过提供哪些教育经验才能实现这些目标？三是通过什么样的方式才能将这些经验有效地组织起来？四是通过什么样

① 北京汉语国际推广中心、北京师范大学汉语文化学院：《国际汉语教育人才培养论丛（第二辑）》，北京：北京大学出版社，2011 年，第 79 页。

的方式以及根据什么标准才能确认和判断这些目标得到了实现？由此可知，课程所规定要实现的目标就是课程设置的首要任务。

换句话说，课程设置以培养目标为导向。依照《辞海》的注解，课程设置主要是指不同种类课程在一定学校的设立和安排。具体而言，课程设置是对课程类型、课程门类以及这些课程的学时在各个年级的安排顺序做出规定，并简单地对每一门课程的学习目标、学习内容、学习方式、学习要求做出规定。总而言之，课程设置要求课程结构体系和课程内容的合理。所谓课程结构体系合理就是指各门课程之间的结构、衔接、设置顺序合理；课程内容合理是指课程所反映的学科知识、方法以及学科前沿问题符合知识论的规律。[①]第二章概括性地分析了“07《方案》”以及“09《方案》”之间的差异性，本节则在依托“09《方案》”的基础上，着重探讨关于汉语国际教育硕士的课程设置方面的内容。

一、课程的结构体系

我国从 2007 年开始设置汉语国际教育硕士专业学位。2009 年 7 月，国家汉办/孔子学院总部等相关部门通过对汉语国际教育硕士专业学位研究生培养工作的研讨，提出了诸如汉语国际教育硕士课业体系如何架构等一系列问题，并指出了教学类课程与汉语类课程两大类不可偏废，这是课程设置的总体要求。第二章我们将“07《方案》”（表 2-4）与“09《方案》”（表 2-5）进行了对比分析。

“09《方案》”为了实现培养目标和达到培养要求，设置了核心课程、拓展课程和训练课程，其中核心课程 7 门，共计 18 学分；拓展课程 14 门，必须修满 8 学分；而训练课程共 4 门，必须修满 4 学分；三种类型的课程学分占总课程学分的百分比分别为 60.0%、26.7%和 13.3%。两个方案课程设置中三大部分的比重有所不同，但实际上课程设置和安排“并没有实质上的区别，不同类别的具体课程大同小异，特别是‘单证’方案的选修课与‘双证’方案的拓展课和训练课”[②]。

差别比较明显的是：第一，“09《方案》”的核心课程删除了“07《方案》”必修课程中的“汉语语言学导论”和“课堂教学研究”课程，新增加了“国外汉语课堂教学案例”课程。第二，“09《方案》”将原有的“中华文化与跨文化交际”课程一分为二，分为“中华文化与传播”和“跨文化交际”两门课程，而且“中华文化与传播”和“中华文化”也是两门不能等同且必须各自有所侧重的课程，

① 《辞海》编辑委员会：《辞海》，上海：上海辞书出版社，1980 年，第 1180 页。
② 李泉：《汉语国际教育硕士培养原则与实施重点探讨》，《华文教学与研究》，2010 年第 3 期，第 1-7 页。

前者注重中华文化的传播，后者则显得范围更广。第三，“09《方案》”的拓展课程将“07《方案》”选修课程中的汉语语音概说、汉语语法概说、汉语词汇概说、汉字概说等课程，调整为汉语语言要素教学、偏误分析，二者不仅名称不尽一致，而且反映了以学习者本位的语言要素教学，强调教师对学习者语言偏误的认知与理解。这表明，在课程设置方面，“09《方案》”也与其培养目标和要求一致，更侧重汉语教学技能和中华文化传播技能的培养。

由此可知，“09《方案》”与“07《方案》”在课程设置等方面体现出差异，集中体现在必修课、选修课、核心课、拓展课上，是强调和凸显还是疏略和淡化“系统的汉语言专业知识”这方面的传授？此外，“09《方案》”将原有的一些课程并入别的课程当中，这种做法在很大程度上突显了“09《方案》”更多地注重教学技能和中国文化传播能力的培养，从而避免导致把以实践性为主的课程变成以理论知识为主的课程。从事实上说，“09《方案》”削弱了汉语本体知识的课程教学比重，在很大程度上会导致以下这种现象：国际汉语教师空有教学技能而没有实在的汉语基础知识。汉语国际教育不仅仅是简单的汉语教学，同时也是中国文化的传播。学习汉语必须要以深厚的中国文化为基础，因为有一些语言学习问题从中国文化的这个角度更容易理解。因此传播和推广汉语，不是简单地依靠教学方法和技巧，而且还需要一定的汉语知识和中国文化知识。①

二、课程的具体内容

为了深入推进汉语国际教育的发展，不同院校在全国汉语国际教育硕士专业学位教育指导委员会的指导下，除了开设规定的课程外，也积极探索特色化、个性化的课程内容。下面主要分析国内几所院校汉语国际教育硕士课程开设情况。②

（一）北京师范大学汉语国际教育硕士课程修读安排及内容

北京师范大学作为我国的顶尖师范大学，为了满足国内外汉语语言教师的需求，成为最早建立“汉语国际推广师资培养基地”的院校之一，自觉承担起培养汉语语言教师和汉语语言学研究者的任务。几年来，该校培养出大批学术研究者和海外汉语教师。它先后设立了语言学和文字学方面的博士专业，促进了汉语研究的深入发展。北京师范大学汉语国际教育硕士专业的学制与大部分院校设置的

① 李世讴：《教育硕士课程体系构建研究》，西南大学博士学位论文，2010年。
② 本章所介绍的案例学校情况如无特殊说明，均为2019年。

2 年制学制不同，其学制以 3 年为主（中国学生及不享受中国政府奖学金的外国学生学制为 3 年，享受中国政府奖学金的外国学生学制为 2—3 年）。中国学生修读公共必修课、专业必修课、限选课、选修课、教学实习累计不低于 36 学分。其中，公共必修课共 6 学分（政治 2 学分，外语 4 学分）；专业必修课共 12 学分（由核心课程构成）；限选课程共 8 学分（由拓展课程与训练课程构成）；选修课程共 4 学分（中外学生根据自身先前基础和发展需要，可以选修相关课程）；教学实习共 6 学分。相比之下，外国学生则累计修读不低于 34 学分。其中，公共必修课共 2 学分（中国概况）；专业必修课共 12 学分（由核心课程构成）；限选课程共 8 学分（由拓展课程与训练课程构成）；选修课程共 6 学分（由专业选修课、公共选修课构成，其中，专业选修课不得少于 4 学分）；教学实习共 6 学分。教师会鼓励和推荐学生参加外派教师的选拔，到海外实习。对于未能出国进行海外实习的学生，学校会提供在国内实习的机会。时间均为一年。第三年以毕业论文的撰写为主。表 3-1 是北京师范大学汉语国际教育硕士课程设置情况表，反映出了中外学生修读课程的共同性和差异性。

表 3-1 北京师范大学汉语国际教育硕士课程设置情况表

课程性质	课程类别	课程中文名称	备注
公共必修	中国学生公共必修课	政治	中国学生必修
		外语	
	外国学生公共必修课	中国概况	外国学生必修
必修环节（6 学分）	中外学生必修	教学实习	
专业必修（12 学分）	中外学生核心课程	中华文化与传播	
		汉语课堂教学法	
		语言要素及其教学	
	中国学生核心课程	跨文化交际案例分析	外国学生选修
	外国学生核心课程	高级汉语	外国学生必修，本科生课程
限选课程（8 学分）	拓展课程	汉语课程与教学设计	
		汉语国际教育研究方法与论文写作	
		中外文化比较（双语）	
		汉语第二语言教学实用英语	
	训练课程	现代教育技术应用	限选 50 人
		英语口语	
		中华传统才艺及其教学	

续表

课程性质	课程类别	课程中文名称	备注
选修课程	中外学生选修课程	中国文化专题	
		汉语国际教育概论	
		跨文化交际理论与策略研究	
		青少年儿童汉语教学	
	外国学生选修课程	跨文化交际案例分析	外国学生选修
补修课程	本科非中文专业学生补修	现代汉语基础	非中文专业学生补修，与要素教学课程结合，单独考试

（二）北京大学汉语国际教育硕士课程修读安排及内容

北京大学自新中国成立初期就开始招收国际留学生，作为我国的顶尖大学之一，它开设的汉语国际教育课程拥有成熟的汉语国际教育体制。北京大学汉语国际教育硕士研究生（中国学生）基本学习年限为 3 年，其中教学实习 1 年，课程学习及毕业论文撰写 2 年，采用课程学习与汉语国际教育实践相结合的培养方式。毕业时要求学分不低于 38 学分，必修课、选修课、教学实习分别对应 23 学分、不低于 11 学分、4 学分。在课程设置方面，必修课（共 23 学分），包括公共必修课（5 学分），其中政治 3 学分，第一外语 2 学分；专业必修课（18 学分），其中汉语第二语言教学 2 学分，第二语言习得导论 2 学分，汉语语言要素教学共 6 学分（上、下两个学期），课堂教学组织与管理 2 学分，中华文化与传播 2 学分，文化与跨文化交际 2 学分，论文写作 2 学分。选修课（不低于 11 学分），其中语言学类课程共 4 学分，分别是应用语言学 2 学分，汉语语言学导论 2 学分（注：本科非汉语言文字学或对外汉语专业者必选）；语言教学类课程（共 8 学分），分别是第二语言评估与测试 2 学分，汉语教材分析与编写 2 学分，汉语技能教学分析 2 学分，现代化技术与语言教学 2 学分；文化类课程（共 4 学分），分别是中华文化技能 2 学分，国别与地域文化 2 学分；教育、心理学类课程（共 6 学分），分别是教师发展概论 2 学分，外语教育心理学 2 学分，国外中小学教育专题 2 学分；其他类课程，诸如专业英语 2 学分，第二语言研究方法与设计 2 学分，语言教学论著选读 2 学分，由导师负责，外院系课程不超过 2 门，且应与专业相关，必须得到导师许可。教学实习方式主要以志愿者身份赴海外顶岗实习，在孔子学院、国外中小学等机构从事汉语教学和文化传播工作，志愿者由中外语言交流合作中心或本院选拔派出；如果因故未能完成，则在本校或国内各类学校及教育机构进行教学实习，达到 60 学时，计 4 学分。

相比之下，国际留学生的基本学习年限是两年。上面课程总学分不低于 36 学分，包括课程学习 32 学分，教学实习 4 学分。课程学习分必修课和选修课。必修课学习任务分布于四个学期。第一学期修读高级汉语（4 学分）、汉语语言学导论（2 学分）、中华文化专题（4 学分）；第二学期修读汉语语言要素教学（4 学分）、课堂教学组织与管理（2 学分）、论文写作（2 学分）；第三学期进行教学实习（4 学分）；第四学期修读当代中国专题（2 学分）。这种分布结构不同于国内许多高校的课程修读时间安排，因为很多高校第四学期主要进行学位论文写作。选修课方面，国际留学生修读学分则不低于 12 学分，包括语言类课程，如古代汉语专题（2 学分）；语言教学类课程，如汉语第二语言教学（2 学分）、第二语言习得导论（2 学分）、第二语言评估与测试（2 学分）、汉语技能教学分析（2 学分）、汉语教材分析与编写（2 学分）、现代化技术与语言教学（2 学分）；文化类课程，如中华文化技能（2 学分）、文化与跨文化交际（2 学分）；教育、心理学类课程，如外语教育心理学（2 学分）；教师发展概论（2 学分）；其他类课程，如第二语言研究方法与设计（2 学分）、语言教学论著选读（2 学分，由导师负责）。国际留学生的教学实习的方式主要为在学生所在国或其他国家、地区（中国以外）独立承担教学任务。如果因故未能完成，则在本校或国内各类学校及教育机构进行教学实习，达到 60 学时，计 4 学分。教学实习主要由导师负责。

（三）暨南大学汉语国际教育硕士课程修读安排及内容

暨南大学作为一所全面面向海外的大学，是第一所由政府支持、创办的招收海内外学生的学府，属于我国“一流学科”建设高校之一。它是我国招收港澳台学生及海外留学生最多的高等院校，有很强的国际化特色，而且由国务院侨务办公室直接领导，受国家高度重视，是中国第一所由政府创办的华侨学府。不同于国内其他院校，暨南大学汉语国际教育硕士课程除了针对中国学生和来华留学生进行设置外，还专门针对境外培养基地进行设置。

针对中国学生的课程修读安排主要采用全日制学习方式，学制 2 年。其中课程学习 1 年，实习及毕业论文 1 年。在职攻读学位者学习年限一般为 3 年，其中累计在校学习时间不少于 1 学年。最长学习年限不超过 4 年。暨南大学要求学生修读不低于 38 学分，其中公共学位课程 6 学分，核心课程 14 学分，训练课程 5 学分，拓展课程不低于 4 学分，汉语国际教育前沿讲座 1 学分，教学实习 6 学分，学位论文 2 学分。另外，汉语国际教育前沿讲座累计不少于 15 场，校内外不限，每次讲座需撰写听讲心得，由导师批阅后存档。具体修读课程内容如表 3-2 所示。

表 3-2　暨南大学汉语国际教育硕士课程设置情况表（内招生）

课程性质	课程类别	课程名称
公共学位课		外语
		中国特色社会主义理论与实践研究
专业学位课	核心课程	中华文化与传播
		汉语语音及其教学
		汉语语法及其教学
		汉语课堂教学案例
		跨文化交际
		汉语词汇、汉字及其教学
		第二语言习得
	训练课程	中华文化才艺与展示
		微格教学
		教学调查与分析
		教学测试与评估
非学位课	必修环节	汉语国际教育前沿讲座
		教学实习
		学位论文
	拓展课程	汉语教材编写与使用
		现代语言教育技术
		汉语教学资源开发与利用

为了保证汉语国际教育硕士人才培养质量，暨南大学还实施了中期考核，并对学位论文开题条件给予规定。学位课程成绩达到 70 分以上（含 70 分）为合格，可获得相应学分；非学位课程成绩 60 分以上（含 60 分）可获得相应学分。要求修满各模块课程 29 学分。学位课程平均成绩不低于 75 分，并通过中期考核后方可进行学位论文的开题。

此外，暨南大学汉语国际教育硕士研究生在进行教学实习之前还要进行教学见习。专业实践主要以教学见习和实习的形式完成。见习采用教学观摩、教案设计与说课、模拟教学与试讲、教材处理与教学资源开发、文化交流与实践等多种形式，结合课程学习阶段的各门课程和课外活动安排并实施。实习是汉语国际教育硕士研究生教育重要的组成部分，参加实习并通过实习考核是申请汉语国际教育硕士专业学位的必要条件。学生可在国内外各类学校及教育机构进行教学实习，不得少于 120 学时。鼓励学生以志愿者身份赴海外实习，在孔子学院、国外中小学等机构从事汉语教学和文化传播工作。研究生要提交实习计划，撰写实习总结报告，由实习单位出具考评意见。

针对来华留学生课程修读安排采用全日制学习方式，学制 2 年。其中课程学习 1—1.5 年，实习及毕业论文半年或 1 年。在职攻读学位者学习年限一般为 3 年，其中累计在校学习时间不少于 1 学年。最长学习年限不超过 4 年。在学分修读要求上，学生修读不低于 38 学分。其中公共学位课程 6 学分，核心课程 12 学分，训练课程 5 学分，拓展课程 6 学分，汉语国际教育前沿讲座 1 学分，教学实习 6 学分，学位论文 2 学分。拓展课程亦可选择在相近专业中选修若干学分。另外，对来华留学生汉语国际教育前沿讲座的要求和对中国学生的要求一样。在课程内容设置方面，相比中国学生来说，来华留学生在公共必修课等方面存在差异。来华留学生不需修读“外语”和“中国特色社会主义理论与实践研究”，但必须修读“高级汉语”和“中国现代化理论与实践研究”。在拓展课程方面，中国学生需要修读“汉语教材编写与使用”，而来华留学生需要修读“汉语趣味教学法”和“汉语分技能教学法”。另外，“跨文化交际”这门课程中外学生都要修读，不过，对中国学生而言是核心课程，对来华留学生而言是拓展课程。来华留学生的其他课程修读内容几乎和中国学生相似，只是在教学设计和教学方法手段上可能略有差异罢了，这受到授课教师的教学风格、教学思想和实践的影响。

来华留学生和中国学生一样要进行中期考核，只是在时间安排上，来华留学生的开题时间一般安排在第 3 学期。在教学见习和教学实习上，来华留学生的实践内容和要求和中国学生的要求也相差无几，只是在教学场所上鼓励他们回国从事汉语教育工作，进行教学实践。还有教学实习要求与汉语国际教育密切相关，如汉语教学、文化传播、教学管理等。

值得注意的是，暨南大学还针对外招生（境外培养基地）的课程修读方式和内容进行了规定和安排。在学制和学习年限上，规定采用兼读制（在职）、集中授课的学习方式，学制为 2 年。其中课程学习为 1—1.5 年，实习及毕业论文为半年或 1 年。在学分要求和课程类别上，学生修读不低于 38 学分。其中公共学位课程 2 学分，核心课程 12 学分，训练课程 8 学分，拓展课程 8 学分，教学实习 6 学分，学位论文 2 学分。有趣的是，在课程设置和内容上，和来华留学生课程设置的相似度极高，只是有些课程名称的表达不同，比如“教学设计与管理”“汉语教材与教学资源”“汉语课堂教学案例与微格教学”等课程，但总体来说，其要求的知识结构和能力结构差别不大。相比中央民族大学等院校的定向培养，暨南大学更倾向于非定向培养，对人才培养的国别、区域或培养阶段和类别等没有明确规定。另外，在中期考核和教学见习、实习方面也和来华留学生的要求差别不大，但要求修满各模块课程共 29 学分。

（四）华中科技大学汉语国际教育硕士课程修读安排及内容

相比北京师范大学、北京大学、暨南大学等高校，华中科技大学汉语国际教育硕士课程（中国学生）学分要求最多，总学分要求≥47 学分，其中学位要求课程要求≥27 学分，实践环节要求≥10 学分，研究环节要求≥10 学分。如表 3-3 所示。

表 3-3　华中科技大学汉语国际教育硕士修读学分分配表

课程类别		学分分配
学位要求课程（≥27 学分）		校级公共课程 5 学分（必修） 核心课程 10 学分（必修） 拓展课程 8 学分（分模块选修） 训练课程 4 学分（必修）
学位预备课程	补修课程	缺本科专业基础的，补修学位课程 2—3 门 所得学分计非学位要求学分
	任选课程	研究生根据个人意愿，选修学位以外的课程，须经导师同意。所得学分计非学位要求学分
实践环节（≥10 学分）		专业文书撰写 2 学分（必修） 专业设计 2 学分（必修） 专业实训 2 学分（必修） 专业课程实习实践 2 学分（必修） 专业实习实践报告 2 学分（必修）
研究环节（≥10 学）分		开（选）题报告 1 学分（必修） 论文中期进展报告 1 学分（必修） 专业学位论文 8 学分（必修）

从表 3-3 可以看出，华中科技大学对汉语国际教育硕士课程学分分配较为具体和细致，比如实践环节，完成每一项实践任务的要求都可以获得学分。比较之下，其他院校都把专业实习实践报告撰写、专业实训等方面统归为教学实习，获得教学实习学分。在学制和学习年限上，华中科技大学采用全日制非定向/定向方式培养，学习年限一般为两年（其中一年在校学习专业知识，一年在国内或国外教学实习点进行教学实习及毕业论文撰写）。

在课程设置上，华中科技大学培养中国学生从事汉语国际教育工作主要以实际应用为导向，以国际汉语教师的职业需求为目标，围绕汉语教学能力、中华文化传播能力和跨文化交际能力培养，形成以核心课程为主导、模块拓展为补充、实践训练为重点的课程体系，如表 3-4 所示。

表 3-4　华中科技大学汉语国际教育硕士课程设置情况

课程类别			课程名称	备注
学位要求课程	校级公共课程（≥5 学分）		中国特色社会主义理论与实践研究	必修
			第一外国语（英语）	必修
	核心课程（≥10 学分）		汉语作为第二语言教学	必修
			第二语言习得	
			中华文化传播与跨文化交际	
			汉语语言要素教学	
	拓展课程（≥8 学分）	汉语作为外语教学类	汉外语言对比	分模块选修
			现代语言教育技术	
			汉语教材与教学资源	
		中华文化与跨文化交际类	国别与地域文化	
			礼仪与国际关系	
		教育与教学管理类	国外中小学教育专题	
			教学设计与管理	
	训练课程（≥4 学分）		教学调查与分析	专题讲授与实战训练相结合必修
			课堂观察与实践	
			教学测试与评估	
			中华文化才艺与展示	
学位预备课程	补修或任选课程	综合基础课程		指导选修记入非学位学分
		课堂教学观摩与体验		
		任选课程		
实践环节（≥10 学分）		专业文书撰写		必修
		专业设计		
		专业实训		
		专业课程实习实践		
		专业实习实践报告		
研究环节（≥10 学分）		开（选）题报告		必修
		论文中期进展报告		
		专业学位论文		

通过比较分析，结合表 3-4，我们可以看出华中科技大学在汉语国际教育硕士课程设置上有自己的人才培养取向和特色，比如，针对日后在中小学校从事汉语国际教育教学工作的需要，设置了“国外中小学教育专题”课程。在中华文化与跨文化交际方面，不仅注重国别文化，关注到区域文化，还突出了礼仪与国际关系在跨文化交际中的重要作用，专门设置了“礼仪与国际关系”这门课程。在核心课程上，华中科技大学和北京大学、北京师范大学一样，强调从整体性对汉语语言要素进行教学，而不像暨南大学那样还对要素教学进一步细分为语音、语法、词汇、汉字教学。可见，暨南大学在汉语国际人才培养上更加重视学生的语言本体知识。

在教学实践课程上，华中科技大学汉语国际教育硕士的教学实践是一个从观摩到实践，从见习到实习的系统工程。学生需要完成的实践环节包括以下六个方面：课堂观摩与评课；教案设计与说课；模拟教学与试讲；上岗实习完成规定的工作量和工作任务；教材处理与教学资源开发；教学管理或者组织中国文化活动。实习期间，华中科技大学安排教师进行指导，研究生要制定切实的实习计划，撰写实习日志，记录实习的过程、感受、体会和启示等。实习结束时需提交实习日志和实习总结报告，同时提交教案、教学录像、课件、教具、教学资料、文化资料等相关实习成果。最后，学校根据学生自评、实习单位的评价和校内指导教师的评价三部分对学生的实习进行考核。考核不及格的学生不能获得实习学分。

相比中国学生，华中科技大学对来华留学生的培养，其学制和学习年限、课程教学实践和管理规定差不多，只是在课程设置和学分要求上略有不同。和其他高校一样，华中科技大学汉语国际教育专业的来华留学生不必修读“外语”和“政治”（如“中国特色社会主义理论与实践研究”）课程，但需要修读“中国概况”和“高级汉语”课程。在中华文化与跨文化交际类课程上，主要修读“中华文化经典”和“中外文化比较”。由此可见，华中科技大学对来华留学生要求倾向于理解中华文化，并能够在与所在对象国家文化比较中掌握中华文化，而对中国学生来说，更倾向于要求其了解海外不同国别与地域文化，熟知海外国家的礼仪，能够从国际关系视角促进中外人文交流，为构建人类命运共同体做出贡献。另外，对来华留学生来说，主要通过中国文化或中外文化交流体验活动加深对中国的理解。

三、课程设置的比较

本书选取中国的北京师范大学、北京大学、东北师范大学、暨南大学、武汉大学、华南师范大学六所高校及美国的夏威夷大学马诺阿分校、宾夕法尼亚州立大学、新泽西城市大学、旧金山大学、阿兰特国际大学、阿苏萨太平洋大学六所高校的汉语（英语）国际教育硕士培养方案的课程设置情况进行交叉比较分析。主要从课程设置的分类、课程设置的总体、专业必修课、选修课、教学实习课程五个方面进行比较。

（一）课程设置的分类比较

1. 中国汉语国际教育硕士课程设置分类

从国内六所高校的课程设置来看，每个学校的课程分类名称不完全一致。按照课程的技能要求可分为核心课程、拓展课程、训练课程；按照选择范围分为必修课、选修课、公共课；还有的高校结合了以上两种分类，把核心课程和训练课程划分在必修课程中。国内六所高校所开设的课程按照课程内容可以分为 6 类：①语言类，即普通语言学+汉语语言类，包括中文本体知识课程与语言学课程，如语言学导论、汉语语音概说、高级汉语等；②教学类；③文化类，包括中华文化与跨文化交际、中国思想史、中华文化才艺与展示等；④国情类，包括政治、中国国情、当代中国概况等；⑤外语类，包括英语和第二外语；⑥教育学+其他，包括外国教育心理学、国外中小学教育专题、毕业论文、汉语教材分析、编写与使用、调查与分析等。根据笔者从这六所高校收集的数据，这六所高校开设各类课程占总课程数的比例如图 3-1 和表 3-5 所示。

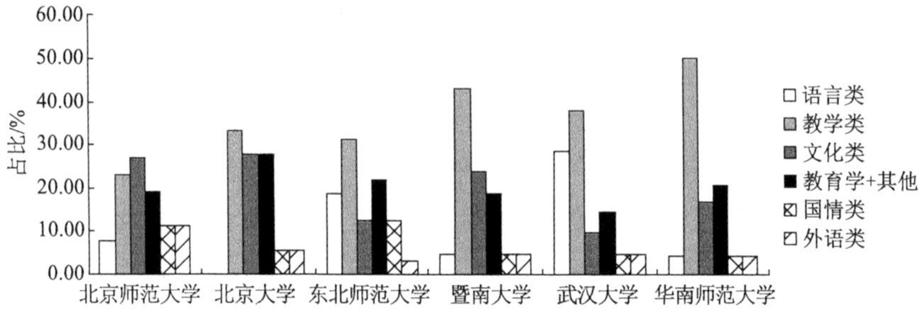

图 3-1　国内六所高校各类课程占总课程数的比例

表 3-5　中国六所高校各类课程占总课程数的比例　（单位：%）

高校	北京师范大学	北京大学	东北师范大学	暨南大学	武汉大学	华南师范大学
语言类	7.7	0	18.8	4.8	28.6	4.2
教学类	23.2	33.2	31.3	42.9	38.1	49.9
文化类	26.9	27.8	12.5	23.8	9.4	16.7

续表

高校	北京师范大学	北京大学	东北师范大学	暨南大学	武汉大学	华南师范大学
教育学+其他	19.2	27.8	21.9	18.9	14.3	20.8
国情类	11.5	5.6	12.5	4.8	4.8	4.2
外语类	11.5	5.6	3.0	4.8	4.8	4.2

从图 3-1 和表 3-5 可以看出，高校开设课程占总课程数的比例大小排序大致为：教学类、文化类、教育学和其他、语言类、外语类、国情类。教学类课程的比例在各校的课程设置中所占比重最大，只有北京师范大学的教学类课程稍低于文化类课程，其他高校的教学类课程占课程总数 30%—50%，文化类课程、教学类和其他课程所占比例范围在 10%—30%，语言类课程除了武汉大学和东北师范大学外，所占比重都在 10%以下。在同一学校的课程设置中，语言类课程与教学类课程占总课程数比例差距最大的是暨南大学和华南师范大学。从各类课程设置的情况来看，教学类和文化类课程在汉语国际教育专业的课程设置中占有绝对的主导地位，其次为教育学+其他课程，语言类课程和国情类课程所占比重较小。教学类和文化类课程的优势显示出汉语国际教育硕士的培养目标：培养具有丰富的跨文化交际知识，特别是具备跨文化教学和跨文化交际的能力的“高层次、应用型、复合型”人才。更多教学类课程的设置为学生毕业后在不同教学环境中针对各层次教学对象开展高质量的教学提供了一定保障。

各个学校都有开设英语和政治课，分属于外语类课程和国情类课程，学分分别为 2—4 分和 4—6 分，各学校在此方面的差别不大，但是北京师范大学的外语类在总课程中的比例比其他学校都大，这是因为北京师范大学开设了除英语外的西班牙语等外语课程。这种课程设置与培养具有一定外语能力的国际汉语教师的目标相符合，一方面拓宽了学生的就业面，提高了学生的综合素质；另一方面帮助学生扫除了在非英语国家就业的语言障碍，让学生能更快地融入当地社会，适应新的工作学习环境。东北师范大学的国情类课程的比例与其他几所学校相比最大，这是因为东北师范大学开设了中国思想史、当代中国概况和国际政治与经济专题。这类国情类课程与文化类课程交织开设，目的是提高学生的文化素养。当前，外国人学习中文不仅仅是为了进行汉语教学，更多是为了了解中国文化，并能用汉语来探讨中国形势、政治、经济和文化。国情类课程的开设能拓宽学生的知识面，让他们在教学中灵活地灌输知识。

2. 美国英语国际教育硕士课程设置分类

美国高校的课程按照课程性质一般分为基础课程、专业核心课程、研究方法类课程、实习课程和其他课程。根据课程的选择范围可分为必修课和选修课。本书按照课程的内容，将美国的英语国际教育（teaching English to speakers of other languages，TESOL）硕士课程分为5类：语言类、教学类、文化类、研究方法类、教育学+实习+论文。其中语言类包括普通语言学和英语语言学；教学类包括第二语言习得和教学理论、英语教学理论和实践；教育学+实习+论文包括语言多样化和教育、教育与社会等；研究方法类包括研究方法导论、应用语言学的定性研究等。根据笔者从六所美国高校网站收集的数据，这六所高校开设各类课程占总课程数的比例如图3-2和表3-6所示。

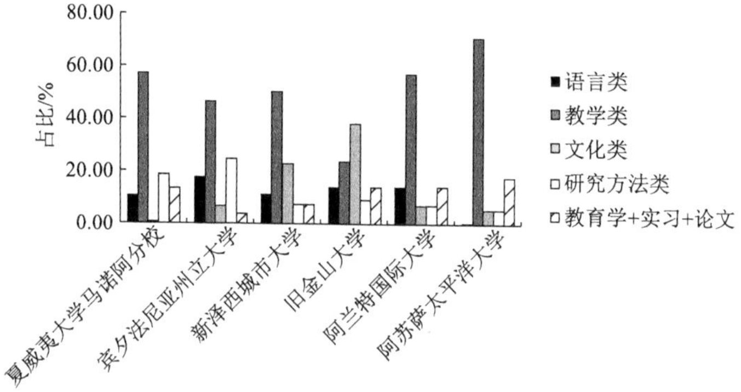

图3-2　美国六所高校各类课程占总课程数的比例

表3-6　美国六所高校各类课程占总课程数的比例　（单位：%）

高校	夏威夷大学马诺阿分校	宾夕法尼亚州立大学	新泽西城市大学	旧金山大学	阿兰特国际大学	阿苏萨太平洋大学
语言类	10.8	17.9	11.5	14.3	14.3	0
教学类	56.8	46.4	50.0	23.8	57.2	70.6
文化类	0	7.1	23.1	38.1	7.1	5.9
研究方法类	18.9	25	7.7	9.5	7.1	5.9
教育学+实习+论文	13.5	3.6	7.7	14.3	14.3	17.6

通过图3-2和表3-6的统计数据我们可以看出，有五所高校的教学类课程比例最高。旧金山大学的教学类课程比例低于文化类课程，这是因为在旧金山大学虽然开设了较多的文化类课程，但只是要求学生从这些课程中选择一门进行必修就可以，所以实际上，旧金山大学教学类课程仍然占的比例是最高的。各校间的文化类课程比例的差距最大，夏威夷大学马诺阿分校与旧金山大学的文化类课程差距有38.1个百分点。在夏威夷大学马诺阿分校的英语国际教育课程中，没有开设文化类课程，这与该校的教学传统有关。因为夏威夷大学马诺阿分校普通语言学以及英语语言学

理论研究本身已经颇有成果，为第二语言教学的基础理论研究提供了雄厚的研究基础，所以该校致力于第二语言教学学科的基础理论研究。语言类课程和研究方法类课程在各校中的比例相当，美国的大学在英语国际教育的课程设置中，会加强学生对普通语言学和英语语言学知识的学习，并重视对学生独立研究能力的培养。

3. 中美课程设置分类比较

（1）教学类课程的对比

从中美两国的课程设置的分类情况来看，教学类的课程在中美两国课程设置中所占比例都是最大的。中国的教学类课程占的平均比例为 36.4%，美国所占的平均比例为 50.8%，高于中国的教学类课程平均比例。美国的教学类课程设置围绕三大特点："教学环境中的语言研究""学生习得研究""教学方法和研究"。教学类的专业课程设置非常注重学科的交叉，如夏威夷大学马诺阿分校的"社会语言学与第二语言教学"，新泽西城市大学的"教学环境中的儿童双语教学""多元文化教学与心理语言学"，这类课程设置既涉及教学类，又涉及语言类、文化类等。我国的一些具体课程也体现出学科间的交叉，比如"汉语作为第二语言教学"体现了"语言"与"教学"的交叉关系；"跨文化交际与汉语教学"体现了"文化"与"汉语教学"的学科交叉。

英语国际教育的课程设置在语言教学的范围内，是从听、说、读、写等技能方面来进行课程安排的；而汉语国际教育则是从语音、词汇、语法、汉字等语言要素来进行课程安排的。

（2）文化类课程的对比

关于文化类课程的设置，中美两国的态度不同。我国汉语国际教育的课程设置中文化类课程所占比重仅次于教学类课程，可见我国对文化类课程设置的重视程度。这一重视程度与国家颁布的培养方案的培养目标是相符的。在我国文化类课程设置中，中华才艺展示课从弘扬中华文化的角度出发，重点放在中国传统文化外在的表现形式上，这是培养应用型人才的表现形式之一。我国六所高校的文化类课程，比如中华文化史、中华文化经典专题等所占比重都十分大，但是美国的六所高校在对待文化类课程的设置上，没有中国高校这样重视。从以上的数据可知，美国高校的文化类课程设置比例很小，夏威夷大学马诺阿分校甚至没有开设文化类课程，宾夕法尼亚州立大学、阿苏萨太平洋大学、阿兰特国际大学的文化类课程比例为 5.9%—7.1%，这个比例在整个课程中微不足道，新泽西城市大学和旧金山大学的文化类课程虽然比重在 20%以上，但其实是在选修课中开设了较多的文化类课程，让学生从中选择 1—2 门，实际的比重也是非常小的。美国的文化类课程的开设也注重学科交叉性，比如"文化与交际""语言、文化与交际"。

（3）语言类课程的对比

中美两国对语言类课程的设置，态度似乎一致。美国的语言类课程设置平均比例为 11.5%，我国的语言类课程设置平均比例为 10.7%。这是因为在第二语言教学硕士专业录取时，学生的汉语或英语本体知识应该是在本科阶段就已经过关的。在硕士阶段，应该将侧重点放在教学方法、技能和能力的训练和培养上。

（4）研究方法类课程的对比

美国的英语国际教育课程设置中，有研究方法类课程，比如旧金山大学的“教育研究方法”“英语教学资源准备与评估”等。这类课程主要是培养学生进行课程内容开发、设计及课题研究的能力。研究方法类课程的开设主要是让学生避免成为只会教书的教书匠，使学生也能从事教学研究。因为从事第二语言教学的教师很多都是在国外工作，具备研究能力，能够整合资源，按照当地情况，开发编写教材、组织教学过程。我国的汉语国际教育课程设置中研究方法类课程被忽略。即使有的高校开设了一门研究方法类课程，授课时数也有限。许多在读学生反映学完之后依旧不知如何运用研究方法进行写作等问题。

（二）课程设置的总体比较

1. 中国汉语国际教育课程设置的总体分析

国内六所高校汉语国际教育共开设 140 门课程，其中公共课 13 门，专业必修课 60 门，专业选修课 67 门。根据各校对毕业总学分的要求和实际开设课程的总学分，可以测算出学生在读期间选课的范围。例如：北京师范大学要求毕业应完成的总学分为 36 学分，该校所开设课程的总学分为 59 学分，学生可选择课程的比例=毕业要求总学分/开课总学分=36/59=0.61。这一比例的大小与学生选择课程的范围成反比，即比例越大，说明课程可选范围越小，反之，课程的可选范围越大。同理，应选选修课总分与选修课开课学分的比值表明选修课的可选范围的大小。这一比值越小，说明选修课的可选范围越大。根据收集到的数据，统计后得出六所高校总课程的可选比例和选修课的可选比例，如表 3-7 所示。

表 3-7　中国六所高校总课程的可选比例和选修课的可选比例（单位：%）

高校	毕业应完成总学分占开课总学分比例	应选选修课总学分占选修课开课总学分比例
北京师范大学	61	38
北京大学	86	67
东北师范大学	44	22
暨南大学	93	80

续表

高校	毕业应完成总学分占开课总学分比例	应选选修课总学分占选修课开课总学分比例
武汉大学	78	44
华南师范大学	76	56

由数据可知，总课程的可选比例最大的是暨南大学（93%），其次是北京大学（86%），最小的是东北师范大学（44%）；选修课可选比例最大的是暨南大学（70%），其次是北京大学（67%），最小的是东北师范大学（22%）。六所高校应完成总学分的可选比例均高于选修课的可选比例，说明选修课的可选范围相对较大。数据表明暨南大学的总课程和选修课程的可选范围都较小。东北师范大学的总课程和选修课程的可选范围都较大，开课数量较多，学生选择余地较大。结合两个学校的课程设置可以看出，暨南大学的选修课为5门，总学分为10分，要求学生修满8学分。东北师范大学的选修课达到23门，总学分为46学分，要求学生修满10学分，选修课分为五大类：语言类、教学类、文化类、教育类和方法类。从数据可知，东北师范大学的学生根据自己兴趣选择课程的余地较大，暨南大学相对较小。从暨南大学具体的课程设置来看，暨南大学要求学生从教学类、文化类、教育类三类课程中进行选修，可选数目只有5门，也就是学生必须从中选择4门进行学习，学生选择的空间不多。东北师范大学要求学生从语言类、教学类、文化类、教育类、方法类中各选一门，可供选择的课程数量多，选择空间大。虽然，在课程选择数量较少、范围较窄的情况下，如果课程设置的种类较全面，并对学生应选的课程种类做出限制，避免学生只选某类课程，从培养学生的综合素质来说，不会产生较大影响；但是，丰富的选择类型和较多的选择课程可以提供给学生一个根据自己兴趣或者薄弱环节进行选课的机会，一方面可以扩展学生在这方面的知识量，使得自己更加专业；另一方面可以让学生有机会弥补专业上的不足，获得与本专业其他学生相等的专业水平。

2. 美国英语国际教育课程设置的总体分析

由表3-8可知，美国六所高校中阿兰特国际大学毕业应完成总学分占开课总学分的比例最大（77%），其次是阿苏萨太平洋大学（71%），最小的是夏威夷大学马诺阿分校（35%）；应选选修课总学分占选修课开课总学分比例最大的是阿兰特国际大学（57%），最小的是夏威夷大学马诺阿分校（19%）（由于旧金山大学的选修课没有规定具体的课程，所以这里不计算）。阿苏萨太平洋大学开设的选修课是这些大学中最少的，只有5门选修课，学生从中选择2门；其次是阿兰特国际大学，选修课是 7 门，学生从中选择 4 门。选修课开设数量最多的是夏威夷大学马诺阿分校，开设了 26 门，学生从中选择 5 门。从各校情况来看，可选课程的种类代表选课的广度，也就是学生能接触到的知识面的广度，可选课程的范围代表选课的深度，即学校为学生对某一知识领域/技能进行多角度学习提供的机会。例如夏威夷大学马诺阿分校开设的课程种类集中在第二语言教学法上，可选课程占总开设课程的比例也小，也就是可以选择的课程很多，这说明夏威夷大学马诺阿分校整体课程设置的广度有限，但是深度比较深，专业性突出，学生的教学理论和教学技能更加扎实；宾夕法尼亚州立大学开设的课程涉及了教学类、研究方法类、文化类和语言类，但可选范围也不大，说明学生接触的知识面广，但每类课程的选择有限。如何去平衡课程设置的选择范围和种类，从而在培养教学技能的同时扩大学生的知识面是培养应用型第二语言教学教师的关键点之一。

表 3-8　美国六所高校总课程的可选比例和选修课的可选比例（单位：%）

高校	毕业应完成总学分占开课总学分比例	应选选修课总学分占选修课开课总学分比例
夏威夷大学马诺阿分校	35	19
宾夕法尼亚州立大学	45	33
新泽西城市大学	38	27
旧金山大学	45	—
阿兰特国际大学	77	57
阿苏萨太平洋大学	71	40

3. 中美课程总体比较分析

（1）学制对比分析

我国汉语国际教育专业硕士学制为两年或三年，其中明确规定了前一至两年完成专业学习，最后一年进行教学实习并完成毕业论文。美国的英语国际教育专业硕士学制为一年半或两年，美国的高校没有专门为教学实习预留出一年或者一学期的时间，只是规定包括教学实习在内的所有课程必须在一年半或者两年的时间里完成。

（2）选课范围分析

我国汉语国际教育硕士毕业时应完成的总学分占开设学分比值为 44%—93%，平均比值为 73%。美国英语国际教育硕士应完成的总学分比值为 35%—77%，平均比值为 52%，这说明，美国的高校为学生提供众多的课程进行选择，学生选课灵活性高，能够更好地扩充学生的知识面，培养专业性。我国的汉语国际教育在选课灵活性上不如美国，学生更多是被限制在学校规定的课程中。

（三）专业必修课比较

1. 中国汉语国际教育专业必修课分析

（1）专业必修课占总学分的比重

专业必修课包括课程设置中所列的必修课程、教学实习以及毕业论文三部分。专业必修课学分占总学分的比重越高，说明学生总体可选课程的范围越小。专业必修课学分占毕业总学分的比例如表 3-9 所示，除了北京大学的比例在 50%以下外，其余五所高校的比例在 50%以上。也就是说，北京大学的专业必修课在整个课程设置中并没有占据主导地位，选修课和公共课程的设置相对较多，但是，其他五所高校的专业必修课程在整个课程设置中占据主导地位。

专业必修课作为必须选择的课程为学生提供了科学性、理性的教学指导，通过学习专业必修课，学生获得基本知识结构和教学技能。专业必修课占主导地位说明学校强调平衡学生的知识结构，避免学生因为自己选择课程而造成某些方面知识和能力的缺失，使得教学成果不能达到预期的目标，最终使得学生就业受到影响、限制，或者就业后难以达到工作要求等问题出现。选修课的比重大说明学校侧重学生根据自己的需求选择课程，给学生提供更多取长补短的机会。从学生的角度出发，前一种课程设置强调的是学生需求的共性，而后一种课程设置强调的是学生需求的个性。从社会需求的角度出发，以专业必修课为主的学校培养出的人才其能力相对一致，而后一种更加多元化。总而言之，课程设置不应该只是考虑其中一方面，应该从教学对象、社会需求及学生需求等方面去综合考虑，同时也会受到学校师资、学生人数等条件限制。

表 3-9　中国六所高校专业必修课学分占毕业总学分的比例（单位：%）

高校	北京师范大学	北京大学	东北师范大学	暨南大学	武汉大学	华南师范大学
专业必修课学分	27	20	18	25	22	22
毕业总学分	36	44	32	38	36	35
专业必修课学分占毕业总学分比例/%	75	45	56	66	61	63

（2）专业必修课的种类

国内六所高校的专业必修课程按照课程内容可分为四类：教学类、语言类、文化类、其他类。教学类包括语言要素与教学、汉语作为第二语言教学法、现代化技术与语言教学、汉语教材与教学资源等；语言类包括汉语语言学、汉语作为第二语言习得导论、高级汉语等；文化类包括中华文化与传播、跨文化交际、中华文化史、中华传统才艺等；其他类包括毕业论文指导、调查研究方法等。由于汉语国际教育的课程设置是根据国家统一的教学大纲制定的，各高校专业必修课的种类和学分相差较小，专业必修的主体课程为教学类课程和文化类课程，这是根据国务院学位办颁布的培养方案设定的培养目标进行的课程设计。

2. 美国英语国际教育专业必修课分析

（1）专业必修课的比重

美国各高校专业必修课的学分要求为15—30学分，占各自毕业总学分要求的比例如表3-10所示。其中阿苏萨太平洋大学的专业必修课所占比重最大（83%），而夏威夷大学马诺阿分校的专业必修课所占比重最小（42%）。两校的差距说明：专业必修课并不是所有学校的主要课程。

表3-10　美国六所高校专业必修课学分占毕业总学分的比例（单位：%）

高校	夏威夷大学马诺阿分校	宾夕法尼亚州立大学	新泽西城市大学	旧金山大学	阿兰特国际大学	阿苏萨太平洋大学
专业必修课学分	15	24	27	24	18	30
毕业总学分	36	36	42	30	30	36
专业必修课学分占毕业总学分比例/%	42	67	64	80	60	83

（2）专业必修课的种类

根据李晓琪和黄立的研究，美国专业必修课的种类可以分为这样几类：普通语言学和英语语言学、第二语言习得理论和第二语言教学理论、英语教学理论与实践、教育学、研究方法类和文化类[①]。普通语言学和英语语言学课程包括：应用语言学导论、美国语言多样化等；第二语言习得理论和第二语言教学理论课程包括：第二语言习得理论与研究、第二语言教学理论与实践、外语学习者和教学、第二语言测试、第二语言句法等；英语教学理论与实践课程包括：国际环境下的英语作为第二语言教学、英语作为第二语言教学法、TESOL成人教学法、TESOL儿童教学法等；教育学课程包括：教育心理学和发展、语言多样化和教育等；研究方法类课程包括：语言分析、话语分析、课堂话语分析、语言实验研究、应用语言学性质研究等；文化类课程包括：语言与文化，跨文化读写，民族、种族和文化解读等。

① 李晓琪、黄立：《美国TESOL专业硕士学位课程结构考察及思考》，见中国对外汉语教学学会秘书处《语言文字英语》编辑部：《语言教育问题研究论文集（2000）》，北京：华语教学出版社，2001年，第225-237页。

美国大学在专业必修课的设置中，会开设好几种类似的课程提供给学生进行选择。比如宾夕法尼亚州立大学在专业必修课中开设好几种语言和语言习得研究的方法类课程，如“语言分析”“话语分析”“课堂话语分析”“语言实验研究”等七门研究方法类课程，给学生提供学习选择。虽然这七门课程都属于研究方法类课程，但是侧重点和研究角度各有不同，学生可以从这几门课程中根据自己的兴趣或者需求进行修读、探讨和研究。这种课程设置从学生需求的角度出发，丰富了语言研究的多样性，培养出更加个性化的学生。

3. 中美专业必修课比较

从两国相关院校培养方案的数据分析来看，中美两国的专业必修课占总课程的最高比值接近，分别为75%和83%，说明这两国学校的专业必修课占课程总体比重很大，学校在课程设置中偏向于专业必修课对学生素质的培养。专业必修课最低比例分别为45%和42%，这两国学校不仅将侧重点放在专业必修课上，同时也兼顾选修课对学生素质和能力的培养，学生在总学分要求相等的情况下，选择课程的主动权较大。

在美国的专业必修课程中，普遍会有多门课程提供给学生进行选择，这是美国专业必修课的一大优点。学校要求的专业必修课不一定是某一具体的课程，而是给出了某一类课程，要求学生从这些课程中选择1—3门课程进行学习。这种方式给学生提供了更多选择的机会，从另一个方面扩大了“选修”的范围。相比之下，我国的专业必修课灵活性不如美国，所有的学校都是根据国家的教学大纲开设一定数目的专业必修课，学生选择余地小。当然，这种模式的专业必修课设置也会涉及学校的师资力量和教学资源情况。目前，我国有的高校在课程设置中会采取导师联合教学的模式，即两位或多位导师根据自己的研究方向教授同一门课程的不同部分。这种形式可以让学生获得不同的课程内容和教学理念，对于同一门课程也会形成不同的思考和研究方向。不过采取这种模式的学校很少，而这种模式值得研究和推广。

中美两国的必修课学分占毕业时总学分的比重都比较大，两国都十分重视专业必修课对合格教师的培养。中国的汉语国际教育侧重点放在教学理论与实践、文化类的课程中，凸显我国对文化类课程的重视。美国在必修课中更多地倾向于英语教学理论与实践、研究方法类、普通语言学类课程，文化类课程不是专业必修课的重点。

例如，宾夕法尼亚州立大学专业必修课课程设置中研究方法类课程有7门，要求学生从中选择1门，同时还说明学生如果觉得学校开设的课程不符合自己的研究方向，可以与导师商议来确定。理论基础课程有3门，分别为话语功能语法、第二语言习得、英语作为第二语言教学法；专业技能课有美国英语语音教学、第二语言写作教学、应用语言学导论、语言评估测试；此外专业必修课还包含教学实践和教学实习。北京师范大学的专业必修课课程设置内容包括以下几方面：教学类课程是汉语课堂教学法、语言要素及其教学、教学实习；文化类课程是中华文化与传播和跨文化交际案例分析。从宾夕法尼亚州立大学和北京师范大学的专业必修课安排来看，宾夕法尼亚州立大学希望培养的学生不仅仅具备坚实的教学理论知识和出色的教学技能，同时也要有进行教学和理论研究的能力；北京师范大学希望学生通过专业必修课的学习，既能成为优秀的国际汉语教师，也能具备跨文化交际和中华文化推广的能力。

（四）选修课比较

1. 中国汉语国际教育选修课分析

我国六所高校应选的选修课占毕业应修满的总学分比例如表 3-11 所示。东北师范大学的选修课学分占总学分的比重为 31%，是这六所高校中最高的；暨南大学的比重最小，为 18%。东北师范大学选修课的开设数量是六所高校中最多的，共开设 23 门选修课，总共 46 学分，开设的选修课涉及语言类、教学类、文化类、教育类和方法类，选修课课程设置非常全面，给学生提供了一个十分灵活多样的课程选择机会。通过这样的选修课，学生可以取长补短，或者根据兴趣、将来就业意向及研究方向的不同来选择适合自己的课程，使得选修课真正成为对必修课的补充和扩展。

表 3-11　中国六所高校应选选修课学分占毕业总学分的比例（单位：%）

高校	北京师范大学	北京大学	东北师范大学	暨南大学	武汉大学	华南师范大学
应选的选修课学分	8	12	10	7	8	10
毕业总学分	36	44	32	38	36	35
应选的选修课学分占毕业总学分比例/%	22	27	31	18	22	29

2. 美国英语国际教育选修课分析

相比中国的选修课设置，美国高校英语国际教育选修课的选择数目更多，范围更广。学生不仅可以选择本学科开设的与专业相关的课程，还可以在导师的指导下选择相关学科的课程。有的高校，比如这六所学校中的旧金山大学没有规定具体的选修课，需要学生与导师沟通，按照个人实际情况去修读和研究（表 3-12）。

表 3-12　美国六所高校应选选修课学分占毕业总学分的比例（单位：%）

高校	夏威夷大学马诺阿分校	宾夕法尼亚州立大学	新泽西城市大学	旧金山大学	阿兰特国际大学	阿苏萨太平洋大学
应选的选修课学分	15	12	12	6	12	6
毕业总学分	36	36	42	30	30	36
应选的选修课学分占毕业总学分比例/%	42	33	29	20	40	17

从表 3-12 美国六所高校应选选修课学分占毕业总学分的比例来看，阿苏萨太平洋大学的比例最小（17%），夏威夷大学马诺阿分校的比例最大（42%）。其他几所高校的比例在 20%—40%不等。夏威夷大学马诺阿分校的选修课较多，跟必修课学分比较，两者是平分秋色的；而阿苏萨太平洋大学的选修课学分最少，该校的必修课学分却占据大部分。选修课在美国的课程设置中，虽然是重要的一部分，有的学校甚至开设多门选修课，但是相对于必修课的学分，选修课并不占主导地位，选修课是必修课的补充和延伸。毕竟英语国际教育专业的学制只有三个学期到四个学期的时间，过多的课程将会加重学生负担，使其没有时间参加教学实践和教学实习，也没有时间进行自己感兴趣或对将来从事的教学工作有帮助的研究。

3. 中美选修课比较

从中美选修课学分占各自毕业总学分的比例对比可见选修课占毕业总学分的比例最高的是美国的大学（42%），比中国最高的 31%高出 11 个百分点。这说明美国学生可以选择的课程范围较广，从而接触到的知识面更广。因为必修课是必须完成的课程，而选修课一般都会从给定的几门课程中进行选择。选修课的比例高，说明选修课的数目多、范围广，学生选择的机会多。这样，学生可以根据自己的能力、兴趣和职业发展来选择课程，既能扬长，又能补短，这样培养出来的学生不再是统一的模型，而是各具特色、各有所长，思维更活跃、行动和研究能力更强，这也提高了学生的就业竞争力。

通过对比分析中美两国高校的选修课发现，美国大学的选修课有一个突出的特点，即有些高校会明确地规定导师要与学生一起参与选课，从而给学生指导和意见，有些学校规定，选修课的选定要经过导师的同意。这体现了学校在给予学生选择课程自主权的时候，也给予专业的指导，避免学生因为选修课“偏科”，造成整体知识体系不完整并影响到就业和职业发展等问题。例如，美国的宾夕法尼亚州立大学的选修课开设了 12 门，除了学校网站规定的选修课外，学生还可以选择其他课程，并特别注明在选课上，导师要给予学生指导，学生所选课程必须经过导师的同意。旧金山大学的选修课没有明确说明有哪些，但是明确规定学生修读选修课要与导师商议，并经过导师同意后才能修读课程。

（五）教学实习课程比较

1. 中国汉语国际教育专业教学实习分析

我国六所高校把教学实习列为取得学位的必修课程或者必修环节，六所高校实习要求大概一致，实习的形式有作为中外语言交流合作中心志愿者去海外实习，或参加学院组织的实习项目，或在国内的教育机构实习（表 3-13）。武汉大学与美国匹兹堡大学合作建立孔子学院，武汉大学的学生可以有机会去美国进行实习；北京大学与美国哥伦比亚大学等高校建立合作关系，学生可以去美国进行海外实习；华南师范大学在印尼建立孔子学院，学生可以选择去印尼中小学教授和传播汉语。这些海外实习基地为学生实习提供了宝贵的机会，一方面学生通过海外实习可以了解国外的风土人情；另一方面学生可以直接与当地的学生进行交流沟通，了解学生的需求。在实习过程中，学生可以得到指导教师以及同学的指导，从而及时解决实践中发现的问题。

表 3-13　中国六所高校教学实习安排

学校名称	教学实习学分	实习时间	实习内容	备注
北京师范大学	6	不少于 60 学时	国内或国外实习	
北京大学	6	不少于 60 学时	作为中外语言交流合作中心志愿者赴国外实习；国内实习：在导师指导下参加短期班、特别项目等的汉语教学或辅助教学工作	教师指导、学生评估、提交实习报告
东北师范大学	4	不少于 40 学时	汉语教学设计、观摩与实践，其中课堂教学实习不低于 40 学时；国外教学实习	考核要有指导教师和学生评估
暨南大学	6	不少于 60 学时	汉语教学设计、观摩与实践；作为中外语言交流合作中心志愿者去国外实习	教学实习考核须有指导教师和学生评估
武汉大学	6	不少于半年	中外语言交流合作中心派汉语教师志愿者赴海外顶岗实习；国内各类学校及教育机构进行教学实习	教师指导下制定并提交实习计划；可集中实习或分段实习
华南师范大学	4		教育部中外语言交流合作中心派汉语教师志愿者赴海外顶岗实习；赴印尼实习；在国内实习	

2. 美国英语国际教育专业教学实习分析

在美国六所高校的网站上，没有查到这六所学校安排实习的具体内容，只有一些大概的描述。从这些描述中发现，美国高校并没有像我国高校的课程设置那样安排：一年是专业课学习，一年或者半年是教学实习。美国的实习跟我国一样，也是在专门的指导下进行，学生容易获得专业的指导。我国的实习鼓励学生参加中外语言交流合作中心志愿者项目去海外实习或者去与本大学建立合作关系的国外学校实习。

英语作为一种全球使用的语言，其培训及教育市场十分广阔，从事英语作为第二语言教学的教师在很多国家都十分受欢迎，很多高校也与美国许多中小学或者国外的学校建立合作关系，学生毕业后，他们可以去合作学校就业。比如阿苏萨太平洋大学就与洛杉矶地区的中小学和国外的各种学校建立合作，毕业生可以选择去这些学校从事教师工作（表 3-14）。

表 3-14　美国六所高校实习安排

学校名称	实习学分	实习内容
夏威夷大学马诺阿分校	3	在老师的指导下实习，参加教学会及讨论会，接受课堂观察，提交课程评估
宾夕法尼亚州立大学	3	在老师的指导下进行一学期实习
新泽西城市大学	3	分配到不同学校对第二语言教学进行课堂观摩和分析；参加社区组织的志愿者英语教学活动
旧金山大学	3	去当地教会开设的教育机构进行实习
阿兰特国际大学	3	课堂观察并写观察报告、课堂教学，并通过这些实习，从课程设计、原创研究或者课堂观察来写一篇实习报告
阿苏萨太平洋大学	3	无教学经验者必修，教师给予指导

（六）课程设置比较的启发

1. 摆正语言学课程位置

语言学是对外汉语教学的重要基础课程之一，是对外汉语学科理论研究的重点之一，也是对外汉语专业课程设置的基础必修课程之一。语言学研究的对象是语言，语言是教学中的客体。只有对教学客体有充分的了解，教学才能取得成功。赵金铭总结的汉语作为外语教学能力标准的四方面描述中，将语言学知识和对汉语的掌控能力作为对外汉语教师必备的基础知识。①

① 赵金铭：《汉语作为外语教学能力标准试说》，《语言教学与研究》，2007 年第 2 期，第 1-10 页。

在对中美第二语言教学硕士专业课程设置进行分析时发现，美国在课程设置中开设的与普通语言学和英语语言学相关的课程比例比我国大，课程种类更加丰富。并且美国一向都善于运用语言学的理论成果来指导教学实践，使得培养的教师在教学过程中能够更容易了解学习者语言学习过程中遇到的问题，并运用语言学知识来更好地解决这些问题。

汉语国际教育专业的硕士很多本科并不是汉语言专业或者对外汉语专业，对汉语语言学知识缺乏系统性的学习。此外，当前第二语言教学的重点已经从传统的对语言结构的教学转向运用语言来表达意义、进行有效沟通与交际的教学，语言学知识是进行语言交际的手段。因此，在汉语国际教育硕士专业的课程设置中，开设与教学相关的普通语言学或者汉语言学知识是十分必要的。最好是结合汉语教学，将语言学知识与教学技能的培养结合起来，以小组讨论或微格教学的形式，在实践中灵活地运用语言学知识，使得学生能够更加透彻地领悟理论知识的指导意义。

2. 增设教学类和教育类课程

美国大学英语国际教育专业与我国的汉语国际教育专业课程设置的重点都放在教学类课程上，教学类课程的比重大于其他课程。可见中美两国在教学类课程上都有共识，认为第二语言教学硕士专业应该注重对教学能力的培养，体现该学科的“应用型、实践性”的特点。这种特点也正是英语国际教育硕士与汉语国际教育硕士区别于一般学术型硕士的关键所在。

从我国汉语国际教育硕士专业招收的学生实际情况来看，本科是师范教育专业背景的不多，有一年以上课堂教学经验的也不多。因此绝大多数的学生既没有教育专业的理论知识，也缺乏课堂教学的实践经验，而这些学生毕业后，很多都倾向于做老师。

考虑到这些因素，增设教学类和教育类课程，特别是教学类的实践课程是非常有必要的，如教学测试与评估、教学组织与管理、教学与班级管理、教材选择与编写、微型教学、课堂教学与教学资源等会涉及学生就业后实际的教学情况的教学类课程。在进行这些教学课程教授的过程中，指导教师也要给予关注和指引，使学生能够进行有效的教学反思。

3. 文化类课程与教学类课程结合设置

从我国的课程设置来看，各校根据本校汉语国际教育专业定位和目标设置了文化类课程和教学类课程的比例。有的高校教学类课程比例较高，有的高校文化类课程比例较高。文化类课程的设置与国际汉语教师专业标准有关。2007 年 10

月，国家汉办/孔子学院总部颁布的《国际汉语教师标准》中将“文化与交际”作为国际汉语教师的专业标准之一。一名合格的国际汉语教师要了解和掌握中国文化和中国国情方面的基本知识，包括中国历史文化、中国主要哲学思想与宗教文化等。博古通今是对国际汉语教师文化知识的要求，这种高要求、高标准通过一两门课程去实现是很难达到的。从现实来看，学生不仅仅要掌握一些具体的文化知识，还要有掌握相关知识的能力，并且学生还要具备将这种知识转化为课堂内容的能力。

如何通过科学地设置文化类课程达到以上的效果？中华文化博大精深，在我们有限的课堂教学中，通过概述、精讲等文化类课程去达到以上的教学效果是不现实的。此外，汉语国际教育硕士研究生的本科专业背景不一。对相关的文化内容做概述性质的讲解或者精讲可以补充学生的知识空白点，但是却不能达到理想的教学效果，无法实现培养“适应国内外汉语教育教学环境的汉语国际推广工作，胜任国内外多种汉语教学的高层次、应用型、复合型专业教学人才”的目标。如何让学生在学习了这些课程后，走上课堂就能学以致用？笔者建议，培养学生将文化教学与语言教学结合起来的能力是设置文化类课程的关键所在。必须重视培养学生将文化知识转化为课堂教学的内容从而输出给不同学习者的能力，也就是说在课程设置中，注重将文化知识的教学和相关内容的课堂教学能力培养结合起来。比如，采用文化专题引出汉语教学相关思考的形式，这样学生既了解了中西方文化知识，又能对文化知识在教学中的运用有一定的把握。

4. 加强选修课课程设置的多元性和灵活性

汉语国际教育硕士毕业后的就业方向不一定都是去国外从事对外汉语教学工作，有可能是在国内从事中小学教学、大学中文教学或中文项目协调等工作。因此，在课程设置环节，在学校师资或者教学资源充足的情况下，选修课应该尽可能提供给学生多种类的课程选择，满足大多数学生的需求，从而使学生获得更多与自己兴趣相关的教学知识与技能。例如，一位目标定位于去美国从事对外汉语教学工作的学生，可以选择对国际语教师资格证所规定的教学类课程，并更多地去参加与科学技术、教学应用以及美国相关的文化和历史等类型的课程。对于将来打算在中国从事对外汉语教学的学生来说，可以设置汉语语言学、中国历史、中文教学法、中文汉字教学法、跨文化交际等课程。因为对在国内从事对外汉语教学的教师来说，面对的学生是具有较高的学习动机而不远万里来中国学习的，这类学生必定想多了解中国历史、文化、文学等方面的知识，并希望能用汉语来探讨这些问题。去美国从事对外汉语教学的准教师应该对美国文化历史及美国学生的特点、学习习惯多些了解，可以减少在实际教学中出现的问题。

有针对性地开设选修课，并扩大选修课的选修种类和范围，不仅仅偏向教学类或者语言文化类课程，应根据学生的就业去调整，这样能够让学生通过选修课取长补短，并找到适合自己的方向。在选修课的课程设置中，多采取当今先进的科技手段，融入多媒体教学、网络教学等课程内容。

从美国的选修课设置中发现，有很多学校都开设研讨课或者专题讨论课，与一般的讲课不同，研讨课一般为非正式的，围绕某一特定主题展开。教师会在课上与学生讨论提前布置的阅读材料，鼓励每一个学生积极参加、提问，甚至就某一观点辩论。这种授课形式是美国研究生课程的一种普遍授课形式，与教学法、文化或者其他相关主题结合，有助于学生在接受新知识的同时扩展自己的思维，并在提出问题和讨论问题的过程中加深对主题的认识或者受到新的启示。国内开设这类课程的学校不多，大部分都是开设“汉语国际推广专题”课程。授课型课程远远多于讨论型课程，即使不少教师在课堂上鼓励学生多发言、参与讨论，但是课型本身还是授课型课程而非讨论型课程。为了弥补授课型模式的不足，我们可以采取授课型课程和讨论型课程互补的模式。授课型课程可以从历时的角度介绍语言学、教育学、教学法等课程，而讨论型课程可以是与某一主题相关的一系列的讨论，每周设计一个不同的子主题。通过这种优势互补的方式进行课程设置，达到知识与能力共同成长的目的。

第四节　汉语国际教育硕士教学实施剖析

一、实施原则

汉语国际教育专业的教学实施情况是影响培养目标实现的关键因素，在教学实施过程中必须坚持以下实施原则。

（一）课程设计的系统性

一门课程的设计实际上是一项系统工程，它至少包括了前期的可行性调查与评估、确立课程要达到的目标、课程教学的内容细目与时间分配、本课程与其他课程的相关内容匹配、课程组织实施、课程评价与保障等方面的内容。此外，课程设计的系统性还需要考虑课程设置和实施过程中可能涉及的各方利益主体，特别是教师和学生。如何知晓学生的“最近发展区”从而对课程进行系统性的设计是课程教学实施的关键。

（二）教学过程的完整性

教学过程的完整性指的是整个教学过程应包括以下内容：教师做好课前准备、对学生已有知识和将学知识有恰当的认知、设立教学目标、明确教学的重点和难点、设置课堂辅助教学活动、有清晰的教学步骤、设立教学评价、完成教师的教学反思。特别要注意的是教学反思这一环节，它体现的是教师对自身教学过程和方法的理性思考，相对于教学实施前的设计来说它具有更高的学术价值。

（三）教学实施的针对性

所谓教学实施的针对性指的是教学必须结合所在国、所在地、所在校的情况。例如，有学者展望过将国别性汉语教学大纲与国别性汉语教材的编写和汉语国际教育硕士专业学位论文结合起来，这些不可多得的原始资料为海外汉语课堂的教学实施提供更有针对性的帮助。与此同时，教学实施的数据或资料可以成为论文写作的一手资料。这样一来，一篇优秀的海外汉语课堂教学实践论文跃然于纸，使得非本专业人士能够一目了然，理解文章是在何时针对何地进行具体汉语教学的。反过来，论文可以为教学实施的针对性提供参考建议。

（四）教学实施的前沿性

汉语国际教育硕士培养十分注重实践能力和应用能力，而这种能力需要在教学实践中逐渐养成，需要师生不断发现问题、分析问题和解决问题，且问题具有前沿性。这种前沿性要求教师在教学实施过程中，时刻关注汉语国际教育发展的最新动态，特别是不同国家和地区汉语教育出现的新需求、新问题和新任务，而不仅仅依靠原有的教材或陈旧语料。对此，师生共同设计教学就尤为重要了。因为师生共同设计教学需要基于学生学习的需求，有助于对教学方案进一步解构、设计和创新，从而提升教学效果。

二、实施过程

《全日制汉语国际教育硕士专业学位研究生指导性培养方案》不单单要求学生要具有国际性和传播文化的技能，还要具备一定的文化管理协调能力。汉语国际教育的课程是一个综合的课程体系，它包括了很多方面，比如说，要培养学生的跨文化能力和教学能力。但是，其中一些主要的课程应该减弱对汉语本体知识的教授，转而更注重对中国文化和其他能力的培养。从学位论文方面来看，其实更应该注重这个专业的实践性，突出其社会实践的价值。论文形式有多种，可采取的方式也有多种，学生可以根据自己的实际情况采取适合自己的形式。在论文评阅阶段，可以邀请国内外的专家进行指导，并对论文形式、规格制定一个标准。所以，这里所讲的汉语国际教育硕士的教学实施过程实际上是广义的，也就是把具体教学运用到培养目标、课程设置、教学实习实践以及学位论文的具体写作中，从广义上的课程去剖析广义上的教学，而不仅仅是狭义上的某一门课程的教学过程。

三、实施重点

汉语国际教育的教学对象针对的是海外母语非汉语者，而培养合格和优秀的国际汉语教师则是汉语国际教育专业的职责所在。汉语国际教育硕士专业学位设立的培养目标是培养能熟练地将汉语作为第二语言教学的，具有良好教学技能和文化传播能力、跨文化交际能力，能够胜任多种教学任务的高层次、应用型、复合型、国际化专门人才。据此，需进一步促进汉语国际教育的发展，教学的实施重点主要体现在以下几个方面。

（一）提升教师队伍的整体能力

目前，培养汉语国际教育硕士的院校基本上都缺少高质量且稳定的师资，因此汉语国际教育专业的师资力量与汉语国际教育的发展不相适应。其原因主要有：一是教师进入渠道单一，致使教师构成结构不合理。大部分任课教师的专业背景为中文或汉语专业，这使得他们易在授课时使用他们曾经教授汉语专业或语言学专业学生时的一些惯常教学方法，从而导致教学方向与教学的实际需求有所偏差的问题产生。二是教师培训与提升机制缺位。近些年汉语国际教育专业发展壮大，但高素质教师队伍需要长时间的培养，这就不得不面临专业汉语国际教师青黄不接的局面，这包括一些教师缺乏海外教学经验，还有一些教师甚至也缺乏国内教学经验。综上所述，汉语国际教育教学实施的首要因素是提升教师队伍的整体能力。

（二）充实和合理分布教学资源

汉语国际教育教学实施过程中明显存在着资源不足和分布不均的问题：一是配套教材缺乏。比如，“汉语作为第二语言教学法”这一课程目前还尚处于摸索阶段，并没有找到和出版一套可以直接运用的合适的教材；又比如“中华文化与传播”课程也未拥有适用的教材，目前授课教师更多地会选用针对中国硕士的相关类型教材，从而也导致了各个学校在选择教材过程中存在着非常大的随意性和不统一性。二是教学资源库的建设尚不完善，数字库资源建设、教学软件开发、信息化资源建设存在着明显不足。同时，有些资源则存在着重复建设，教学资源库建设过剩与不足现象明显。比如，目前许多高校都尝试建设资源库，但真正公开和免费的较少，造成资源利用率不高。[①]此外，缺乏中小学课堂的教学实况录像，也缺乏汉语课堂教学的案例等。三是教学资源分布不均。相比之下，东部高校的资源配置明显优于西部高校，与毗邻海外且交流频繁的沿海地区的高校，其拥有的资源远多于内陆地区的高校。同时，处在政治、经济和文化中心的高校，其资源也会明显强于经济相对落后、边缘地区的高校。因此，充实和合理分布教学资源是汉语国际教育在教学实施过程中必须关注的重点。

（三）采用灵活多变的教学模式

教学模式是针对课程设置，在教材选择以及提高教师教学质量的设计上总结出来的相应教学策略。总体来说，目前教学模式并不成熟，未来应从两个方面来完善：一是重视汉语国际教育硕士研究生的自主性。由于目前授课教师多出自语言学或汉语专业，在教学过程中会套用语言学或汉语专业的教学方法，授课方式多采取灌输式，常常忽视汉语国际教育硕士研究生的自主性和参与性，难以激发学生的兴趣和热情。未来应该多采取案例教学法、情景模拟法、角色互换法等灵活的教学方式，把学生带入具体的情景中，激发学生的自主性，提升教学的质量。二是在教学过程中进行个性定位。由于汉语国际教育硕士的生源来源广泛，生源的结构复杂，异质化现象明显，虽然在教学过程中最合适的教学方法仍处于探索当中，但探索个性化的教学方法，有效开发和利用当地文化差异来适时适当地调整教学模式，从而精准个性定位和精准施策，有利于提升汉语国际人才培养成效。

第五节　汉语国际教育硕士实习与实践

实践对于教师的成长至关重要，教学技能的获得必须要通过长时间的实践。一个教师即使理论基础很扎实，若没有实践的历练，也很难很好地驾驭课堂。实习有广义与狭义之分，广义的实习是指依照教学大纲的规定，一些实践性较强的课程需要到相关实地现场进行的实践教学活动；狭义的实习通常单指师范学生在实习基地（通常指中小学）进行的有关教学的实践。

教育实习在英文中称为 educational practice，“实习”对应的是 practice，意

① 郑艳群：《汉语作为第二语言教学的教学技术研究》，北京：商务印书馆，2019 年，第 16 页。

味着实践。马克思关于人的全面发展学说认为，教育与生产劳动相结合是实现人全面发展的社会条件，这既是马克思主义论述教育的基本原理之一，同时也成为我国教育方针的重要组成部分。在师范教育领域，要贯彻教育与生产劳动相结合的这一方针，就必须要求师范生进行教育实习，这对于理论与实践相结合、师范学生的全面发展都具有重要意义。新时代开展教育实习，应遵循现代教学理论体系，采取符合时代要求的实习模式，增强教育实习的效度，从而提升教育实习的质量水平。本书对教育实习的理解，是指汉语国际教育硕士研究生在毕业之前，在实习基地（通常指国内外教学机构）遵循现代教学理论，接受大学和教学机构的指导教师的监督和指导，采取现代实习模式进行的有关教与学的实践活动。

一、我国高校教育实习模式的演变与分析

自从高校教育产生后，我国的教育实习模式历经了由模仿到创新，从集权再到分权的演变。以 1949 年为分界线，从晚清到 1949 年，我国高校教育实习主要是以模仿其他国家为主，例如日本、美国。1949 年后，我国高校教育实习模式才呈现出了多样性的特征，其演变主要以我国相关教育政策为标准进行划分，具体经历了四个不同的发展阶段。

第一阶段，模仿借鉴阶段。新中国成立初，我国政府主要参照的是苏联的教育模式。同时，教育部门分别对师范专科学校和师范学院的实习安排作了比较细致的规定，首先，两类学校的实习内容大致相同，都是以课堂教学与班主任工作为主；其次，在实习时间及地点上有所不同，师范专科学校主要是在初中实习 4 周，而师范学院分别在初中和高中各实习 4 周。

第二阶段，批判反思阶段。伴随着教育革命运动的开展，苏联教育模式在我国受到了质疑。在此阶段，教育部门统一规定高等师范学校实习时间为 6 周。

第三阶段，恢复重建阶段。“文化大革命”时期，我国高校教育整体处于一种瘫痪的状态。一直到 20 世纪 80 年代，高等教育的发展才逐步恢复正轨。随后教育部门下发通知，高校教育实习以课堂教学和班主任工作为主。这标志着我国高校教育实习制度的重新建立。

第四阶段，变革发展阶段。进入 20 世纪 90 年代后期，我国高校教育实习的模式发生了许多新变化。导致这种变化的主要原因有：教师职业的法律定位逐步确立以及教师政治经济地位逐步提高、高校办学自主权扩大等。在此阶段，学者们针对高校教育实习模式积极提出自己的观点，大家相互探讨，共同促进了教育实习模式在目标、管理、评价等方面朝着多元化方向发展。

二、我国高校教育实习模式的建构

为了更好地理解汉语国际教育实习模式，我们需要对汉语国际教育人才培养体系，包括本科和研究生层次的教育实习现状进行剖析。关于教育实习模式的建构，下面将从目的设定、内容确定、时间安排以及评价方式四个维度来分别进行阐释。

（一）教育实习目的的设定

通过查阅某些高校的实习管理文件，我们发现在教育实习目的的设定上存在一些共性：一是加强思想建设，使学生具有责任感；二是了解基础教育改革的发展历程，从而开展调研工作；三是引导学生学以致用，在教学实践中提升其教学能力；四是验证培养方案的科学性，从实践出发对其进行反思与总结。

可以看出以上关于目的的设定稍显宽泛。第一，学生责任思想离不开学校、社会及自身对自己的认同，在高校长期引导以及教师示范的同时，更需要学生自身对教师职业的认同和热爱。但从调查情况来看，我们的教育实习在一定程度上并不能达到这样的目的。第二，教师工作具有其特殊性，每个学生都是独一无二的个体，所以必须让学生亲身去实践体会。第三，明确教育实习的主体是学生。因此，教育实习目的的设定必须从学生出发，基于学生未来发展的需要进行全方位的考虑。在教育实习的过程中，我们不能完全按照高校的培养方案进行设计，即我们不应该仅将培养方案作为学生教育实习目的的组成要素。从学生这一角色出发进行考量，教育实习的过程中要保留学生的相对独立性和主观能动性，使其能够在教师的指导下相对独立地开展教育教学活动。同时，学生立足实践，通过学习和观察，发现自身的差距，并根据所学理论去分析、解决实际问题，这才是教育实习的价值所在。汉语国际教育学生所面临的海外汉语教育环境和文化因素较为复杂多样，所以只能通过加强学生的教学反思和实践性研究才能更好地促进他们取得较大进步，尽可能地使其获得汉语国际人才所需具备的各项知识、技能和能力。

（二）教育实习内容的确定

当下国内的大部分高校都将课堂教学、班主任工作与团队工作、撰写教育调研论文视为教育实习工作的三个基本任务，并明确规定了上课的时数以及论文字数的最低限度。这在一定层面上反映了教师职业内涵的变化，但同时也忽略了一些要素。比如，时间的有限性要求实习必须突出重点，课堂教学应放在实习的第一位，其他则适度要求即可。另外，质与量二者之间并不存在必然的因果联系。不同专业下的教学课时数要求不尽相同，一般情况下多以每周两个课时为佳，太少则达不到实习目的，太多则容易使学生产生压力，无法确保教学的高质量。因此，如何合理地确定教育实习内容对于汉语国际教育专业学生来说至关重要，也是汉语国际教育专业人才培养的要求。

（三）教育实习时间的安排

教育实习是培养从事教育行业人才的重要环节。近年来，教育实习实践一直是汉语国际教育专业人才培养的核心课程任务，对汉语国际教育硕士的培养亦产生了影响。培养单位通过提供各种实习平台和基地，为硕士研究生实践其汉语国际教育的相关知识和能力提供机会，助力反思汉语国际教育理论和实践研究。各国之间，甚至一个国家的不同地区在课程设置及课时比例上都会有一定的区别。教育实习时间过长必会导致其他专业课程学习时间的减少，这将会引发学生主体专业课知识储备不足的问题。

（四）教育实习评价的方式

从当前来看，高校对实习生实习成绩的评价主要采取由实习学校给出初步意见，相关院系最终核定的方法。这种方法是比较科学的，但应注意在此过程中需加强高校与实习学校之间的及时沟通。在评价内容上，一般的综合性评价较为宽泛，对于促进学生的发展成效甚微。因此，我们需要从导向、理念和内容等方面对综合性的评价方式进行细化。同时教师也要根据实际诚信评价。

根据上述情况，有学者就提出“三段一体”这一教育实习模式的具体构思。以此为基础，我们融合了一些自己的想法，提出了关于实习评价方式的观点。

第一，基础性阶段。这一阶段主要以三维目标为据点，首先，要求学生对实习学校的课程安排及所使用的教材等有一个清晰的了解。其次，要学写教案及说课稿，以便能较顺利地开展教学活动。基于以上要求，高校应以“学科教学论”“教学设计与策略”“案例分析”等课程为重点，以课堂实践模拟为辅助，帮助学生打好基础，培养其成为一名合格的教师。

第二，集中实习阶段。这一阶段的实习主要在大四的第一学期进行，具体安排如下：1 周见习期；1 周准备期；4 周实践期；1 周总结期。见习期主要是熟悉教学环境，观察教师是如何上课和管理班集体的；准备期要基本上形成一个较完整的教学计划；实践期则要进行真正的课堂教学和班级管理；总结期是对自己在实习期间的表现进行总结反思，为下一阶段找准方向。

在该阶段应注意三个问题：一是坚持条件，即只有通过了第一阶段——基础性阶段考核的人才能进入本阶段；二是坚持标准，此处强调的是实习过程的操作规范性；三是坚持时间安排的科学性，集中实习的时间宜放在最后一学年。

第三，分散实习阶段。安排 4 周实习时间，让学生拥有自主实习的机会。这一阶段和传统的教育实习模式是有区别的：一是自主实习并不表示高校缺失监督责任，相反，高校通过实地考察，从过程、态度、结果等多个层面来对主体做写实性的评价。二是由于就业市场形势严峻，各中小学不可能容纳所有的学生。因此，要灵活处理，允许师范类毕业生到其他机构实习。三是“终身学习”已成为一种趋势，从另一个视角看，可以允许部分学生在此阶段进行进一步深造。

三、教育实习的现状

教育实习与实践是汉语国际教育硕士专业学位研究生教育的重要组成部分。汉语国际教育硕士研究生参与教育实习与实践并通过相应考核，是其申请和获得汉语国际教育硕士专业学位的必要条件，同时它发挥着其他教育环节无法替代的教育效用。汉语国际教育硕士研究生只有通过教育实习与实践才能主动地把所学的专业理论和教学的技能技巧融会贯通。教育实践的过程也是检验学校教育是否完善和教学质量有无提高的过程，所以教育实践是一个非常重要的环节。

（一）国内、海外教育实习与实践

从实习的方式来看，主要分为国内实习和海外实习。在实习指导上，不论是国内还是海外实习，主要由高校与实习单位教师联合指导。在实习评价上，主要由教学对象、高校及实习单位给出。

1. 国内教育实习与实践

国内的教育实习与实践主要包含以下几个层面：课堂教学实践、课外实践和实习基地建设与实践。国内教育实习与实践主要是针对来华留学生进行的实习与实践，包括集体授课、个体辅导等实践方式。

第一，课堂教学实践环节，此环节是指对汉语国际教育硕士进行教学技能培训。主要包括语言和课程教学技能两方面：语言教学技能包括语音、词汇、语法、汉字四个方面；课程教学技能包括综合课、听力课、口语课、阅读课四个方面。但是，不管是其中的哪一类教学技能，其培训依次分为如下七个步骤，分别是：技能学习、技能观摩、技能评鉴、技能操练、技能改进、技能再操练、技能获得等。

第二，课外实践分为校内课外实践环节和校外实践环节两部分。首先，校内课外实践环节多通过下列途径来实现：①开展中国文化专题系列讲座。作为汉语国际教育硕士——未来的国际汉语教师，不仅要掌握汉语知识和汉语作为第二语言教学的基本知识，更应该具备讲授中国文化知识的能力，从而让世界更好地了解中国。开展讲座具体的操作可以参考如下：将中外研究生编成 n 个组，每组 2—3 人，学生自己选择擅长的题目，之后通过导师组的把关，大家共同探讨完成，然后再进行汇报。这样，一方面可以培养学生组织教学的能力。学生只有在了解文化发展脉络的基础上才可能进一步用浅显生动的语言展示中国文化，在此过程中，也提高了他们重组知识的能力和口语表达能力。另一方面也提高了学生对现代化技术手段运用的能力。当今是科技的时代，学生可利用多媒体技术，通过展示精心制作的 PPT 使留学生更形象地了解中国文化。②教学技能大赛。这是提高学生实践教学能力很有效的方法。一方面，学生在赛前一定要在导师的指导下精心准备；另一方面，评委老师要从讲课内容、语言表达、与学生之间的互动及如何评价学生等方面进行细致打分，并做出相应的点评，从而帮助学生认识到自身的优势与不足。③学术交流。主要是指请本专业知名的学者来讲学或多鼓励学生参加学术会议，使学生及时了解国际汉语教育的现状及发展趋势，开阔视野。④“一对一”的语伴模式。即在学院的安排下，一位研究生和一位留学生组成语伴进行相互交流。交流时间不限，这样既可以帮助留学生提高汉语能力，还可以让研究生了解留学生汉语学习过程中的特点，从而达到双赢的效果。

校外实践环节包括如下内容：①组织中国文化体验的活动。每学期都可以有计划地组织学生到校外富含中国文化底蕴的地域参观，使学生切身感受中国文化的源远流长和博大精深。②组织教学实践活动。定期有计划地组织学生到国内汉语教学基地从事为期两周的教学实践活动，并在实践过程中潜移默化地传播优秀中国文化。

第三，实习基地建设与实践。为贯彻落实中央领导同志的重要批示精神，根据国务院办公厅《关于加强汉语国际推广工作的若干意见》中“重点建设若干个‘国家汉语国际推广基地’”的意见和汉语国际推广当前的形势及长远发展的要求，国家汉办/孔子学院总部于 2006 年 7 月启动了汉语国际推广基地建设工作。提出基地的主要任务是：研究孔子学院建设和汉语国际推广在国家“软实力”建设中的作用及可持续发展战略，在理论和实践两方面实现国际汉语教师、教材及教学法的改革和创新，提升汉语言文化研究与传播的能力。选择基地建设单位的依据是：一是具有带动和影响全局的引领、示范作用；二是申办单位意愿强烈，基础较好，特色鲜明；三是通过国家财政扶持和本单位的努力，所建项目能在短期内明显见效。截至 2021 年 1 月，全国已建立起 19 个汉语国际推广基地，如表 3-15 所示。

表 3-15　国内汉语国际推广基地

基地名称	承办单位
汉语国际推广研究所	中国人民大学
汉语国际推广新师资培养基地	北京师范大学
国际汉学家研修基地	北京大学
汉语国际推广多语种基地	北京外国语大学
国际汉语教学研究基地	北京语言大学
中华传统文化研究与体验基地	山东大学
汉语国际推广南方基地	厦门大学
国际汉语教师研修基地	华东师范大学
汉语国际推广少林武术基地	河南省教育厅
汉语国际推广中亚基地	新疆维吾尔自治区教育厅
汉语国际推广教学资源研究与开发基地	武汉大学
跨文化交流研究与培训基地	南开大学
国际汉语教材研发与培训基地	中山大学
东南亚汉语推广师资培训基地	海南师范大学
汉语国际推广多语种大连基地	大连外国语大学
汉语国际推广东北基地	吉林大学、黑龙江大学 辽宁大学、延边大学
国际汉语传播湖南基地	湖南省人民政府办公厅 湖南省教育厅、湖南省广播电视台
国际商务汉语教学与资源开发基地（北京）	对外经济贸易大学
国际商务汉语教学与资源开发基地（上海）	上海财经大学

学生可以根据实习基地建设与实际需要，服从各个学校和基地负责人安排，在各基地从事相关的实践与管理工作，积累与汉语国际推广相关的实践教学与管理经验，以此来提升自身的汉语教学能力和管理水平。

2. 海外教育实习与实践

目前，大多数高校学生都有去海外实习的机会。这也是汉语国际教育硕士培养的特色之处。海外教育实习的渠道有校际合作和国家公派两类。其中国家公派的人数在派出人数中的比例是最高的。海外教育实习的具体实施方案如下。

一是建立稳定的海外教育实习基地。高校为了汉语国际教育硕士到海外教育实习工作的顺利进行，专门制定了汉语国际教育硕士专业学位研究生海外教育实习实施方案，并配备专人进行监督和管理。海外教育实习基地应是培养汉语国际教育硕士综合实践能力最好的发展场域，各培养高校通过网络信息、校友引荐和孔子学院等多个渠道，谋求共建汉语国际教育硕士专业学位点的海外教育实习基地。

二是依托中外语言交流合作中心志愿者项目。该项目是中外语言交流合作中心为适应当前世界汉语教学蓬勃发展的需要而开辟的向有需要学习汉语的国家提供的汉语师资新措施之一。通过该项目构建交流平台，志愿者教师一方面将汉语带到世界各地，让更多的人认识中国；另一方面，他们也会积极了解当地的文化。基于这种相互尊重交流的态度，汉语才能为更多的国家所接受和理解。为了争取更多的海外教育实习与实践机会，汉语国际教育硕士应积极参加中外语言交流合作中心举办的赴海外汉语教师志愿者项目。

三是实行海外实习督导制度。整个实习管理工作不能脱离学生的实际情况，这需要及时了解学生在海外的实习、工作情况，通过多种形式的督导有助于第一时间了解学生情况，这样在实习中出现问题，可以及时提供帮助和解决方案。另外，也可与实习学校建立网上沟通平台，各高校负责人与合作方、导师与学生之间多进行沟通，便于学校及时了解学生的动态，做到有的放矢。

四是严格执行总结汇报制度。一方面，在实习期间，规定学生每三个月向本校负责人汇报实习情况；另一方面，学生在实习结束后不仅先要对自己在海外的情况作总结反思，还要向学院及导师进行汇报。

（二）实习指导

在汉语国际教育硕士培养过程中一个非常重要的环节就是实习。在培养方案中明确规定了学生必须经过一段时间的教学实习才可毕业。为了确保实习效果，各培养单位不仅要提供开展实习的条件，而且还需在实习期间安排相关的教师进行专业指导。另外，实习单位要考查与审核学生的现实情况并给出相应的考评意见，学生也要总结自己的实习过程并撰写相应的总结报告。希望借此实习实践活动，为学生学位论文的选题以及完成创造一定的思路或条件。海外实习的指导方式有以下几种：导师指导、培养机构集中指导、海外实习单位指导、国内学校与海外实习单位联合指导。海外实习是中外联合指导，国内实习主要是所在学校导师指导。在国内实习进行的指导主要包括：导师指导、培养机构集中指导、实习单位指导。其中主要方式是导师指导。但其实不管哪种指导方式，对学生实习与实践都会产生巨大影响，特别是在海外实习时，当地导师的指导，有助于学生尽快地融入当地文化，更好地进行汉语教学实践。

（三）实习评价

评价是教学环节中必不可少的一部分，对于促进学生的可持续发展十分重要。目前，学生在海外实习期间获得评价的方式包括以下几种：海外实习单位评价、教学对象评价、国内学校评价。其中海外实习单位评价是主要的评价方式。

随着全球化的不断深入，国与国之间的交流日益增多，我国汉语国际教育专业学生的类别也越来越多，实习方式也要相应地进行调整，不能用同一个标准来进行统一评价。基于此，管理者应将学生本人、实习单位及培养高校综合起来以实现评价主体的多样性，力图建立一个科学的评价体系。

第六节　汉语国际教育硕士培养评价机制

汉语国际教育硕士专业学位设立至今已 10 多年，但不可否认的是其培养模式中仍然存在不少问题。以教学对象的视角切入，主要有如何评价其知识结构和能力结构的有效性与科学性、如何实现因材施教、如何确定评价标准和如何解决其教学实习等问题。

一、关于招生考试评价要求

招生是汉语国际教育硕士培养的初始来源和生源保障。招收什么样的学生，是否具有教师发展潜力，是否具有从事汉语国际教育事业的服务和奉献精神，是否具备一定的外语能力和跨文化交际能力，是否具备扎实的汉语本体知识，是否达到普通话的标准水平，是否具有一定的汉语国际教育实践经历等，都会影响学生入学后的培养过程、培养内容和培养效果。因为不同背景来源的学生，其自身需求和能力都会对其后的学习定位及发展取向产生不同的影响。所以，招生考试评价至关重要，是汉语国际教育评价机制的重要组成部分。那么汉语国际教育专业招生考试评价有何要求呢？

汉语国际教育专业招生考试评价的关键要看是否适合汉语国际教育工作。因此，具有国民教育系列大学本科学历（或本科同等学力）的人员都可以报考，无论是国内学生还是国外学生。当然，如果要真正承担起汉语国际教育事业的重担，还要考虑和评价考生的外语能力、跨文化交际能力、国际汉语教师素质等方面，正如北京大学汉语国际教育专业招生咨询老师所强调的：“虽然有对外汉语从教经历的考生在竞争中可能更有优势，但是任何专业的毕业生都可以报考汉语国际教育专业，关键要看你是否适合从事对外汉语教育工作。”①

汉语国际教育硕士的入学考试与统招硕士一样，分初试和复试。初试科目有3门，分别是政治理论、硕士学位研究生入学资格考试（graduate candidate test，GCT）、专业知识与技能。其中，GCT为全国联考，考生自选GCT外语语种，取得的GCT成绩当年有效。GCT试卷由四部分构成：语言表达能力测试、教学基础能力测试、逻辑推理能力测试、外语（语种为英语、俄语、德语和日语）运用能力测试。此外，政治理论、专业知识与技能考试由招生单位单独组织，时间由各校自行安排，一般包括填空、简答、论述等这些比较常见的题型。与汉语国际教育学术型硕士研究生入学考试相比，汉语国际教育专业型硕士研究生的专业知识与技能考试的笔试的难度要稍微低一些。另外，汉语国际教育专业型硕士研究生采取差额复试的形式，各个学校自行命题，复试考查内容包括政治理论、专业知识和技能两方面。其中，专业知识和技能考试有笔试和面试两种类型。考试内容包含专业知识、专业技能、普通话能力和外语能力。其中，专业知识采取的是笔试方式，专业技能、普通话能力和外语能力采取面试方式。此外，初试达到复试最低分数线的考生，若因报考院校的招生名额限制而未被录取可以申请调剂。综上所述，和汉语国际教育学术型硕士研究生相比的一个差别是，专业型硕士研究生在外向型、应用型、跨学科和跨文化上的特色更为鲜明。

二、关于知识结构与能力结构本位的评价

知识结构、能力结构与课程设置密切相关。设置哪些课程，课程中包括什么内容以及所占的教学比例等一直以来都是各高校研商的问题。为此，中外语言交流合作中心专门在每年暑期举办培训班，第一批参加培训的对象是国内24所开设了汉语国际教育专业的院校，培训的主要目的之一就是借鉴国外的成功经验，探讨汉语国际教育硕士在汉语国际推广新形势下所适合的培养模式，探讨如何解决课程设置中存在的问题。如今，上百所高校开设了汉语国际教育专业，进一步充实了国际汉语人才培养队伍力量。那么，我们如何评价学生的知识结构与能力结构呢？

从汉语国际教育硕士培养现状来看，主要通过教师的课堂测试、课后作业、平时表现、期末考试或考核等方式，来考查学生对某一门课程的掌握情况，包括是否掌握了相应的知识和能力。但是，不同课程的考核评价是不同的。比如，有的课程以教案设计的方式考核，有的课程以文献综述的方式考核，有的课程以听

①《汉语国际教育硕士专业学位介绍》，http://www.hwjyw.com/info/content/2010/02/16/3580.shtml。

课评价的方式考核，有的课程以课程知识作业的方式考核，有的课程以论文的方式考核，等等。相比之下，知识比较容易评价，而能力评价则比较困难，需要教师具有敏锐的洞察力和较强的综合能力。就是说，教师通过学生的表现来评价学生的能力，体现出“表现本位”的教师教育评价。随着评价方式方法和评价机制的发展，对汉语国际教育专业学生知识结构和能力结构的评价将更加多元化，从而要更加客观全面地评价学生的发展。正是因为学生背景和动机来源的多样化，多元化评价就成为不可逆转的潮流。所以说，这种评价离不开学生自身的知识背景和学习动机。

三、关于知识背景和学习动机的评价

从知识背景来讲，多数学生的原专业是不一样的，不同知识背景的学生，对其评价的方式方法和评价机制应存在差异。然而，在现实的汉语国际教育硕士培养中，许多教师对学生的评价往往停留在眼前的知识水平或注重结果导向的评价机制上，缺乏对学生知识背景的了解，进而采用无区别对待的方式，而并没有根据学生不同的知识背景来实施差异化的学生知识和能力评价。

从学习动机来讲，既有对中国文化感兴趣，有志未来从事汉语国际传播的学生，也有一些没有明确内外驱力，在选择上比较盲目的学生。所以不同的学习动机将会产生不同的学习行为。比如，对中国文化感兴趣的学生对待学习过程中产生的困难，会想办法克服，并随之产生一种满足感。明确学习动机的目的在于，能够依据学习动机的特点确定评价方式，以精准的设计、丰富的内容和合理的设计等来进行评价，激发学生的学习动机，提升其学习效率。因此，基于学生的学习动机，采用建立学生成长档案袋、综合过程性评价、增值性评价等多种评价方式，不断完善汉语国际教育人才培养的评价机制。

四、关于学生学业的评价

目前，高校主要从课堂表现与考试成绩两个层面来评价学生，实习机构主要依据学生在面试中的表现优劣来评价。需要注意的是，单从以上方式来评价学生的综合能力，是否全面或是否有效呢？实际上，汉语国际教育硕士课堂教学能力培养缺少一定的能力助长机制，无法激励学生提升教学能力。未来应该挖掘更多的能力助长机制作为评价标准的一个指标。比如，说课、授课等教学比赛等。教学比赛是一种有效的方法，它不仅可以激发学生参与教学实践的热情，还可以增强学生寻求自我发展的意识，培养自我突破的胆识。因此，能力助长机制强调的是一种“能力本位”的教师教育评价，与“表现本位”共同为评价标准的开发与实施提供参量素材。

五、关于课程的评价

课程学习在汉语国际教育硕士培养中的地位和作用是毋庸置疑的。课程设置直接影响培养目标的实现程度。汉语国际教育硕士课程设置主要是以实践作为导向，以国际汉语教师的职业需求为培养目标，围绕汉语教学能力、中华文化传播能力和跨文化交际能力三大能力的培养，最终形成以核心课程为主导、模块拓展为补充、实践训练为重点的课程体系。学生只有完成课程的学习与实习实践环节，按规定修满要求的学分，在完成学位论文写作并通过答辩后，经学位授予单位学位评定委员会的审核，最终才能获得汉语国际教育硕士专业学位证书，同时也将获得硕士研究生的毕业证书。对此，我们应该如何衡量课程质量及课程实施效果呢？

课程评价目前存在三种价值取向：一为忠实取向，二为调适取向，三为创生取向。一些汉语国际教育课程完全根据培养方案和培养目标要求进行实施，其课程评价的质量效果是看是否完成培养方案规定的内容和实现了方案所预设的目标要求，这种课程评价属于忠实取向。这也是一种目标评价模式，强调预期的教育目的、课程目标与实际结果的吻合度。对另一些课程，教师除了根据培养目标和课程目标要求外，还会根据现实情况和授课对象的需求做进一步的修正和调整，从而满足当地情景和学生发展的需要，这种课程评价属于调适取向，倾向于一种过程评价模式，强调的是评价者与具体情境的互动作用，并认为不管是否符合培养目标或课程目标，其相关结果都应该得到评价。还有一些课程实施则需要在动态变化的教学环境中，不断产生新的课程计划和课程方案，以适合教师和学生实际发展的需要，这种课程已经不像调适取向课程实施的调整和修正，而是创造和生成新的课程方案，体现了创生取向的课程评价。我们也可以认为这是一种主体取向型的课程，强调的是师生共同建构意义的过程，以及在此过程中所生成的新的课程。这种课程实施和评价对教师和学生的要求较高。目前，忠实取向和调适取向的课程实施与评价是汉语国际教育硕士课程实施与评价的主要选择。[①]

六、关于教育实习的评价

从目前来看，汉语国际教育硕士实习评价的主体主要来自校内导师和实习单

---

① 高皇伟：《中美高校二语教师培养模式研究》，北京：科学出版社，2020 年。

位校外导师。实习单位校外导师的评价主要是从所承担的工作内容以及工作态度等方面来进行评价，比如全年完成的教学课时量、在教学任务以外开展的中华才艺课以及辅导学生参加的与汉语相关的比赛等。汉语教师志愿者在实习结束后将填写汉语教师志愿者履职考评表，主要分为教学任务和承担的教学以外工作两大模块。表 3-16 展示了 2019 年某一汉语教师志愿者填写的有关该表的具体内容。

表 3-16　汉语教师志愿者履职考评表

班级	教学任务名称	班级人数/人	周时长/h	上课周数/周	总时长/h
1	（2019 年）简单学华语（4 岁）	10	0.5	22	11
2	（2019 年）简单学华语（5 岁）	19	1	22	22
3	（2019 年）简单学华语（6 岁）	21	1	22	22
4	（2019 年）分校幼儿园（4、5、6 岁）	40	2	5	10
5	（2019 年）国小华语（二年级）	27	2.5	32	80
6	（2019 年）国小华语（三年级）	25	2.5	32	80
7	（2019 年）国小华语（四五年级）	14	2.5	32	80
8	（2019 年）课外活动课	13	1	29	29
9	（2020 年）国小华语（一年级）	14	2.5	8	20
10	（2020 年）国小华语（二年级）	15	2.5	8	20
11	（2020 年）国小华语（三年级）	18	2.5	8	20
12	（2020 年）国小华语（四年级）	12	2.5	8	20
13	（2020 年）国小华语（五年级）	10	2.5	8	20
合计	全年教学工作量：434 小时（学校教务负责人签字并加盖公章）				
承担的教学以外工作列举					
1	中国文化活动：教师节中文节目、学校中文开放日、爱花毕业典礼中文节目、春节				
2	学校活动协助：幼儿园事业日、运动会、动物园郊游、家长会、所有马来西亚节日活动、学校大扫除、中文展示活动课				
3	学校常规管理协助				
4	每个月一次教师中文培训课				
5	YCT 模拟考试				
6	坐班：7:45—16:30（2019 年）；7:45—16:45（2020 年）				

校内导师在进行评价时，学生需按规定填写《全日制研究生外出学习实践报告及考核评价表》。填写内容主要分为两大部分：第一部分为汉语国际教育硕士实习的基本情况，包括实践单位类型、地址以及实践的起始时间等；第二部分主要是实践报告，实践报告一般从实践计划的完成情况、主要收获与困惑、存在的

不足、成因分析及今后努力方向等方面进行撰写。

总的来说，目前，国内实习和海外实习都存在实习结果评价的问题。国内实习和导师指导密切相关，海外实习则由培养高校和实习所在单位联合指导，教育实习评价主要来自实习所在单位或教育机构。由于汉语国际教育硕士培养经验尚少等原因，教育实习评价还没有形成统一的标准，各实习基地和单位根据学生实习的实际情况，综合给出评价。除此之外，学校还制定了实习质量评价表格，其中包括实习内容、实习成果、实习不足等方面，再加上学生自评。当前，增值性评价成为我国教育评价的一种新方式，对汉语国际教育实习评价的改进与完善具有一定的应用价值。

另外，各培养机构也积极为学生的实习提供机会，例如，通过参加中外语言交流合作中心每年举办的有关海外汉语教师志愿者的选拔考试，如被选中，将被派遣到国外进行为期一年的汉语教学实习。但学生是否全被选中或是否能找到其他的实习机构和单位？在实习中遇到教学问题时找哪些人寻求帮助？自己如何快速地融入当地？这些问题仍待进一步的解决。海外实习学生的评价亦存在诸多挑战，例如，学生表现的跟踪记录，如何针对这些学生落实过程性评价，都是亟待解决的问题。通过学生的过程性成长，从学生自身的增值角度如何更好地促进学生在自身知识结构、能力结构等方面的增值，从而整体提升他们的专业素养和能力是未来汉语国际教育事业高质量可持续发展过程中必须要关注的。

七、关于学位论文的评价

学位论文撰写是汉语国际教育硕士培养过程的重要组成部分。按照《全日制汉语国际教育硕士专业学位研究生指导性培养方案》对论文选题和论文形式的要求，专业学位论文的主要类型有五种，即调研报告、教学实验报告、典型案例分析、教学设计和专题研究等。论文要求观点新颖明确，论证严密充分，具有较高的应用价值和一定的学术价值。同时，论文在选题上应紧密结合实践。汉语国际教育实践包括汉语作为第二语言教学、中国文化传播、跨文化交际、汉语国际推广等。其中，汉语作为第二语言教学，既包括通用汉语教学和专门汉语教学的教学理论、教学方法、教学模式、教学目标、教学设计等的研究，也包括语音、词汇、语法、汉字等教学内容的应用研究以及基于教学的汉外对比研究和语言学及应用语言学其他方面的研究。①

在实践的基础上，同时还要兼顾理论。汉语国际教育的实践应在理论的指导

① 中华人民共和国教育部：《关于转发〈汉语国际教育硕士专业学位研究生指导性培养方案〉的通知》，http://www.moe.gov.cn/srcsite/A22/moe_826/200712/t20071210_82702.html。

下展开，而以汉语国际教育实践为主题的论文，最终必须将实践的内容上升到理论的层面进行分析与归纳，形成概念，并进行严密的逻辑论证，形成命题式的判断。学位论文应做到立论正确、推理严谨、层次分明、文字流畅、数据可靠。论文正文字数一般不少于 15 000 字。

从汉语国际教育硕士学位论文的选题来看，更强调与国际汉语教学实践相结合，且允许使用诸如案例分析、教学设计等新形式。[①]且大多数汉语国际教育硕士都有赴海外担任汉语教师志愿者的经历，因此学位论文大多与自己在海外的任教经历有关，亓海峰以国内 24 所高校推荐的 96 篇汉语国际教育专业硕士优秀学位论文为研究对象，对论文的选题、研究方法、类型进行了调查分析。调查中发现论文实践性和应用性较强，注重材料分析和实证研究，但选题单一，研究领域不够开阔，论文的科学性和规范性都需要提高。[②]

① 刘弘，杨喆：《汉语国际教育学术型硕士与专业型硕士学位论文选题之比较研究》，《海外华文教育》，2013 年第 3 期，第 310-317 页。

② 亓海峰：《汉语国际教育专业硕士学位论文选题和研究方法调查分析》，《云南师范大学学报（对外汉语教学与研究版）》，2015 年第 13 卷第 1 期，第 87-92 页。

第四章 汉语国际教育硕士培养模式的典型案例分析

通过广泛比较国内有关高校培养汉语国际教育硕士模式的异同，我们可以更好地认识汉语国际教育发展的历史渊源与突出特征，为总结提炼汉语国际教育硕士培养中的共性特征与差异化构成奠定基础。

第一节 A 大学汉语国际教育硕士培养模式分析

一、汉语国际教育硕士培养的基本情况分析

A 大学始建于 20 世纪 30 年代，曾先后入选“211 工程”国家重点建设大学、教育部和省政府共建高校，于 2017 年进入“世界一流学科”建设大学行列。该校学科布局覆盖哲学、经济学、法学和教育学等 12 个学科门类，形成了学士—硕士—博士—博士后完整的人才培养体系。汉语国际教育硕士人才的培养是该校国际交流合作中的重点工作，该校在加拿大、法国和拉脱维亚共和国合作建设了孔子学院，此外还在印尼合作创办了民办高等院校，在马来西亚设立了研究生海外教学点，近年来在汉语国际教育硕士培养上进行了诸多改革探索。

A 大学在汉语国际教育硕士人才培养方面拥有较为深厚的教育学基础，这主要归功于该校在教育学和教师教育的优势。该校不但依托教育学的优势力量，为汉语国际教育硕士人才的培养提供了多元开放的环境，而且还充分发挥在语言学和文化方面的优势，建立起交叉的汉语国际教育硕士培养格局。A 大学的汉语国际教育专业设于国际文化学院和文学院。此外，在国际文化学院和文学院作为汉语国际教育人才培养的主要单位的基础上，A 大学还专门成立了汉语国际教育硕士教育中心。该中心独立建制，由分管副校长任主任，国际文化学院院长、文学院院长分别任副主任，汉语国际教育专业硕士学位评定分委会成员也分别由来自两个学院的教授担任，对汉语国际教育专业人才的培养进行学校资源的统筹，促进学校内外部资源的有效利用和协同发展。

从制度建设上来看，A 大学有意识地提升汉语国际教育硕士培养中的国际化

特色和教育学底色。这在该校制定的相关政策中都有体现。例如，A 大学国际化发展规划纲要（2015—2020）将加大汉语汉文化国际推广力度作为推进国际化七大举措之一，有力地推动了学校教育国际化的发展。此外，A 大学还充分利用其地理区位优势，将汉语国际教育硕士的培养与国家对外发展战略有机结合。例如，该校在 2018 年发布了“A 大学‘一带一路’东南亚教育行动专项计划”，专门将学校的汉语国际教育硕士人才培养同“一带一路”倡议结合起来。

二、构建汉语国际教育硕士培养的跨学科师资队伍

大学师资队伍建设是教育事业发展过程中至关重要的一环。正如清华大学老校长梅贻琦所说：“所谓大学者，非谓有大楼之谓也，有大师之谓也。”优质的师资队伍是窥探学校教育水平的窗口，而教学团队是师资力量的强力纽带，有共同目标的教师将组成教学团队，其所起的作用将远超于个人能量的总和。在教学团队中，每个教师都能从中取长补短，在教学研讨和经验交流中共同开发教学资源。先进的教学理念和成果在团队中得到不断渗透，在教学团队的渗透中教师个人的教学能力得到加速前进，学生的学习兴趣和学习能力会因此得到更有效的提升。A 大学汉语国际教育硕士的培养能够取得良好的效果，不仅依靠课程的合理设置，更重要的是，教师作为培养模式的先行者、参与者以及指引者所发挥的作用。教师的德行规范、教学方式、教学经验以及一言一行都会对学生产生巨大的影响。

（一）师资队伍基本情况分析

截至 2021 年，A 大学汉语国际教育专业所在的国际文化学院有教职员工 60 多人，其中，从职称结构来看，有教授 6 人（博士研究生导师 3 人）、副教授 14 人；从学历结构来看，获得博士学位者 17 人。在国外至少有半年留学或工作经历者 21 人。学院师资队伍的专业结构涵盖了汉语国际教育所涉及的中国语言文学、外国语言文学、教育学、心理学、国际贸易等学科；另外，国际文化学院还聘请了 10 多名国内外汉语国际教育方面的资深学者为客座教授以及 20 多名有丰富教学经验的兼职教师。其中包括来自美国普林斯顿大学、美国加州大学戴维斯分校中文部、美国密西西比大学等高校的相关研究者和教学经验丰富的客座教授。

此外，文学院也是 A 大学培养汉语国际教育人才的主要单位之一，其师资配备也影响了汉语国际教育人才培养的理念和规格。相比国际文化学院而言，文学院在汉语国际教育师资配备上的多样性较弱，优势师资力量集中在语言文字和文学方面。文学院拥有一支高学历、年轻化的师资队伍，师资队伍结构合理，发展

潜力巨大。共有在编在岗教师 94 人，其中依据职称结构划分，共有教授 25 人，副教授 24 人；从导师层次来分，共有博士研究生导师 14 人；从学术荣誉来看，有享受国务院政府特殊津贴专家 2 人，“新世纪百千万人才工程”国家级人选 1 人，教育部“长江学者奖励计划”青年学者 1 人，广东省“珠江学者”特聘教授 2 人，广东省特支计划专家 1 人，广东省教育厅“千百十工程”省级培养对象 4 人，校级培养对象 3 人。

（二）跨学科师资队伍构建的多方合力

汉语国际教育多样化师资队伍的构建是多方力量综合作用的结果。首先源于学校的重视以及相应的平台建设。自 A 大学成立国际文化学院以来，汉语国际教育专业的师资队伍建设有了更为明显的发展，诸多毕业于语言学、教育学、心理学和国际贸易等专业的教师加入到该学院，成为教师队伍建设的直接推动者和贡献者。

除此以外，师资队伍建设中学科带头人的作用也尤为关键。A 大学汉语国际教育学科带头人自身跨越汉语国际教育和比较教育学两个学科，同时担任该校校级领导，可在多个方面为汉语国际教育的学科发展提供支持。例如，学科带头人可在推进学校教育国际化工作中助力汉语国际教育专业的发展，在该校的相关发展政策（如 A 大学国际化发展规划纲要（2015—2020）和“A 大学‘一带一路’东南亚教育行动专项计划”）中有意识地增强对汉语国际教育发展的支持，通过与泰国、缅甸、马来西亚和印尼等东南亚国家的高校联合办学，在马来西亚创办了以汉语为教学媒介语的硕士教学点，筹备在海外创办以汉语为教学媒介语的 A 大学附属学校。此外，在科学研究上，该学科带头人借助教育部国际合作与交流司设于该校的国别和区域研究基地，扩展汉语国际教育师资队伍建设，将教育学、外国语言文化等方面的优势师资力量整合进汉语国际教育硕士培养的师资队伍中。

最后，师资队伍的建设与处在各发展阶段的教师密切相关。该校汉语国际教育硕士培养中师资队伍年龄结构合理，处在学术生涯不同发展阶段的教师间彼此搭配，对于硕士培养而言具备较为合理的结构。队伍中的“老中青”教师之间彼此配合，可形成“传帮带”的建设模式。汉语国际教育专业师资配备不仅需要一支学术精湛、实践丰富、多学科支撑的师资队伍，也需要强有力的组织和领导，为汉语国际教育学科建设、人才培养、科学研究和国际交流合作提供各类必要的条件和资源，引导汉语国际教育人才培养承担起新时代赋予的新使命和新任务，为构建人类命运共同体建设贡献力量。

三、实用导向的汉语国际教育硕士培养目标与过程

汉语国际教育硕士课程设置的导向是实际应用，目标是满足学生的职业需求，为未来从事国际汉语教师职业做准备，重点培养学生的汉语教学能力、中华文化传播能力和跨文化交际能力。A 大学能够准确理解和把握汉语国际教育硕士专业学位教育的基本特点，根据办学特色和学院现实情况而提供较完备的培养方案，注重课程内容设置理论与实践结合、知识与技能融合的特点，形成了以核心课程为主导、拓展课程为补充、实践训练课程为重点的课程体系，进而形成独特的专业特色——以国际汉语教师职业需求为目标，以汉语教学能力、中华文化传播能力和跨文化交际能力培养为重点，以孔子学院、东南亚地区院校、国内院校及各类教育机构为实习基地，以校内导师或校内外导师联合指导相结合的培养方式，建立与孔子学院发展和汉语国际传播工作相适应、具有鲜明岭南特色的汉语国际教育硕士专业学位研究生培养模式。

（一）凸显实用导向的培养目标

在汉语国际教育硕士培养上，A 大学为了能够培养高层次的复合型、国际化人才，在设置核心重要课程以及必修课程的基础上结合案例和实训教学的方法，突出培养学生的实践经验来达到目的。

A 大学汉语国际教育硕士专业学位培养对象有国内全日制研究生和外国研究生两种。对于国内全日制研究生，旨在培养具有熟练的汉语作为第二语言的教学能力、中华文化传播能力、跨文化交际能力，适应汉语国际推广工作，胜任多种教学任务的应用型、国际化专门人才。该学位点建设之初，A 大学就利用毗邻东南亚的地缘优势，以特定对象国——印尼为重点发展地区，在印尼建立了 5 个汉语国际教育硕士专业学位研究生实习基地，培养赴印尼从事汉语教学服务的人才，为此 A 大学为国内全日制研究生定向开设了面向印尼的印尼语课程，派遣研究生赴印尼进行海外实习，并在中外语言交流合作中心的大力支持下，开展了中外语言交流合作中心、A 大学及 A 大学印尼实习基地三方合作的汉语教师志愿者派遣工作。除了印尼外，A 大学基于教育部国别和区域研究基地东南亚研究中心不断扩展在东南亚国家的实践和研究基地，分别在马来西亚新纪元大学学院、泰国曼谷大学、柬埔寨发展资源研究院、老挝国立大学、缅甸曼德勒福庆学校、越南岘港体育大学等机构建立了基地，为汉语国际教育人才培养提供了海外实践和研究的宝贵资源和条件。

（二）一线实操与学术研究相结合的培养过程

1. 课程方案

以国家培养方案为基础，A 大学汉语国际教育硕士的课程设置结合了 A 大学汉语国际教育硕士的具体情况，即课程设置以实际应用为导向，以国际汉语教师的职业需求为目标，围绕汉语教学能力、中华文化传播能力和跨文化交际能力的培养目标，形成以核心课程为主导、拓展课程为补充、实践训练课程为重点的课程体系。中国研究生汉语国际教育专业课程规定的总学分不低于 38 学分，包括核心课程（含公共学位课）、拓展课程（分模块选修）、训练课程、教学实习的学分，学位论文的学分不含在内。每门课程的具体学时、开课的时间、每门课程的学分以及结课的方式详见表 4-1。

表 4-1　汉语国际教育硕士研究生（中国研究生）教学计划①

课程名称			学时	学分	各学期教学安排				考查	考试
					1	2	3	4		
核心课程	公共学位课程	外国语	90	4	√					√
		政治理论	48	2	√				√	
	学位核心课程	汉语作为第二语言教学（含研究生微格训练 2 学分）	60	4	√				√	
		第二语言习得导论	36	2	√				√	
		国外汉语教学案例分析	36	2		√			√	
		跨文化交际	36	2	√				√	
		中华文化与传播	36	2	√				√	
拓展课程	汉语作为外语教学类	汉语语言学概论	36	2	√				√	
		汉语要素教学	36	2		√			√	
		汉语技能教学	36	2		√				
	教学与教育管理类	汉语国际教育管理	36	2	√				√	
		外国中小学语言教育专题	36	2	√				√	
		汉语作为外语教学心理学	36	2	√				√	
		现代教育技术与应用	36	2		√			√	
		汉语教材分析与教学资源应用	36	2		√			√	
		第二外语（法语、印尼语等）	36	2		√			√	

① 参见 A 大学攻读汉语国际教育专业硕士学位中国研究生培养方案。

续表

课程名称			学时	学分	各学期教学安排				考查	考试
					1	2	3	4		
拓展课程	中国文化与跨文化交际类	中国文化经典专题	36	2		√				
		国别与区域文化	36	2		√				
训练课程		课堂观察与实践	18	1	√				√	
		中华才艺与展示	36	2	√				√	
		语言测试与评估	36	2		√			√	
		研究方法与学位论文写作	36	2		√			√	
教学实习				6						
学位论文				2						

注：“各学期教学安排”、“考查”和“考试”栏目里用“√”来表示。

外国研究生汉语国际教育专业课程方案也同样是采用核心课程、拓展课程、训练课程三种类型。其中，公共学位课程 6 学分，学位核心课程 10 学分，拓展课程（分模块选修）8 学分，训练课程 4 学分，专题讲座 2 学分，中国文化体验活动 2 学分，教学实习 6 学分，总学分不低于 38 学分（不含学位论文 2 学分）。具体每门课程的开课情况如表 4-2 所示。

表 4-2　汉语国际教育硕士研究生（外国研究生）教学计划①

课程名称			学时	学分	各学期教学安排				考查	考试
					1	2	3	4		
核心课程	公共学位课程	高级汉语	36	2	√				√	
		当代中国专题	36	2	√				√	
		汉语语言学概论	36	2	√				√	
	学位核心课程	汉语作为第二语言教学（含研究生微格训练 2 学分）	60	4	√				√	
		第二语言习得导论	36	2	√				√	
		国外汉语教学案例分析	36	2		√			√	
		跨文化交际	36	2	√				√	
		中华文化与传播	36	2	√				√	
拓展课程	汉语作为外语教学类	汉语要素教学	36	2		√			√	
		汉语技能教学	36	2		√			√	
		汉字文化与汉字教学	36	2		√			√	

① 参见 A 大学攻读汉语国际教育专业硕士学位外国研究生培养方案。

续表

课程名称			学时	学分	各学期教学安排				考查	考试
					1	2	3	4		
拓展课程	教学与教育管理类	汉语国际教育管理	36	2	√				√	
		外国中小学语言教育专题	36	2	√				√	
		汉语作为外语教学心理学	36	2	√				√	
		现代教育技术与应用	36	2		√			√	
		汉语教材分析与教学资源应用	36	2		√			√	
训练课程		课堂观察与实践	18	1	√				√	
		中华才艺与展示	36	2	√				√	
		语言测试与评估	36	2		√			√	
		研究方法与学位论文写作	36	2		√			√	
专题讲座与中国文化体验活动		专题讲座	10	2	√	√				
		中国文化体验活动	40	2	√	√				
教学实习				6			√			
学位论文				2						

外国研究生的课程方案中多数课程与中国研究生的课程方案一样，只有少数课程不一致。比如中国研究生修读的公共学位课程是外国语和政治理论，而外国研究生修读的是高级汉语、当代中国专题和汉语语言学概论；在汉语作为外语教学类课程上，中国研究生修读的是汉语语言学概论，而外国研究生修读的是汉字文化与汉字教学；在教学与教育管理类课程上，中国研究生比外国研究生多修读了一门课程，即第二外语（法语、印尼语等）；中国研究生还需要修读诸如中国文化经典专题、国别与区域文化等中国文化与跨文化交际类课程，而外国研究生则需要修读诸如外国中小学语言教育专题讲座与中国文化体验活动类课程。出现中外研究生课程方案差异的主要原因在于中外研究生的知识背景和发展定位不同，其所设置的培养目标也不一样。根据差异化的培养目标，设置了差异化的培养方案和具体的课程教学计划。

A 大学在课程践行过程中，侧重于凸显课程教学内容的实践性和实用性。例如，在“汉语要素教学”、“汉语技能教学”、“语言测试与评估”、“中华才艺与展示”、“课堂观察与实践”、“汉语教材分析与教学资源应用”等课程中加大了课程实践性技能的比重。

“课堂观察与实践”要求安排中国研究生在学校国际文化学院和当地一些国际学校（华美国际学校、加拿大国际幼儿园等）对外国学生进行汉语课堂教学观察，要求安排外国研究生观察我国中小学汉语课堂的教学，了解汉语课堂教学的过程和环节，并要求写出课堂观察分析报告。“汉语要素教学”课程强调微格教学技能训练（录像），研究生在课堂及课外操练，由主讲教师进行点评。“语言测试与评估”不仅讲解语言测试和评估的原则和工作原理，而且要求研究生参加本学院每学期开学时的留学生分级测试和外国学生汉语水平考试（HSK）课程辅导，安排研究生参加 HSK 考点的考试实施全过程，让研究生分组设计不同水平和级别的 HSK 分项技能考试试卷。研究生通过这些具有实践性课程的学习，不仅增加了理论知识，而且深化了对汉语教学过程的了解，更牢固地掌握了应用的技能。与此同时，研究生还锻炼了团队合作能力，提高了汉语国际教育组织管理能力。

此外，A 大学还设置了“综合基础课程和课堂教学观摩与体验”课程，该课程不设学分，旨在弥补应届本科毕业生在知识结构和实践经验上的欠缺。学生可在进入核心课程学习前，或与核心课程同时研修该课程。这门汉语综合基础课程涵盖的内容比较广泛，从普通话的含义到语音的基本概念，从汉字的构造到词和短语，从句子结构分析到修辞方法的使用，等等，都是国际汉语教师必须具备的基本知识。汉语国际教育硕士只有掌握了这些基本知识，才能有机会成为合格的国际汉语教师。课堂观摩俗称为“听课”，这是准教师经验学习的一种重要方式。“听课”可以加深职前教师对于自我角色的认知与课堂教学的理解，从而提升教学能力。课堂教学观摩有两种形式：真实课堂观摩和教学录像观摩。在观摩后，为提高课堂教学能力，汉语国际教育硕士须撰写课堂观察报告。

2. 教学实施

目前，国内大多数高校汉语国际教育硕士的学制为两年，共四个学期。根据 A 大学汉语国际教育硕士的培养方案：中国全日制研究生第一学年在国内完成学位课程的学习以及相关实践技能的培养，第二学年赴海外进行为期一年的教学实习。赴海外实习研究生一边实习，一边完成毕业论文，并同时在海外进行硕士毕业论文答辩（通过教育信息化远程手段）。外国研究生第一学年在学校完成学位课程的学习，第二学年上半年（第三学期）回其所在国有关教学单位进行教学实习，完成毕业论文材料收集工作，第二学年下半年（第四学期）回到中国完成毕业论文撰写及毕业论文答辩工作。A 大学培养方案要求，赴海外实习的国内全日制研究生必须结合自身在海外实习的教学实践（教学设计）完成毕业论文的撰写工作。外国研究生则必须结合其所在国的汉语教学实际情况完成毕业论文的撰写。

学校的“跨文化交际”“汉语要素教学”“课堂观察与实践”“汉字文化与汉字教学”等课程采用案例教学方法。在“跨文化交际”课程教学中，具有海外教学经历的教师结合在海外教学实践中所遇到的诸多真实案例，向研究生介绍如何培养跨文化交际能力。这需要教师长时期跟踪海外汉语教学动态和积累海外汉语教学实践经验。学校结合海外教学实践撰写汉语教学案例和海外教学工作日志，并已经基本建设成“A 大学海外汉语教学案例库”，这增加了研究生对汉语课堂教学的感知力。

A 大学积极创新教学方法，改进教学方式。在教学方式上，A 大学充分利用本专业有国外和国内研究生的条件，使用“中外分合交流”的教学方式培养研究生的实践能力——中国研究生要具有的跨文化交际能力，外国研究生要具有的汉语交际能力。在培养方法上注重因材施教，有“分”（中外学生分开上课）有“合”（中外学生一起上课），因课而异，同课不同法。例如，“跨文化交际”等课程将汉语国际教育外国研究生和中国研究生安排在同一课堂上进行教学，让这些外国研究生在课堂上跟中国研究生进行互动交流，实际教学效果非常好。“汉语作为第二语言教学”课程采取分开上课的方法。因为汉语水平不同，对汉语进行教学的角度不同，教师可以按照学生的具体情况进行讲授、师生互动等，从而充分展开与汉语教学有关内容的讨论。

此外，A 大学还不断地完善课程教学评价标准，转变课程考核方式，着重考量研究生在汉语国际教育实践中运用所学知识和技能解决实际问题的能力和水平，以及考查研究生是否具备团队合作的精神。对此，A 大学采取了多种途径来培养研究生的汉语教学技能。通过各种文化实践活动，全面提升研究生素质；大力推进海外实习基地建设，致力于培育研究生非汉语环境下的汉语教学能力；学位论文与汉语国际教育实践紧密融合，突显实际应用的性质。

具体说来，一是以多种教学实践活动为途径，培养研究生的教学技能。A 大学鼓励研究生通过参与多种汉语教学实践活动来提高汉语教学技能，实践活动有以下几种。

（1）“语言伙伴”（language partner）计划。每年来 A 大学学习汉语的外国研究生上千名，针对不同国别和水平的学生的汉语学习需求，A 大学从 2010 年 9 月第一届硕士研究生入学开始，就及时实施了汉语国际教育硕士的“语言伙伴”计划，每届中国研究生一入学就让他们选择一位或若干位外国研究生或本科留学生作为他们的语言伙伴，让中国研究生在课外和周末辅导外国学生学习汉语，解答外国学生课堂以外的汉语学习疑惑。这种做法既培养了中国研究生的汉语个别教学能力，又提高了外国研究生、本科留学生的汉语水平和汉语交际能力，从而帮助外国学生更好地了解中国。此计划具有一举两得的效果。

（2）操练教师工程（drill teacher project）。A 大学从 2011 年开始，在语言进

修班和本科一年级、二年级学生中启动了“1+2”操练教师工程。“1”指一位主讲教师，主要进行课堂教学（一般在上午）；“2”为两次练习课，由一位操练教师（drill teacher）开两场（安排在下午）。操练教师由汉语国际教育专业中国研究生承担。操练教师的任务和教学内容主要是生词及语言点的操练，作业及试卷的讲解，等等。A 大学国际文化学院会拨出专项经费来支付操练教师的报酬。这项工程一方面提高了外国研究生的汉语水平和实际交际能力，使他们能够灵活地运用课堂上学到的语言点；另一方面锻炼了中国研究生的教学实践能力，使他们将学到的理论知识应用于实践当中。此外，操练教师工程还解决了部分家境困难的研究生的日常生活费问题，是 A 大学研究生“勤工助学”的一个良好方式。

（3）依托孔子学院和海外青少年夏令营等项目，提高研究生的教学技能。A 大学作为广东省人民政府侨务办公室和广东省海外交流协会的海外华文教师培训基地，每年都承担不少广东省海外交流协会的海外培训项目，与此同时，A 大学每年也承担中外语言交流合作中心的夏令营项目，除了由学校教学经验丰富的教师承担这些项目的培训课程以外，还把汉语国际教育硕士研究生视作这些项目教学和管理的主力军。例如，菲律宾光启学校从 2007 年开始，每年 10－12 月派遣 100 多名 10－12 岁的小学生来 A 大学学习汉语两个月，研究生在经过短期培训后，担任该项目的课程教师，在学中干，在干中学。A 大学也承担了国务院侨务办公室、广东省人民政府侨务办公室和广东省海外交流协会的海外华文教师和志愿者培训项目，研究生全程参加这些项目的培训。此外，A 大学还主持了广东省粤港教育合作交流项目——“香港中小学教师普通话深造课程”，并安排了汉语国际教育硕士研究生参加课程的教学辅导和管理。研究生还参与网络孔子学院的汉语教学活动。

二是通过各种文化实践活动，全面提升研究生国际教育素质。A 大学通过让研究生组织和参与国际文化节、华南地区第四届“汉语桥”比赛、研究生戏剧节、汉语教学技能大赛、华南地区第六届“汉语桥”比赛等实践活动，全面提升研究生的文化理解与实践能力。这些活动从项目策划、内容安排、材料准备到节目表演等过程都有研究生参加。特别值得一提的是，这些活动由中国、外国研究生共同参与，如中外研究生共同主持和表演节目，通过这些实践性活动，不仅培养了研究生作为未来国际汉语教师所必须具备的项目组织和管理能力以及团队协作能力，也促进了中外研究生在各国文化上的相互尊重与日常的友好交流。

3. 教育实习

教育实习是汉语国际教育硕士研究生必修的专业重点课程，它是促进理论联系实际、培养实践能力的一个必需环节。在派遣汉语国际教育硕士研究生赴海外实习的过程中，其汉语教学和不同文化之间的交流能力可以大大提升，身处不同的环境也能提升其适应社会的能力。

1）海外实习

（1）海外实习发展概况

毋庸置疑，赴海外教育实习是否能够成功进行能很好地反映出课程设置是否科学，国内教学效果是否有效。A 大学海外实习主要集中在如下三个地点：海外实习基地、孔子学院、海外其他学校。主要有两种派遣方式：中外语言交流合作中心汉语教师志愿者派遣、校际支教聘请。

为做好汉语国际教育硕士研究生的实习工作，A 大学除了巩固现有的国内外实习实践基地以外，还努力开拓新的多形式的实习实践基地，通过实习实践也为学生的学位论文选题和完成创造了更多的条件。在新时代扩大教育对外开放的背景下，学校抓住“一带一路”发展契机，着眼于东南亚区域。仅在 2017 至 2019 年这三年间，就与印尼亚洲国际友好学院、马来西亚新纪元大学学院、泰国曼谷大学、老挝国立大学、柬埔寨金边皇家大学等友好高校签署合作协议，积极推进六国高校联合办学，学校在东南亚建立汉语实习基地，为汉语国际教育硕士培养提供了良好的实习条件。2018 年 2 月，学校还制定和实施了“A 大学‘一带一路’东南亚教育行动专项计划”，为海外实习发展提供政策支撑和制度保障。

自从首届研究生入学开始，A 大学就积极筹划海外教学实习基地建设，实施校际合作模式的汉语国际教育硕士研究生海外实习模式。2010 年 A 大学分别与印尼苏北棉兰市的亚洲国际友好学院、崇文三语中小学等签署了海外实习基地合作协议（当时为院际合作协议，2013 年 4 月补签校级合作协议）。此协议中确定了实习时间为一年，即 A 大学汉语国际教育硕士研究生需赴印尼教学实习的时间为一年，由实习学校办理工作签证，提供往返国际机票，免费提供食宿，另外每月提供适当生活补贴。研究生实习期间，承担全日制教师工作量。2011 年 7 月，A 大学选派了 20 位 2010 级汉语国际教育专业的中国研究生赴印尼崇文中小学、捷捷语言学校、泗水新中三语学校进行教学实习。2012 年 7 月，该校又选派了 17 位中国研究生赴崇文中小学、棉兰甲大国际规范学校、捷捷语言学校进行海外教学实习。2013 年 7 月，A 大学又申请将汉语国际教育硕士研究生海外实习纳入国家汉办/孔子学院总部汉语教师志愿者项目计划。2013 年 7 月，有 15 位研究生以国家汉办/孔子学院总部汉语教师志愿者身份赴崇文中小学、泗水崇高基督教国际学校和亚洲国际友好学院进行海外实习。随后，A 大学又选派 22 名学生赴拉脱维亚、法国留尼汪和印尼开展实习工作。目前，该校每年选派研究生赴海外实习的人数稳步增长，初步实现了该校汉语国际教育硕士研究生海外实习和海外就业的链接计划，形成了“以树立品牌基地为引领，以点带面，逐步辐射，自主共建为主，政府协助为辅”的模式。近年来，A 大学持续选派或鼓励研究生赴学校合办的孔子学院、合作的实习基地及其他汉语教育实习学校或机构以增强自身的汉语教学实践能力，从而促进中华文化的有效传播。

A 大学汉语国际教育硕士研究生海外实习呈现以下几个显著特点：①每年赴海外的汉语国际教育硕士研究生实习人数基本保持稳定，并不断增加，占当年招生人数半数以上；②该大学汉语国际教育硕士研究生实习主战场在东南亚，尤其是集中在印尼；③汉语国际教育硕士研究生海外实习基地类型呈现多样化趋势，从中小学、幼儿园和培训学校向孔子学院、大学中文系等各个层次发展；④海外实习基地国别多样化趋势显著，从 1 个国家发展至多个国家，多国别化态势显著。

（2）海外实习管理

A 大学除了制订培养方案和课程方案、教学计划外，还专门针对汉语国际教育海外实习管理制定了相关的规章政策，具体内容涉及导师指导、实习管理、学位论文写作等。因为汉语国际教育专业硕士自身的实践性和应用性特点，所以该专业学生被要求在实习实践中发现问题、寻找选题、收集数据并完成学位论文。对此，学生的海外实习与其学位论文写作息息相关，也是海外实习管理中必须注意的一个方面，即如何管理实习的同时指导学生进行研究并撰写学位论文。为了做好汉语国际教育硕士研究生海外实习工作，该校专门聘请海外具有丰富实践经验的华文教育知名专家和校长作为研究生海外实习兼职导师，海外实习研究生的毕业论文选题与实习密切关联，请海外实习兼职导师进行指导，为了方便研究生在海外实习，实行研究生“海外答辩”制度，在海外实习基地对毕业生进行答辩（由于在印尼教学实习的关系，加之区域距离远，海外实习的汉语国际教育硕士研究生被允许在海外通过网络进行毕业论文答辩）。海外答辩都由海外实习基地的专家担任答辩委员。这种做法的好处是，能够尽可能保证学生在教学实习里深入实验、深入思考，真正能够把实习成果融入学位论文。这种双导师、双机构的实习管理有力地支持了汉语国际教育硕士研究生的海外成长。为此，海外实习管理的目标就是促进研究生的发展。

为了规范管理研究生海外实习，A 大学先后制订了“A 大学汉语国际教育硕士专业学位研究生导师指导规程（试行）”、“A 大学汉语国际教育硕士专业学位研究生实习大纲”、“A 大学汉语国际教育硕士专业学位研究生实习手册”、“A 大学汉语国际教育硕士专业学位研究生海外实习暂行规定”、“A 大学汉语国际教育硕士专业学位论文撰写要求”和《关于聘请汉语国际教育硕士专业学位兼职教授、客座导师的规定》等相关政策文件。

比如，A 大学在制订计划时统筹考虑了海外实习、国内理论学习、海外答辩、海外就业等四个环节。海外实习一般是一年，目的是通过海外实习，预先熟悉异国社会文化、教学环境、教学对象。因为实习实践与毕业论文的教学内容相关，为了让实习更高效，实习实践与毕业论文写作要紧密结合。实习之前，学校要求学生完成毕业论文的大纲、开题报告或设计方案。在实习过程中，学生要同时做毕业论文的相关调研，这样，学生不仅体验了真实的实践场景，同时也搜集到了毕业论文的相关资料。

值得一提的是，研究生赴海外教学实习时间长达十个月至一年，研究生海外实习管理是一项系统工程，涉及学校（汉语教师志愿者还涉及中外语言交流合作中心）、海外教学实习单位[包括孔子学院（课堂）]、中国驻外使领馆等诸多部门及研究生个人和家庭等相关利益主体。对此，A 大学努力为海外实习研究生提供良好的服务和安全保障，做好研究生海外实习的风险控制工作，制订了研究生海外实习暂行规定，预先做好研究生海外实习突发事件应急预案。研究生赴海外实习前，研究生家长需要签署《海外实习家长知情同意书》，提前告知海外实习潜在的风险，必须购买研究生海外实习人身伤害保险。在海外实习期间，研究生可以和中外语言交流合作中心志愿者工作处、海外合作教学单位和孔子学院中方院长联系沟通，依靠海外兼职导师和海外孔子学院中方院长对研究生海外实习进行管理。这些措施有力地保证了研究生海外实习的顺利进行，进而为保障汉语国际教育专业人才培养质量提供良好的条件。

（3）海外实习项目评价

2009 年，国家汉办/孔子学院总部启动了国际汉语教师职业本土化工程，由国家汉办/孔子学院总部以孔子学院奖学金的方式资助有志于从事汉语国际教育事业的国际留学生来中国高校攻读汉语国际教育硕士专业学位。A 大学利用孔子学院奖学金（汉语国际教育硕士）等方式支持印尼亚洲国际友好学院和印尼崇文中小学培养合格的教育管理者和汉语师资，其中 2008 年在 A 大学支持和帮助下，苏北华社慈善与教育联谊会（苏北华社）创办了印尼苏北地区的亚洲国际友好学院，这是目前印尼教育部审批的唯一一所培养汉语本科学历人才的民办外语高校。该校创办伊始，A 大学就与亚洲国际友好学院签署了 2+2 模式合作办学协议和教师派遣协议，该学院目前中文系在册学生达 1015 人，A 大学先后派遣多名教师赴该学院任教，同时招收了 90 位亚洲国际友好学院本科三年级学生来 A 大学就读。该学院创办 10 多年来，成绩斐然，现已成为印尼汉语教学的排头兵和领头羊。2022 年，该学院获得世界“汉语桥”中文比赛印尼全国总决赛冠军。自此，该学院建院 13 年来，夺得 11 个冠军，2 个亚军。许多学生以此作为案例分析，写了多篇毕业论文。以亚洲国际友好学院作为关键词，在 A 大学图书馆的校内硕博学生学位论文中进行检索，共发现有 19 篇论文，如表 4-3 所示。与此同时，A 大学每年根据亚洲国际友好学院的需要选派汉语教师志愿者、教师等赴印尼进行教学或开展讲座，有力地推动了两校之间的合作交流。

表 4-3　以亚洲国际友好学院为关键词的硕博学生学位论文统计表

序号	论文题目	培养层次	论文提交时间
1	印尼阿拉扎大学非华裔汉语学习者学习动机的调查研究	硕士	2022-06-17
2	印尼学习者汉语方位词“上、下、里、外”习得的调查研究	硕士	2020-06-30
3	印尼汉语学习者汉字能力调查与汉字学习策略研究以印尼棉兰亚洲国际友好学院为例	硕士	2019-05-29
4	利益相关者视角下印度尼西亚汉语教育发展问题研究	硕士	2019-05-29
5	拉脱维亚大学孔子学院汉语学习者学习需求研究	硕士	2019-05-28
6	汉语介词“跟”与印尼语介词“dengan”的对比分析及偏误考察	硕士	2019-04-18
7	印尼学生习得汉语名量词的偏误分析及调查建议	硕士	2015-06-03
8	“汉语桥”比赛对印尼汉语学习者作用的调查研究	硕士	2015-06-03
9	印尼马达族初学者普通话声母偏误分析与教学研究	硕士	2015-06-03
10	印尼汉语学习者能愿动词“能”“能够”“会”“可以”习得偏误分析	硕士	2015-05-27
11	印尼亚洲国际友好学院初级汉语听说课教学现状调查研究	硕士	2014-06-11
12	印尼亚洲国际友好学院中级汉语阅读的词汇理解考察	硕士	2013-06-18
13	小组活动在初级汉语听说课中的应用分析	硕士	2013-06-18
14	印尼学生学习汉语否定副词“不”和“没”的偏误分析及教学研究	硕士	2013-06-18
15	印尼华文教育本科院校教师管理初探——以亚洲国际友好学院为例	硕士	2012-06-25
16	印尼棉兰亚洲国际友好学院华裔学生听说课学习满意度调查研究	硕士	2012-06-14
17	印尼华裔学生汉语口语交际案例分析	硕士	2011-06-02
18	印尼零起点大学生汉字认读与书写情况的调查分析	硕士	2011-06-02
19	中印初级阶段的印尼学生汉字书写调查及教学对策	硕士	2011-06-02

印尼崇文中小学是印尼苏北省苏钢集团董事长、崇文教育基金会理事长苏用发先生牵头于 2011 年复办的新学校，校园面积为 10 000 米 ^{2}。教学楼建筑为 5 层，在册学生 2200 余人（从幼儿园到高中，其中中小学学生为 1600 多人）。每年，A 大学派遣汉语国际教育硕士研究生赴该校实习。在崇文中小学实习的研究生承担了该校“全华语课堂”教学实验、小学和中学的全部汉语课程、周末兴趣课程。在研究生实习不到一年的时间中，崇文中小学校就成了当地的“品牌学校”。同

时，A 大学海外实习研究生还组织发布“爱心宣言”，每月自愿从生活费中捐款给当地贫困家庭的学生。这些教学实习成绩和为印尼社会服务的行动，受到学生家长和当地社会的高度赞扬，也受到印尼华文媒体的广泛报道。在崇文中小学给A 大学的致谢函中，崇文教育基金会董事长黄两承表示：“希望今后 A 大学能继续为崇文三语学校及印尼棉兰其他地区培养更多的汉语教学人才。”除此之外，A 大学培养的汉语国际教育硕士也曾去往印尼其他汉语教学机构任教，比如印尼泗水崇高基督教国际学校，在任职期间，作为国际中文教师志愿者的他们认真负责完成各项教学任务，积极参与、协助组织中国文化活动，配合学校完成各类庆祝活动，圆满完成教学实习任务，得到了当地教学单位的高度评价，有很好的团队合作精神和跨文化沟通能力。

总之，A 大学与其他国家的学校合作建立汉语国际教育硕士研究生海外教学实习基地，打造汉语国际教育专业国内全日制硕士研究生“理论学习（国内）—海外实习—海外答辩—海外就业”链接计划。通过海外实习，学生能够针对不同国别、不同教学对象、不同教学层次进行恰当的教学安排、制订授课计划，能够掌握和说明教学理念、教学步骤、教学环节、教学方法、教学要点，使课程教学工作能够顺利完成。这不仅提升了汉语国际教育硕士研究生的综合能力，也提高了汉语国际教育硕士人才整体的培养质量。相应地，A 大学的汉语国际教育硕士研究生的海外教学实习工作所取得的成就，也得到了国内有关领导和部门的高度认可。2016 年和 2017 年，李克强总理、张德江委员长先后访问拉脱维亚，拉脱维亚大学孔子学院的 A 大学外派教师和志愿者全程参与准备和接待工作，事后得到国家有关部门的书面表扬。2016 年，贝德高教授（拉脱维亚大学孔子学院的外方院长）荣获由孔子学院总部颁发的“先进个人”荣誉称号。派遣研究生赴印尼支持当地汉语教育事业受到印尼教学单位、中国驻印尼使领馆的高度赞扬和评价。社会服务质量和层次获得国务院侨务办公室、孔子学院总部、广东省人民政府侨务办公室的多次表扬。“汉语国际教育多元化生态教育的改革与实践”获 A 大学 2017 年教育教学成果奖一等奖、“汉语国际教育硕士‘一机制双对接三能力四结合’人才培养模式的研究与实践”获得 2017 年广东省教育教学成果奖一等奖；学校汉语国际教育硕士学位点评估获小组第一名；近几年来，汉语国际教育师资队伍建设取得成效，专任教师获批国家社科基金重大项目、教育人文社科规划基金、广东省各项基金项目都有大幅增加；获批教育部东南亚研究中心、省级汉语学习与国际推广重点实验室、省级文科重点实验室等多个省部级平台，成为中外语言交流合作中心“国际汉语教师证书”培训考点、汉语教师志愿者面试考点、汉语外派教师考点、国务院侨务办公室“走出去、请进来”师资培训项目合作单位、广东省人民政府侨务办公室授予的“中华文化传承基地”及“华裔青少年夏令营”培训点、汉语桥广州赛区承办者。

（4）海外实习创新

A 大学国际文化学院作为学校留学生教育的主要培养单位，也是汉语国际教育专业硕士外国研究生培养的学院。正是因为汉语国际教育专业硕士研究生生源来自中国国内和国外各地，其背景十分多样，这既给研究生实习实践提供了丰富的教学对象，也给实践带来了许多挑战，需要强有力的平台和资源给予支撑。A 大学国际文化学院设有汉语言文化系、汉语教育与预科中心、汉语国际教育研究所，以及 7 个教研室，有 3 个硕士学位授权点和教育博士点等，为海外实习创新提供后盾。学校建立的与汉语国际教育有关的组织平台共计 9 个，包括省部级平台 3 个、校级平台 4 个、院级平台 2 个。上述 9 个平台不仅覆盖了汉语国际教育教学中的各个环节，而且还针对当地特色创建了岭南文化研究中心，针对 A 大学的地理区位优势和东南亚国家的需要创建了东南亚研究中心，如表 4-4 所示。

表 4-4　A 大学与汉语国际教育有关的研究平台

序号	级别	名称	年份
1	部级	A 大学东南亚研究中心	2017
2	省级	A 大学汉语学习与国际推广重点实验室	2016
		A 大学岭南文化研究中心	2015
3	校级	A 大学中华文化体验与传播中心	2017
		A 大学汉语学习与国际推广研究中心	2016
		A 大学留学生预科中心	2015
		A 大学教育国际化研究中心	2014
4	院级	A 大学东南亚华文教育研究中心	2016
		A 大学国际汉学研究中心	2016

依托这些研究平台，汉语国际教育专业中外研究生参与了国家级、省部级等多个课题研究。在课题的引领下，研究生们结合实习实践的具体情况，展开专业性的理论和实践研究，这为 A 大学培养新时代高层次的学术型和应用型汉语国际教育人才奠定坚实的基础。

为了推动汉语国际教育硕士专业学位研究生培养工作的高质量发展，学校成立了 A 大学汉语国际教育中心和 A 大学汉语国际教育专业学位分委员会。在学生入学前就已经开始着手进行实习管理，而不是等到将要实习才去准备。比如，首先，在汉语国际教育硕士研究生复试时，就组织海外实习项目说明会，详细介绍海外实习工作；其次，对所有录取的学生，发放录取通知书时再次告知去各海外实习基地需要准备的资料，报到前准备好相关资料（比如英文毕业证书和学位证书、英文成绩单等），以免入读后又要返回本科院校办理所需资料，既省时、省钱又省力。

为实现教育实习管理的规范化、制度化，学校首先制定各种制度文件和搭建高效教育实习平台。若碰到新的情况，会对实习工作手册及时修订，以便提供更好、更准确的服务和指导。虽然国内已有一些实习经验可以借鉴，但海外实习一般是一年，时间长且存在不同的国情，一些情况不在可控范围之内，风险性较高。为规避或减少不安全因素，尽可能保证学生的安全，该校的“A 大学汉语国际教育硕士研究生海外实习应急处理办法”应运而生。

另外，搭建高效教育实习平台。作为应用型的学生，理论课程的学习是基础，实践课程学习是重点。通过课程培训，提升实习技能；采用微格教学，提升实习指导课程培训效果。指定专门教师安排学生开展院内外和校内外的课堂观摩，让研究生独立承担或以助教形式参与留学生操练课程，开展教学培训；组织学生参加广东省人民政府侨务办公室外派教师培训和中外语言交流合作中心组织的志愿者培训；邀请学校海外实习基地的中文教学负责人或有丰富海外教学经验的教师举办专题讲座；通过安排实习目的国生源举办该国语言培训（主要是小语种）等培训方式提高实习目的国语言水平，为快速融入当地文化奠定基础。然而，成为一名合格的国际汉语教师仅靠课程培训是不够的，还需从幕后走上舞台，真实体验。A 大学还积极鼓励学生参加各种有锻炼价值的项目，促其尽快成长。比如，选拔学生参与普北班（Princeton in Beijing）和北京语言大学-哥伦比亚大学国际汉语师资认证暑期培训项目（北京）班，让学生零距离锻炼国际汉语教师教学和管理能力；借助学校同菲律宾光启学校合作项目，让有志于赴海外实习的学生参与该项目教学培训、选拔、教学实施及项目管理的全过程，让学生教授海外中小学生，以测试学生能否胜任多层次教学任务；鼓励学生参与各类层级的教学技能大赛或在学生内部组织的相关比赛，以赛促练，提升学生的实操能力，为学生海外实习储备实践经验。此外，国际汉语教师不仅要具备良好的教学能力，也要具备较高的活动策划能力和中国文化推广能力。虽然课程方案里有开设相关课程，但只有付诸实施方能检验学习之效果，进而为海外文化活动组织和推广奠定基础。所以，汉语国际教育显性课程和隐性课程、理论课程和实践课程必须有力地结合起来，以共同服务于汉语国际教育硕士人才培养。除此之外，A 大学也不断地探索和创新汉语国际教育硕士人才培养的实习方案。学院老师为了使学生们在实习期间能及时地记录自己的所思所想，积累教学经验，要求学生在实习期间撰写教学日志，教学日志的内容涉及教学、学习、生活等各个方面。教学日志大致有两种形式，一种是表格式，主要记录课堂教学的整体情况，比如教学班级、课型、课时、工作内容、问题及反思。表 4-5 展示了 A 大学某志愿者在任职期间的部分教学日志情况。

表 4-5　A 大学某志愿者教学日志（部分内容）

时间	教学				问题及反思
	班级	课型	课时	工作内容	
3月2日	高级班	综合课	3	（1）复习； （2）听写； （3）课文四； （4）俗语：一步错，步步错	讲解俗语的时候介绍了新冠肺炎疫情的情况，同时也提醒学生一定要小心防护
3月3日	人文学院一年级	听说课	2	（1）复习； （2）生词：手表、千、报纸、送、牛奶、房间、丈夫、旁边、真、粉色、颜色、左边、红色； （3）拓展词汇：右边、黄色、蓝色、白色、黑色、棕色、绿色、灰色、金色、紫色等； （4）语言点："的"字短语的三种形式	学"的"字短语的时候进度太快，学生有点跟不上，下节课需要再次巩固
3月3日	中级班	综合课	3	（1）复习； （2）听写； （3）"离"强化训练； （4）课文四《在路上》； （5）小汉语角：需要用到的语言结构"离"和"就"； （6）汉语的基本句调； （7）汉字偏旁：双人旁和反文旁	课文四比较长，且融合了第七课所有重难点，要求学生背诵全文，下次课听写

除了以表格的形式记录教学过程外，一些志愿者还通过日记的形式真实地展现自己在教学过程中的心路历程，比如，有志愿者写道："这两天在零基础班分别开设了中国画文化主题活动以及口语实践课。我不擅长绘画，但是为了让学生有机会体验水墨画，我认真准备了 PPT 和学习画熊猫。真是在学生面前见笑了。虽然有个别学生不擅长绘画，但是他们认真的态度让我更加严格要求自己。还有学生开玩笑说'老师为什么你要选择这么难的主题，你可以选一些简单一点的教我们呀！'这个学生右手脱臼了，回来上第一节课就是画画，真是难为她了。但是她用左手也很认真地作画，时不时跟我开玩笑，课堂气氛很融洽。我给学生说了古时候，能有机会读书的都是名门望族，他们会有一个人专门在旁边给研磨，现在我就是这个人了。学生受宠若惊，不禁感叹'真是太荣幸了'。自从上次听

了某教授的教研分享后，我把她的一个方法用到了口语实践课上，开口率大大增加。我给学生布置任务，也亲自示范，学生两人一组，相互表达给对方，最后要转述给老师听。这个方法能让学生相互学习，不懂就问老师，最后学生转述的时候，我会根据学生的转述提问其他小组的同学问题。每一个学生都积极投入到口语表达和听力练习中，完成后都长呼一口气说‘太难了！’我马上鼓励说‘但是你做到了，还做得不错’。以前我觉得外国的汉语课进度太慢，这两个月的教学让我明白，由于缺乏语境，语言的学习缺乏很多练习的机会，想要学得扎实就得慢慢来，所以我的心态也没有以前那么急了。第一次的考试让我看到学生很重视自己的学习情况，学生反馈平时上课听老师的汉语比较吃力，但是到了做听力考试时居然听懂了每一句话，觉得太简单了。通过课堂表现、每月测试和学生反馈，我感受到了学生的成就感并看到了他们的不足之处，也看到了自己的不足。我还在摸索更加适合拉脱维亚成人汉语学习者的上课方式。”

2）教学实习的特点与整体评价

根据A大学全日制专业学位研究生培养方案（外国研究生），在A大学汉语国际教育硕士研究生培养过程中，主要采用以下三种培养方式：一是课程学习与汉语国际教育实践相结合的方式；二是汉语国际教育与中华文化传播相结合的方式；三是校内导师指导与校外导师联合培养相结合的方式。教学上具有教学实践方式多样化、教学实践管理人性化的特点。教学实践方式多样化体现在：A大学汉语国际教育硕士研究生的实践方式包括以志愿者身份赴海外顶岗实习，在孔子学院、外国中小学等机构从事汉语教学和文化传播工作以及在国内各类学校及教育机构进行汉语教学实习等。教学实践管理人性化体现在：在汉语国际教育硕士研究生被中外语言交流合作中心或培养学校选拔为志愿者并被派出实习期间，他们会得到由学校安排的专业教师的指导，并按时提交实习计划，撰写实习总结报告；实习结束时实习单位出具考评意见，学生提交实习报告。在管理机制上，采用“学校、学生、家长和实习单位”四方协作的机制，签署《海外实习家长知情书》，协助学生购买海外保险，协助解决学生突发状况，如生病，回国等；学校积极开展实习指导，并努力做好学生的日常管理工作，主要采取共同协作、分类指导的管理模式；学生日常教学指导由国际文化学院外聘教师或委托有资质的实习基地导师负责。

海外实习是汉语国际教育硕士培养过程中的一个突出特色。总体上看，“实习单位评价、指导教师评价、所教学生给出评价、自评”是组成汉语国际教育硕士研究生的实习评价的四大块。教育实习不可或缺的一环是实习结束后及时总结经验并开展经验交流与评估。学校通过发放实习生调查问卷，开展个人访谈，举办实习生经验分享会、新老实习生经验交流会和海外研修教师论坛等方式，使老实习生进一步凝练实习工作体会，新实习生更好地了解实习目的国国情、教学等情况，学校对实习具体情况的掌握也更为宏观和全面，为后续人才的培养提供更多实证材料，实现一举三得之要旨。

此外，汉语国际教育硕士研究生在实习过程中，其实习记录和总结报告、教案、案例、教学录像、课件、教学资料、文化资料等相关实习成果都需要提交。并且在实习结束前需要召开实习报告会，由国内老师和海外实习基地的老师组成的评委予以打分。最后结合学生实习资料，学院对学生进行综合评价和考核，组织报名赴海外实习的学生旁听，达到以交流评估促实习平台搭建的目的，为今后更好地开展实习夯实基础。

学位论文选题应与汉语国际教育实践的内容密切相关，具有应用价值。学位论文形式多样，比如专题研究、调研报告、教学实验报告、典型案例分析、教学设计等。在论文指导过程中，邀请国际汉语教学第一线（尤其是中小学）具有高级专业技术职务的专家、教师参加，使学生从中吸收专家们所给的建议。对学位论文的评阅与审核必须精准把握专业学位研究生学位论文的规格和标准。①特别是，A 大学有力地利用国内外双导师的力量，协同加强汉语国际教育硕士研究生的学位论文写作质量。

A 大学在汉语国际教育硕士培养上一直坚持高标准、严要求，在培养模式上坚持系统性、专业性、科学性。正是基于此，A 大学也涌现出了一大批优秀的汉语教师志愿者，比如，有志愿者在海外任教期间获得了第二届“汉教英雄会”夏令营暨 2018 汉语国际教育硕士研究生教学交流大会季军，还获得了 A 大学颁发的时代中国“社会服务菁英奖”；还有一些志愿者在海外教学期间表现优秀，不仅按质按量按时地完成了各教学点所规定的汉语教学任务，还积极协助教学点策划、开展各种文化交流活动，如为参加“汉语桥”中文演讲比赛的外国学生提供辅导，结合中秋节、端午节等一些中国传统节日开展一些中华才艺活动；一些表现极佳的志愿者还获得了“优秀汉语教师志愿者”称号。

第二节　B 大学汉语国际教育硕士培养模式分析

一、汉语国际教育硕士培养的基本情况分析

B 大学是教育部直属重点综合性大学，该校接收国际留学生学习汉语的历史

① 参见 A 大学全日制专业学位研究生培养方案。

可以追溯到1954年。在过去70年的汉语国际教育发展史中，由于种种原因，该校教学管理机构发生多次变更：1965年国际留学生办公室成立，1974年中文系留学生教学小组成立，1979年B大学第二汉语教研室成立，1985年对外汉语教学中心成立，1993年又专门成立了F学院，成为汉语国际教育专门学院，开启了全新发展阶段。该学院具有鲜明的国际化特色，平均每年有来自世界50多个国家的1500余名留学生在院学习，包括短期进修生、长期进修生、本科生和硕士研究生。

F学院现已形成覆盖学士和硕士的汉语国际教育专业学位体系。在本科层次上，拥有培养中国学生的汉语国际教育专业和培养留学生的汉语国际教育专业；在硕士研究生层次上，现拥有汉语国际教育硕士专业学位授予权，面向中外同时招生。

汉语国际教育硕士招生始于2008年。第一批招生对象为中国籍的社会在职人员，采取周末集中上课的方式，学生只要完成规定学分并通过论文答辩即可获得硕士学位证书，但无研究生毕业证书，故而称为"单证生"，学制3年。2008—2010年，"单证生"连续招了3届，招生人数总计116人。

从2009年起，开始招收可同时颁发研究生毕业证书和硕士学位证书的全日制汉语国际教育硕士"双证生"，招收对象为中外应届和往届本科毕业生。中国籍"双证生"年均招生30人左右，外籍"双证生"年均招收10—20人。"双证生"学制为2年，但部分学生由于出国任职汉语教师志愿者，可适当放宽至3年或4年毕业。

从2015年起，外籍汉语国际教育硕士招生依据实际情况在2年制的基础上又增加了"1+2制"。后者是针对没有通过HSK六级考试的学生设置的。这些学生必须先在高级汉语进修班进修一年语言后，才能开始硕士研究生阶段的学习。①

目前，汉语国际教育硕士招生共分三个研究方向：一是作为第二语言的汉语教学与研究；二是第二语言习得研究；三是汉语交际与文化研究。在此基础上，根据学校教师流动及其研究方向情况，会适当调整或增减研究方向。

按照制定的B大学汉语国际教育硕士专业人才培养方案，该专业学制为2年，其中在校课堂学习1年、教学实习及毕业论文1年。学生修满规定学分（总学分不低于42学分），课程考试合格，教学实习合格，具备一定的科学研究能力，并完成学位论文且通过答辩，可申请毕业。在学期间如有特殊情况需要延期毕业，须提出延期申请，经学院同意并报研究生院批准，可延期毕业，但总学制最长不超过4年（包括国外实习）。

① 孙伟、董淑慧：《从论文选题看汉语国际教育专业硕士的人才培养——兼与汉语国际教育本科论文选题比较》，《云南师范大学学报（对外汉语教学与研究版）》，2017年第4期，第39-46页。

目前，B 大学 F 学院与 20 多所国外大学和教育机构开展合作办学，担负着美国、日本、哥伦比亚、葡萄牙、韩国、英国、法国、土耳其、巴西等 9 国共计 9 所孔子学院的教学及管理工作。这些孔子学院在运行模式、教学安排、文化推广等方面已各自形成一定的特色，并利用自身独特的地理、人文以及传承关系等条件和优势，积极开展汉语教学，提供汉语教学资源，积极举办、参与各种中国文化推广活动，培训汉语教师，开展当代中国研究等，为增进所在国人民对中国语言和文化的了解，发展中国与其他国的友好关系做出了积极贡献，发挥了重要影响。下文主要列举 3 国情况给予论述。

美国马里兰大学孔子学院成立时间较早，现已发展成为当地居民学习汉语的重要场所，也是当地中华文化传播的重要机构，亦是了解中国并进行文化交流的重要平台，受到社会各界的关注和好评。经过多年发展，该孔子学院已发展成为辐射面宽、覆盖力强的示范型孔子学院，曾在 2010 年被评为全球“先进孔子学院”。

日本爱知大学孔子学院外方院长由日本汉语教育研究界的知名学者担任。该孔子学院主要面向社会大众进行汉语教学。学员实行注册制，即缴纳学费、自愿学习，既有公司职员，也有退休人员、家庭主妇等。每年都会举办一系列的公共讲座，主题广泛，包括中国的文学、文化、民俗，也包括中日关系、中国经济、中国的民族关系等。根据学员特点，该孔子学院还会特别为汉语学习者们举办有针对性的讲座，以一种寓教于乐的轻松方式进行演讲，或者请电台的嘉宾参与，采用唱歌学汉语、京剧欣赏与体验等形式多样的体验模式，极大地丰富了学员们的汉语学习生活，提高了学员的参与热情与学习兴趣。

葡萄牙米尼奥大学孔子学院自成立以来，成绩斐然，曾被评为全球“先进孔子学院”。由于孔子学院的存在，葡萄牙米尼奥大学在葡萄牙的汉学研究中有着重要地位和影响力。

二、汉语国际教育硕士培养的师资队伍

B 大学 F 学院汉语国际教育专业的师资力量雄厚，现有教授 11 人、副教授 24 人、讲师 6 人，教师中 70%以上拥有博士学位。所有教师均有在国外高校学习或海外孔子学院任教的经历。该学院还聘请了来自法国、美国等国的多位海外著名同行专家担任客座教授、兼职教授和讲座教授。

汉语国际教育专业体现出较强的跨学科特点，这有利于 B 大学 F 学院汉语国际教育专业的师资力量整体水平的提升。一方面，他们连续多年从事汉语国际教育的专业教学与科研工作，也都在海外孔子学院（课堂）工作过，因而拥有很高的理论和实践水平；另一方面，他们多数都拥有丰富的学科背景，包括汉语语言

学、文学、历史学、比较文学等，一定程度上有利于开阔教学与科研视野。

三、汉语国际教育硕士培养的目标与过程

（一）以应用型、复合型、国际化为导向的人才培养目标

B 大学汉语国际教育硕士专业人才培养方案对专业定位及人才培养目标做出了明确规定，即“汉语国际教育硕士专业学位是适应汉语国际推广事业的需求、与国际汉语教师职业相衔接的专业学位。主要培养热爱中国文化，具有国际化视野，掌握熟练的汉语作为第二语言教学技能和良好的文化传播技能、跨文化交际能力，适应汉语国际推广工作，胜任多种教学任务的应用型、复合型、国际化的专门人才”①。

培养应用型人才旨在以应用为导向，将课堂操练与实践实习贯穿于人才培养全过程中，促进学生在理论学习中实践，在实践过程中进一步学习理论。学生对汉语语言知识和教学理论的习得，最终是为汉语国际教育实践服务的。如果没有充分的实践练习，很难保证学生能够有效地吸收所学知识并转化为实际能力。为此，B 大学 F 学院将专业实践作为人才培养的重要模块，不仅明确要求专业实践的时间，还对学生教学实习过程及实习成绩评价方式等方面做出了明确规定。

培养复合型人才是指培养既通外语，又懂外国国情、精专业、通领域的多维人才。F 学院着力完善培养模式，增设了复合型课程内容。例如，增设了非通用语课程，改变了长期以来英语一家独大的状况；加入了中国当代社会文化内容，群策群力打造出留学生必修课程“当代中国专题”，包括中国概览、资源与环境、交通与水利、锦绣河山、中国七大古都、魅力城市和中国之旅等内容。

培养国际化人才是指培养具有国际化意识和胸怀以及国际一流的知识结构，视野和能力达到国际化水准，在全球化竞争中善于把握机遇和争取主动的高层次人才。国际化人才应具备以下 7 种素质：具有宽广的国际化视野和强烈的创新意识；熟悉掌握本专业的国际化知识；熟悉掌握国际惯例；具备较强的跨文化沟通能力；具有独立的国际活动能力；具有较强的运用和处理信息的能力；且必须具备较高的政治思想素质和健康的心理素质，能经受多元文化的冲击，在做国际人的同时不至于丧失中华民族的人格和国格。“一带一路”背景下对汉语国际教育国际化人才提出了新的更高要求，即培养服务于我国“一带一路”倡议，具备宽广的国际化视野和强烈的创新意识、汉语国际教育专业的国内外前沿知识技能（《国际汉语教师标准》规定的各类知识能力素质），熟练掌握 1 门以上外语（英

① 参见 B 大学汉语国际教育硕士专业人才培养方案。

语或者小语种），熟知“一带一路”沿线国家及国际惯例，能与“一带一路”沿线国家进行跨文化沟通，具备汉语作为第二语言的教学组织与实施能力、不断学习更新、开展团队协作、参与国际竞争，为传播中国语言文化，树立中国国际形象，实现中国梦及世界和平共赢发展贡献力量的新型人才。

（二）理论学习与教学实践相结合的培养过程

F 学院在汉语国际教育硕士培养方式上，实行理论学习与国内外教学实习相结合，汉语国际教育与中华文化传播相结合，校内导师指导与实习单位指导教师指导相结合的方式。在教学方法选择上，除了课堂教学的传统方式以外，还运用团队学习、教学视频观摩、案例分析、翻转课堂、模拟训练等方法，使研究生充分接触不同类型的教学案例，提高教学技能、外语能力和跨文化交际能力。

1. 课程设置及学分分配

目前，B 大学 F 学院汉语国际教育专业的培养对象按国籍分为中国研究生和外国研究生两大类，彼此之间在学分分配及课程设置方面存在少量的差异。

中国研究生：总学分包含课程学分和专业实践学分，总学分不少于 41 学分。课程学分不少于 35 学分，其中必修课为 25 学分（公共课 7 学分，专业必修课 18 学分），专业选修课不少于 10 学分；专业实践学分为 6 学分。本科非中文专业毕业的学生需补修“汉语基础”课程。

外国研究生：总学分包含课程学分和专业实践学分，总学分不少于 44 学分。课程学分不少于 38 学分，其中必修课为 30 学分（公共课 6 学分，专业必修课 24 学分），专业选修课不少于 8 学分；专业实践学分为 6 学分。入学时未达到高级汉语水平的学生，需补修与汉语相关的课程。

比较二者的专业培养方案课程设置与学分分配表，发现二者异同并存，总体而言，同大于异。相同方面：一是二者课程体系都分为四大类别，分别是必修课、选修课、实践课和补修课，必修课占据学分的主体；二是理论课程和实践课程兼有，以理论课程为主，理论课的授课方式以讲授和讨论为主，实践课以实践、讲座、报告的方式进行；三是由于二者的学制皆为两年，所以都安排课堂讲授课程全部在第一学年内完成，第三学期开展教学实习；四是教学课程具有诸多相同或相似，例如语言和文化并行、教学理论和教学实践并行。

关于不同方面，主要是由于中国研究生和外国研究生的学习基础和培养目标存在差异，因而在具体课程设置方面存在一定的不同。例如，在外国语课程方面，中国研究生可修多种“第一外国语”，并选修一种“第二外语”，这主要是出于学生将来外派到不同国家和地区的语言使用的需要，而外国研究生只需修读汉语为“第一外国语”的课程，实则以 HSK 六级考试为教学内容和目标。此外，针对外国研究生，还开设了较多有关中国国情和文化的课程，比如“当代中国概况”“当代中国专题”“中国民俗”等，旨在让他们更好地了解中国，便于他们“知华”，也有助于他们将来从事汉语国际教育时更好地介绍中国和中国文化。最后，在补修课程上，本科专业为非中文专业的中国研究生需补修一学年的“汉语基础”课，而外国研究生则需补修一学年的“高级汉语”课。表 4-6 和表 4-7 分别是 B 大学针对中国研究生和外国研究生设置的汉语国际教育专业培养方案课程设置与学分分配表。

表 4-6　专业培养方案课程设置与学分分配表（中国研究生）

类别	课程编码	课程名称	总学时	学分	授课学期	授课方式	开课单位代码
必修课	90021201	马克思主义理论 I	36	2	1	讲授	120
	90021202	马克思主义理论 II	18	1	2	讲授	120
	90021101	第一外国语（英语）	90	3	1	讲授	100
	90021102	第一外国语（俄语）	144	3	1	讲授	100
	90021003	第一外国语（日语）	144	3	1	讲授	100
	90021004	第一外国语（德语）	144	3	1	讲授	100
	90021005	第一外国语（法语）	144	3	1	讲授	100
	90000001	研究生学术规范学习测试系统	18	1	1	讲授	190
	08031006	汉语作为第二语言教学	54	3	1	讲授、讨论	080
	08061007	第二语言习得	36	2	2	讲授、讨论	080
	08032001	汉语语言要素教学	36	2	1	讲授、实践	080
	08031010	跨文化交际	54	3	1	讲授、讨论	080
	08031009	中华文化与传播	36	2	1	讲授、讨论	080
	08032031	中华文化才艺与展示	36	2	1	讲授、实践	080
	08031012	汉语课堂管理	36	2	1	讲授、实践	080
	08032006	汉语教材与教学资源	18	1	2	讲座、讨论	080
	08031013	国际汉语教师素养与专业发展	18	1	2	讲授、讨论	080
选修课	08032051	第二外语	36	2	1	讲授	080
	08031008	国外汉语教学案例分析	36	2	2	讨论、实践	080
	08032005	现代语言教育技术	18	1	2	讲授、实践	080
	08032052	汉语教学测试与评估	36	2	1	讲授、讨论	080
	08032053	中华文化经典	36	2	1	讲授、讨论	080

续表

类别	课程编码	课程名称	总学时	学分	授课学期	授课方式	开课单位代码
选修课	08032054	教学调查方法与分析	36	2	2	讲授、实践	080
	08035055	汉外语言对比与偏误分析	36	2	2	讲授、讨论	080
	08032056	汉语课程与教学设计	36	2	2	讲授、讨论、实践	080
	08032057	中外文化比较	36	2	2	讲授、讨论	080
实践课	08032034	教学实习		4	3	实践	080
	08032050	课堂观察与实践	18	1	2	实践	
	08032058	专业前沿讲座	18	1	夏	讲座、报告	080
补修课	非中文专业	汉语基础		0	1、2		080

表 4-7　专业培养方案课程设置与学分分配表（外国研究生）

类别	课程编码	课程名称	总学时	学分	授课学期	授课方式	开课单位代码
必修课	90021106	第一外国语（HSK 六级）	144	3	1		100
	90031001	当代中国概况	54	3	2	讲授	120
	08041003	当代中国专题	36	2	1	讲授	080
	08041006	汉语作为第二语言教学	54	3	2	讲授、讨论	080
	08041007	第二语言习得	36	2	1	讲授、讨论	080
	08041005	汉语语言学	36	2	1	讲授	080
	08042001	汉语语言要素教学	36	2	1	讲授、实践	080
	08041010	跨文化交际	54	3	1	讲授、讨论	080
	08041013	中华文化与传播	36	2	1	讲授、讨论	080
	08042031	中华文化才艺与展示	36	2	1	讲授、实践	080
	08041014	汉语课堂管理	36	2	1	讲授、实践	080
	08041017	汉语教材与教学资源	18	1	2	讲座、讨论	080
	08041018	国际汉语教师素养与专业发展	18	1	2	讲授、讨论	080
	08042026	中外文化比较	36	2	2	讲授、讨论	080
选修课	08041015	国外汉语教学案例分析	36	2	2	讨论、实践	080
	08041016	现代语言教育技术	18	1	2	讲授、实践	080
	08042044	中华文化经典	36	2	2	讲授、讨论	080
	08042051	汉语教学测试与评估	36	2	2	讲授、讨论	080
	08042052	中国民俗	36	2	1	讲授	080
	08042053	教学调查方法与分析	36	2	2	讲授、实践	080
	08042003	汉外语言对比与偏误分析	36	2	2	讲授、讨论	080

续表

类别	课程编码	课程名称	总学时	学分	授课学期	授课方式	开课单位代码
选修课	08042054	汉语课堂与教学设计	36	2	2	讲授、讨论实践	080
实践课	08042034	教学实习		4	3	实践	080
	08042055	课堂观察与实践	18	1	2	实践	080
	08042056	专业前沿讲座	18	1	夏	讲座、报告	080
补修课	非中文专业	高级汉语		0	1、2		

2. 人才培养举措

B 大学 F 学院在汉语国际教育硕士人才培养过程中，除了与其他院校一样采用较为成熟、有效的做法之外，还特别注重以下两个方面的人才培养措施。

1）鼓励学生参加学术报告、文化交流等活动

一是将学术能力提升作为人才培养的重点之一，为此，F 学院会在第一时间通过相关渠道通知所有学生到场聆听或是线上参加校内外与专业相关的学术讲座，并将其纳入学生学习过程性评价的组成部分；二是经常组织外籍教师与学生进行教学经验交流，该校国际教育学院、外国语学院、F 学院在会见外国专家时，也会尽量加入开放性讲座环节，惠及广大师生；三是定期组织中外硕士研究生进行面对面交流，增进彼此的了解和友谊，并培养学生的跨文化交际能力。

2）鼓励学生参加专业相关证书考试

鼓励学生报考的专业相关证书，一个是中外语言交流合作中心的《国际中文教师证书》，另一个是国际中文教师协会（International Chinese Language Teachers Association，ICA）的《国际汉语教师资格证书》，旨在以考促教、以考促学以及以考试促进学生的就业。

《国际中文教师证书》考试是由中外语言交流合作中心主办的一项标准化考试。考试依据《国际汉语教师标准》（2012 版），通过对汉语教学基础、汉语教学方法、教学组织与课堂管理、中华文化与跨文化交际、职业道德与专业发展等五个标准能力的考查，评价考生是否具备国际中文教师能力。该考试面向有志于从事汉语国际教育工作的各类人员，包括海内外各类教育机构的教师及相关专业学习者。

国际中文教师协会组织的《国际汉语教师资格证》属于标准化考试项目，通常称为 ICA 国际中文教师职业资格证，由 ICA 组织考评认证颁发，已经成为国际中文教师的权威品牌，因其学员的专业化、国际化、职业化，而受到海内外用人单位的广泛认可。

3. 教学实习

按照B大学汉语国际教育硕士人才培养方案，学生必须保证不少于半年时间的专业实践。专业实践主要以教学实习的形式进行，根据统计，学生实习时长以一年左右居多，且长期以海外实习为主。但2020年开始的新型冠状病毒肺炎疫情对正常的社会生活造成了严重的冲击，学生的海外实习也不例外，由于无法外派，学生只能选择在国内相关岗位或是在线进行教学实习。因此，在疫情条件下，F学院正努力开拓国内的学生实践基地，例如，2021年5月，与当地区一级文化和旅游局合作共建“B大学国际学生实践基地”。讲好中国故事，发出中国声音，打造世界认同的中国表述，展现新时代中国特色社会主义文化自信是教育部共建“B大学国际学生实践基地”的初衷。它也是政府公共文化服务职能无缝对接高等院校国际学生培养的创新创举。

B大学作为国内老牌汉语国际教育硕士培养高校，已形成了较为成熟的教学实习模式，在实习内容和规划、实习过程监管、实习评价体系以及实习具体要求等方面制定了较为严格的规定，并着力保障专业实习的成效。为了有效地开展教学实习工作，该校专门制定了全日制汉语国际教育硕士专业学位研究生教学实习指导方案，对教学实习工作给出了指导性意见。

1）实习地点

按实习地点，汉语国际教育硕士实习分为海外实习和国内实习两种。

中国研究生的实习长期以来以海外实习为主，实习单位主要是海外孔子学院（课堂）和自建的教学实习基地。B大学目前建有海外教育实习基地8个，主要为海外孔子学院（课堂）。中国研究生以汉语教师志愿者身份进行为期一年的教学实习，承担汉语教学、教学管理以及文化传播与交流的工作。新型冠状病毒肺炎疫情让中国研究生的海外实习工作戛然而止，只能选择在国内实习，目前的实习单位提供的工作，一是在该大学的国际教育学院就读的低年级外国研究生的汉语教学与管理工作；二是社会汉语培训机构的留学生汉语教学与管理工作；三是自行联系与本专业相关的实习岗位。

外国研究生在新型冠状病毒肺炎疫情发生前，考虑到以后回国工作的需要，习惯于自己回国找实习单位，包括自己国家的中小学或高校，也可以是公司。但疫情暴发后，多数外国研究生只能留在中国实习，F学院会安排与中国研究生相同的实习岗位，或者由外国研究生自行联系实习岗位。

2）实习管理

中外研究生培养实行导师负责制，学生的教学实习也离不开其导师的指导。在中国国内的实习主要由导师进行指导，其次就是实习单位指定专人进行指导。

在海外实习时，以海外实习单位指导为主，但学员需与国内导师保持联络，由国内、国外导师共同指导。学生定期向培养单位及国内导师进行报告。

3）实习评价

实习单位要为实习学生提供必要的指导和帮助，并对学生实习的总体情况做出评价。实习考核不及格的学生不能获得实习学分。

实习评价由实习学生自评、所教学生评价、实习单位评价以及导师评价等四个部分构成。B 大学汉语国际教育硕士教学实习评分表分为国内实习版和海外实习版两种，在不同版本中这四个部分的权重有所不同。在国内实习评价中，实习学生自评占 10%、所教学生评价占 20%、实习单位评价占 40%、导师评价占 30%；在海外实习评价中，实习学生自评占 10%、所教学生评价占 20%、实习单位评价占 50%、导师评价占 20%。

4）实习创新

（1）加强学生出国前的培训

中国研究生中，许多学生在校学习时间只有一年，学习时间不长容易造成知识体系不完善的问题，再者很多人从未出过国，缺乏相关经验。对此，F 学院在学生出国前专门组织派出前的集中培训，一般为期两周。培训内容主要包括汉语语言知识与教学技能培训、外语能力培训和学生实习国家的文化培训。汉语语言知识与教学技能培训采取集中“大班额”培训的方式，除了对汉语语音、词汇、语法的重点知识进行讲授外，还对学生的汉语教学技能进行实际训练；外语能力培训按实习国家语言进行分班，对学生的跨文化交际能力和外语水平进行强化训练；学生实习国家的文化培训也分班进行，系统向学生介绍实习国家的文化、风俗、习惯以及外事纪律等，并使其了解当地的教育制度和教学运行机制、体制等。

（2）结合志愿者项目

长期以来，海外中文教师存在较大的缺口，特别是欠发达国家和地区的孔子学院（课堂）的中文师资更是缺口严重，而汉语国际教育硕士作为较为优质的人才储备和教学力量，能够较好地弥补这些缺口。B 大学积极与中外语言交流合作中心沟通，申请参加公派志愿者的选拔工作，将汉语国际教育硕士研究生的海外实习与之密切结合。绝大部分学生都顺利通过了中外语言交流合作中心的面试，获得了海外志愿者的资格。中外语言交流合作中心也按照相关管理办法，对他们进行教育和管理，并按标准发放补贴，学生的实习动机也得以提高。

（3）建立教学实习月度汇报制度

实习期间，国内导师有义务与实习学生保持联络，并进行有效指导，学生按要求每个月必须向导师提交一份实习报告。导师和实习学生还建立起实习工作微信群，就实习工作进行交流。这样导师就能及时了解学生的实习情况，也能够及时解决学生在外实习期间的相关问题，以保证实习的正常进行。

（4）教学实习的整体评价

自招收汉语国际教育硕士研究生以来，F 学院高度重视学生的实习工作，在实习基地建设、学生实习组织工作、学生实习管理及考核工作等方面进行了积极探索，并取得了良好的培养效果。通过教学实习，学生有效促进了自身基础知识理论及实践经验的完善与发展，很多学生也因此开阔了眼界、转变了观念，部分学生更是由于优异的表现而得到了工作机会。

教学实习工作也带来了明显的社会效益，一是每位海外学生都是一张“中国名片”，他们在海外不仅教授了汉语、传播了中国文化，也塑造了良好的中国形象；二是一定程度上帮助有些国家和地区解决了汉语师资不足的问题；三是帮助学生进入国外就业市场；四是为 B 大学赢得了良好声誉；五是进一步培养出一批高水平汉语教学人才。

当然，B 大学的汉语国际教育硕士的教学实习工作依然存有改进的空间，例如在实习方式、实习内容、实习监管、导师指导等方面都需要进一步完善。

4. 学位论文

学位论文的撰写，要求与汉语国际教育或推广密切结合，论文类型可以是调研报告、实验报告、案例分析、教学设计、专题研究等多种形式。

硕士学位论文的评阅，需要聘请两位评阅人进行书面评阅。评阅人要求责任心强、作风正派，在本学科领域有一定学术造诣的具有副教授及以上或相当职称的同行专家，其中应有相关行业实践领域具有高级专业技术职务的校外专家一名。

学生毕业论文答辩时，答辩委员会由 3 至 5 人（有指导教师参加答辩委员会的至少 4 人）组成，其中应有相关行业实践领域具有高级专业技术职务的校外专家一名。

5. 奖励机制

为了有效促进学生的专业理论水平和实践能力的提升，汉语国际教育专业经常会举办一系列活动，对成绩优异者进行奖励，并将其纳入学生评优评先参照体系。活动大致包括以下几类。

第一类是举办“五四”论文竞赛，分语言学、文学文化和对外汉语教学（汉语国际教育）三个组别，鼓励学生进行科学研究。

第二类是举行教学技能大赛，鼓励学生将课堂所学知识转化为专业能力。

第三类是举办“学术月”系列活动，通过主题讲座、图书漂流、读书分享等形式鼓励学生多读书、读好书，并将读书心得与更多同学一起分享，在学院内营造积极、踏实的学习氛围。此外，还鼓励学生参与科学研究，将科研成果纳入学生绩效体系。

第三节 C大学汉语国际教育硕士培养模式分析

一、汉语国际教育硕士培养的基本情况分析

C大学成立于1952年，是新中国成立后在边疆少数民族地区最早建立的高等师范大学，是自治区重点大学和具有鲜明民族教育特色的师范类院校。C大学积极响应国家对外开放政策，坚持开放办学，充分发挥地缘优势，在中外高等教育合作方面积极探索，与亚洲、欧洲、美洲、大洋洲的20多个国家及国内80多个知名院校、地方政府、企事业单位、科研机构建立了良好的合作关系。目前，该校建有孔子学院（与俄罗斯克拉斯诺亚尔斯克国立师范大学合办）、孔子课堂（在蒙古国扎门乌德市第二综合学校设立）各1个，在汉语教学、中国文化交流与传播等方面发挥着重要的作用。

汉语国际教育专业人才的培养是该校国际合作工作中的重点，也是地域优势专业之一，其中本科阶段设置在G学院的商务汉语系和文学院，硕士阶段设在文学院。G学院于2017年3月正式成立汉语水平考试考点，又于同年5月在蒙古国扎门乌德市第二综合学校设立了自治区唯一一个孔子课堂，至今累计注册学生达530余名。C大学文学院的汉语国际教育专业在自治区高校中最早招收该专业本科生，是自治区的品牌专业，其硕士学位授权点于2009年获批。现在汉语国际教育硕士面向国内外招生，攻读方式仅限于全日制。近些年来，学校接受国际留学生的人数日益增多，条件也日益成熟，在汉语国际教育硕士培养方面也积累了一定的经验。

汉语国际教育专业在内部机构设置上，设有汉语国际教育系主任1人，汉语国际教育硕士专业学位点点长1人。在教研管理上，主要依托文学院的机构设置，相关机构有两个：一是学术委员会，二是教学委员会。前者一般由主要领导兼任主任，由院内骨干教师担任委员，其主要职能是负责评议教师科研、初评教师职称、授予学位初审的工作。后者一般由分管教学的副院长兼任主任，由院内骨干教师担任组成人员，其主要职能是检查、监督和评议教学和教务工作，对教学工作中的重大问题提出意见或建议。

二、构建适合汉语国际教育硕士培养的师资队伍

“善之本在教，教之本在师。”师资队伍建设是专业良性发展中至关重要的一环。拥有一支结构合理、梯度完整、素质优良的师资队伍，是教学水平和人才培养质量的有效保障。经过多年的努力，C大学文学院注重师资队伍的培养与建设，逐步改善师资结构，整体水平得到显著提高，人员相对稳定，形成了良好的发展态势。

（一）师资队伍基本情况分析

汉语国际教育专业在国内高校一般设在文学院或国际学院内，但由于涉及学科专业过多，往往是由多学院多学科参与的教师队伍进行授课，如C大学的汉语国际教育硕士专业学位授权点就是依托该校的中国语言文学、外国语言文学、心理学、教育学、艺术学、传播学等学科的师资力量。

由于汉语国际教育在发展史上与中国语言文学有着不可分割的联系，所以一旦设置在文学院内，其教师常常出现在院内各专业重合共用的现象，C大学也不例外。根据C大学文学院官网介绍，截至2021年C大学文学院的教师构成从职称结构来看，现有教授13人，副教授18人。其中，博士研究生导师6人，硕士研究生导师30人。从学历结构来看，教师中具有博士学位人员和在读博士28人，青年教师全部具有博士学位。在硕士研究生导师中，汉语国际教育专业硕士研究生导师中多数人同时兼任课程与教学论（语文）或者中国古代文学、中国现当代文学、文艺学、中国古典文献学、比较文学与世界文学、语言学与应用语言学、汉语言文字学等二级学科学术硕士学位授权点的导师，这些二级学科都隶属于一级学科中国语言文学。

C大学文学院拥有一支强大的师资队伍，拥有各种头衔荣誉的教师很多，根据C大学文学院官网介绍，截至2021年C大学文学院有国家级优秀教师1人，享受国务院政府特殊津贴专家1人，教育部新世纪优秀人才1人，自治区有突出贡献中青年专家1人，自治区教学名师3人，自治区优秀教师1人，教坛新秀2人，入选“草原英才”计划2人，获“明德教师奖”2人，获自治区和全国五一劳动奖章各1人。

（二）学科师资队伍构建的合力打造

C大学是新中国成立后在边疆少数民族地区最早建立的高等师范大学，在其发展中积累了丰富的师范教育经验，汉语国际教育专业硕士学位授权点的成立也

是充分利用了这一优势，其学位点的申报也是集合了多个学科的力量。但是在硕士学位点获批后，汉语国际教育硕士的发展重任还是集中在文学院，单就文学院内部来说，汉语国际教育专业的师资基本都是文学院原班人马，对外汉语科班出身的教师所占比例相对较小，尤其在对外汉语教学法、第二语言习得等课程方面缺少专业师资，汉语国际教育师资队伍数量亟待扩充，结构亟待改善，素质亟待提高。为了积累丰富的国外工作和汉语国际教育经验，文学院多位教师先后到蒙古国、俄罗斯、日本、韩国、美国从事汉语教学工作，或在国内为留学生讲授汉语，不断总结提高，在业务上钻研精进。

此外，为优化和提升教师队伍，文学院内设的两个研究所和一个研究中心在培养和指导教师方面也发挥了重要作用。两个研究所是文学研究所和语言研究所，前者主要职能是组织实施学院文学类研究工作，审定院内立项课题，整合学术方向，指导青年教师；后者主要职能是组织实施学院语言类研究工作，审定院内立项课题，凝练学术方向，指导青年教师。一个研究中心是人文素质与实践教学研究中心，主要负责教育硕士管理，本科教育实习实践，本科毕业论文的布置、答辩和审核，以及学生人文素质教育等工作。由于中国语言文学下属各专业的高度关联性，所以“两所一中心”的职能和成果能为学院各专业包括汉语国际教育专业所共享。

三、个性化的汉语国际教育硕士培养目标与过程

C 大学是自治区内最早和至今唯一开设汉语国际教育专业的高校，其汉语国际教育专业本科招生始于 2003 年，汉语国际教育专业硕士招生始于 2009 年，到 2022 年已历经十余年发展，并在发展中形成了具有自己特色的培养方式。自治区由于地处祖国北疆，毗邻蒙古国、俄罗斯等国，在经济、文化等领域与其往来密切，相应地，C 大学的汉语国际教育专业硕士在人才培养方面带有一定的地方色彩。

汉语国际教育硕士专业学位是与国际汉语教师职业相衔接的专业学位。2009 年的《全日制汉语国际教育硕士专业学位研究生指导性培养方案》将培养目标确定为：主要培养具有熟练的汉语作为第二语言教学技能和良好的文化传播技能、跨文化交际能力，适应汉语国际推广工作，胜任多种教学任务的高层次、应用型、复合型、国际化专门人才。[①]C 大学为了培养符合汉语国际教育专业需要的人才，其专业硕士培养方案通过核心、拓展课程结合训练课程和教学实习的方式，突出

①《全日制汉语国际教育硕士专业学位研究生指导性培养方案》，https://yz.chsi.com.cn/kyzx/zyss/200905/20090520/94575811.html。

培养学生的教学技能来达到目的。

（一）个性化的培养目标

C 大学汉语国际教育硕士专业学位的招生对象分中国研究生和外国研究生两种，均以全日制方式修读。对于中国研究生，其培养方案将人才培养的目标与定位确定为：培养具有熟练的汉语作为第二语言教学技能和良好的跨文化交际能力，适合汉语国际推广工作，胜任多种教学任务的高层次、应用型、复合型专门人才；为贯彻国家“一带一路”倡议、“中蒙俄经济走廊”的建设方针，突出培养能够在蒙古国、俄罗斯、韩国等东北亚国家胜任对外汉语教学及其他国际交流工作的中高级人才。对于外国研究生，其培养方案将人才培养目标确定为：培养了解中国，理解中华文化，具有较熟练的中国语言文化教学技能和跨文化交际能力，胜任蒙古国、俄罗斯、韩国等国家的多种教学任务，以及胜任汉语教学任务的专门人才。两个培养方案均在培养目标的最后突出针对蒙古国、俄罗斯、韩国的国际汉语教师的培养，充分体现了该硕士学位点办学定位立足于地缘优势，突出实践能力和民族特色。

针对培养目标，培养方案中还有针对中国研究生和外国研究生的不同具体要求。其中针对中国研究生的具体要求为：①掌握马克思主义基本理论，具备良好的专业素质和职业道德；②热爱国际汉语教育事业，具有奉献精神和开拓意识；③具备熟练的汉语作为第二语言教学技能，能熟练运用现代教育技术和科技手段进行教学；④具有较高的中华文化素养和传播能力；⑤能流利地使用一种外语进行教学和交流，具有跨文化交际能力；⑥具有语言文化国际推广项目的管理、组织与协调能力。针对外国研究生的具体要求为：①具备良好的专业素质和职业道德；②具备较熟练的汉语教学技能；③具有较好的中华文化理解能力和中外文化融通能力；④具有较强的跨文化交际能力；⑤具有一定的语言文化项目组织、管理与协调能力。两类要求除中国研究生增加了掌握马克思主义基本理论、热爱国际汉语教育事业、具有奉献精神和开拓意识外，其他都大同小异，只是措辞上有所差异，如中国研究生的中华文化传播能力在外国研究生那里变成了中外文化融通能力。

（二）注重实践与学术研究相结合的培养过程

1. 课程方案

对于国内招生的研究生，与国内设置汉语国际教育硕士的其他高校一样，C

大学也是根据全国汉语国际教育硕士专业学位教育指导委员会下发的《全日制汉语国际教育硕士专业学位研究生指导性培养方案》来制订本校的培养方案实施细则的，在大方向上与国家方案保持一致，即课程设置以实际应用为导向，以国际汉语教师的职业需求为目标，围绕汉语教学能力、中华文化传播能力和跨文化交际能力的培养，形成以核心课程为主导、模块拓展为补充、实践训练为重点的课程体系。

该校汉语国际教育硕士培养方案规定中国研究生所修总学分不低于38学分，涉及课程、教学实习和毕业论文三部分内容，其中课程包括核心课程、拓展课程、训练课程三种类型。核心课程重在提升学生的汉语教学技能、文化传播技能、跨文化交际能力，是全体必修课程；拓展课程分为汉语作为外语教学类、中华文化传播与跨文化交际类、教育与教学管理类三大模块，根据学生的来源及本科所受教育灵活制定。核心课程（含学位公共课政治、英语）为18学分，拓展课程（分模块选修）为8学分，训练课程为4学分，教学实习为6学分，学位论文为2学分。具体课程的学时、开课学期、学分以及考核方式见表4-8。

表4-8　汉语国际教育专业硕士课程设置及教学计划表（中国研究生）

课程类别		课程名称	学分	学时	开课学期	考核方式	任课教师
综合基础课程		语言综合		40	1、2	考核	现代汉语教师 古汉语教师
		文学综合		40	1、2	考核	古代文学教师
课堂教学观摩与体验		听课实习		40	1、2	考核	国际交流学院教师
核心课程（18学分）		政治	2	54	1	考试	研究生院统一安排
		外语	4	216	1、2	考试	
		汉语作为第二语言教学	4	72	1、2	考试	学院统一安排
		第二语言习得	2	36	1	考试	
		国外汉语课堂教学案例	2	36	2	考试	
		中华文化与传播	2	36	1	考试	
		跨文化交际	2	36	2	考试	
拓展课程（8学分）	汉语作为外语教学类（4学分，第一模块）	汉语语言要素教学	2	36	1	考试	
		俄汉、韩汉、蒙汉语言对比与偏误分析	2	36	2	考查	
		现代语言教育技术与汉语教学	1	18	1	考查	
		汉语教材与教学资源与课程设计	1	18	2	考查	

续表

课程类别		课程名称	学分	学时	开课学期	考核方式	任课教师
拓展课程（8学分）	中华文化传播与跨文化交际类（2学分，第二模块）	中国思想史	2	36	1	考试	学院统一安排
		俄罗斯、朝鲜半岛、蒙古国概况	2	36	1	考试	
		中外文化交流专题	2	36	2	考查	
		礼仪与国际关系	2	36	1	考查	
	教育与教学管理类（2学分，第三模块）	外语教育心理学	2	36	2	考试	
		国外中小学教育专题	2	36	1	考试	
		汉语国际推广专题	1	18	2	考查	中外语言交流合作中心专家
训练课程（4学分）		教学调查与分析	1	18	1	考查	国际交流学院教师
		汉语教学技能训练	1	18	2	考查	
		教学测试与评估	1	18	2	考查	
		中华文化才艺与展示	1	18	1	考查	
教学实习（6学分）		观摩教学	1	18	3	实习计划和报告	本专业导师
		教学研讨	1	18	3		
		微格教学	2	36	3		
		师生互评	2	36	3		

注：资料来源于C大学研究生院官网，数据截止日期到2014年11月12日。

对于外国研究生，是根据全国汉语国际教育硕士专业学位教育指导委员会下发的《全日制汉语国际教育硕士专业学位外国留学生指导性培养方案》来制订本校的培养方案实施细则的，在大方向上与国家方案保持一致，即以国际汉语教师的职业需求为目标，以突出实际应用为导向，围绕汉语教学能力、中华文化理解与中外文化融通能力以及跨文化交际能力的培养，形成以核心课程为主导、模块拓展为补充、实践训练为重点的课程体系。也同样是采用核心课程、拓展课程、训练课程三种类型。

汉语国际教育硕士培养方案规定外国研究生所修总学分达40学分，与中国研究生一样，也是涉及课程、教学实习和毕业论文，其中课程包括核心课程、拓展课程、训练课程三种类型。核心课程包括学位公共课程（6学分）和学位核心课程（12学分）、拓展课程（10学分）、训练课程（4学分），另有专题讲座（1学分），中国文化体验（1学分），教学实习（6学分），学位论文（2学分），总学分不低于40学分。具体课程的学时、开课学期、学分以及考核方式见表4-9。

表 4-9　汉语国际教育专业硕士课程设置及教学计划表（外国研究生）

课程类别		课程名称	学分	学时	开课学期	考核方式
核心课程	学位公共课	当代中国专题	2	36	1	考试
		高级汉语	2	36	1	考试
		汉语语言学	2	36	3	考试
		汉语实践训练课	0	72	1、2	考核
	学位核心课程	汉语作为第二语言教学	4	72	2、3	考试
		第二语言习得	2	36	1	考试
		中华文化专题	2	36	1	考试
		课堂教学案例分析与实践	2	36	2	考试
		跨文化交际	2	36	1	案例展示
拓展课程		汉语语言要素教学	2	36	1	考试
		俄汉、韩汉、蒙汉语言对比与偏误分析	2	36	2	考试
		中华文化经典	2	36	2	考试
		外语教育心理学	2	36	2	考试
		教学设计与管理	2	36	1	考试作业
训练课程		现代教育技术应用与汉语教学	1	18	1	课件展示
		汉语教学资源及其利用	1	18	2	考试
		教学测试与评估设计	1	18	3	作业
		中华文化技艺与展示	1	18	1	作业
专题讲座		语言、文化、教育专题讲座	1	18	1、2	出勤
文化体验		中国文化或中外文化交流体验活动	1	18	1、2	出勤
教学实习			6	240	3	实习报告

注：资料来源于 C 大学研究生院官网，数据截止日期为 2014 年 11 月 12 日。

总体看来，外国研究生要求所修学分最低要求比中国研究生高了 2 个学分，其实增加在三大课程类型以外，即外国研究生比中国研究生多了专题讲座和文化体验课，各占 1 学分。外国研究生的课程方案中多数课程与中国研究生的课程方案一样，只有少数课程不一致。比如在学位公共课中，中国研究生修读的是政治和外语，而外国研究生修读的是当代中国专题、高级汉语、汉语语言学和汉语实践训练课。在核心课程中，中国研究生培养方案里是中华文化与传播，在外国研究生那里则是中华文化专题；在拓展课程中，外国研究生不需像中国研究生一样按三大模块选修，有考试课也有考查课，外国研究生的 5 门拓展课程全部为考试课，且中华文化经典、教学设计与管理为外国研究生独设。在训练课程中，中外学生有两门课程名称相近，不同的是外国研究生有现代教育技术应用与汉语教学、汉语教学资源及其利用，中国研究生有教学调查与分析、汉语教学技能训练。设计两种差异课程方案的出发点在于差异化的培养目标，毕竟中外学生的文化背景、汉语基础、发展定位都不同，其所设置的课程深度和培养目标自然也不一样。

另外，中国研究生和外国研究生都有不设学分（即 0 学分）的课程，中国研究生的 0 学分课程归为学位预备课程，外国研究生的 0 学分课程归为学位公共课。针对中国研究生的 0 学分课程，是为弥补应届本科毕业生知识结构和实践经验的欠缺，在进入核心课程学习前试行设置的，时间长达一年，具体包括综合基础课程（语言综合、文学综合）和课堂教学观摩与体验，前者学生如果在本科阶段学习过这些课程则可以免修，后者参考学生本科阶段教学实习情况酌情安排听课及实习。外国研究生的 0 学分课程，是根据其入学的语言特点专门设置的汉语实践训练课，目的在于训练其听说读写能力，时间同样长达一年。

相比国内其他设置汉语国际教育专业的高校，C 大学培养方案里有两门特色课程，分别是“俄汉、韩汉、蒙汉语言对比与偏误分析”和“俄罗斯、朝鲜半岛、蒙古国概况”，课程名称极具国别针对性，这与 C 大学的地缘特点、办学特色和学科优势有关，学校几十年蒙汉语教学经验势必在面向蒙古国的汉语教学上形成自己别具特色的优势与风格，其已成立和将要成立的孔子学院、孔子课堂也主要面向俄罗斯、蒙古国、韩国这些国家，研究这些国家的国情和学生学习特点对师生来说都十分必要，既发挥了该校的地缘优势，又充分体现了该校因地制宜的汉语国际教育特色。

2. 培养方案实施

根据 C 大学汉语国际教育硕士的培养方案，无论中国研究生还是外国研究生，培养方式都是采用课程学习与汉语国际教育实践相结合，校内导师指导与校外导师联合培养相结合的方式。学习方式都是采用全日制，学习年限一般为 2 年，其中课程学习 1 年，实习加毕业论文 1 年。教学实习活动通过采用观摩教学、教学研讨、微格教学、师生互评等方式开展，教学实习地点根据 C 大学国内和国外的实习院校来适当安排，可选择在国内外各类学校及教育机构进行教学实习，外国研究生实习阶段不得少于 6 个月或实习工作量必须达到 240 课时以上，而以中外语言交流合作中心志愿者身份派出的中国研究生往往实习时间长达一年，即一边实习一边完成毕业论文，并同时通过网络在海外进行硕士毕业论文答辩，赴海外实习的研究生毕业论文选题常常与实习所在国的教学实践相关，具有鲜明的国别性。

除前文所述的培养方案以外，根据 C 大学 2014 年的《文学院硕士研究生管理条例（暂行）》第三章“研究生的培养”第三十一条规定，文学院还有特殊的个人培养手册，由学生和导师共同拟定，充分体现了个性化培养。规定的具体内容是：研究生进校以后，在导师的指导下根据本专业培养方案的总原则和因材施教的特点制订出研究生个人的培养手册，要求在第一学期期末统一交给文学院研究生秘书一份，交给自己的导师一份，研究生本人保存一份。结合培养手册，第三十三条又规定：研究生必须按照本专业培养方案和个人培养手册的要求，参加所修课程的学习与考核。要求每一学期课程结束后，在下一学期开学一个月内递交课程论文（作业）给任课教师，不得拖延。研究生有两门专业必修课考核不及格者，应予退学。培养手册大大提高了学生的自主性、能动性和责任感，在一定程度上有利于培养目标的顺利实现。

在课程教学的实施方面，汉语国际教育专业十分注重案例式教学，人才培养方案建议教师运用团队学习、案例分析、现场研究、模拟训练等教学方法，力争研究生在课程学习期间能接触到相当数量的不同类型的案例，提高其教学技能和国外适应能力。为提升学生的外语能力，汉语国际教育专业 30%的核心课程也尽量采用英汉双语的教学方式。C 大学汉语国际教育专业的生源以区内为主，区内生源又可分为以蒙语为母语的蒙古族学生、以汉语为母语的汉族学生、以蒙语为母语的汉族学生，具有先天的地方语言优势。随着国家打造“中蒙俄经济走廊”和内蒙古重建“草原丝绸之路”计划的逐步开展，适应新社会需求的自治区汉语国际教育人才培养提上日程。为此，C 大学汉语国际教育专业硕士学位授权点进一步强化人才的培养针对性，在专业内增设了“新蒙古文语基础”“俄汉、韩汉、蒙汉语言对比与偏误分析”等特色课程和蒙语、俄语等小语种，引进了韩国世宗学堂来引导学生学习韩语，派遣学生赴蒙、俄、韩三国进行实习实践，聘请三国教师为客座教授，定期举办讲座，提升学生的专业能力。此外，课程考核方式也多样化，留学生除考试外，还有案例展示、课件展示等，对于专题讲座和文化体验，则根据考勤给予学分。

在毕业论文方面，在与汉语国际教育类似的语言学及应用语言学专业的外国研究生培养方案中，规定对于来自亚非地区的来华留学生，一般应采取学习课程为主，撰写论文为辅的培养方式；对来自其他地区的来华留学生，拟采取学习课程与撰写论文并重的培养方式。在汉语国际教育硕士的培养方案中没有类似规定，大概与修读此专业的学生将来从事汉语教学，对学生的汉语水平要求比其他专业高有关。在论文程序上，学院要求论文开题报告一般应在第二学期结束前完成，但不得迟于第三学期，开题未通过者可延期 1—3 个月再次开题。为了突出专业培养的实践性，培养方案规定：学位论文选题应紧密结合汉语国际教育实践，有应用价值，学位论文形式可以是专题研究、调研报告、教学实验报告、典型案例分析、教学设计等，要吸收国际汉语教学第一线（尤其是中小学）具有高级专业技术职务的专家、教师参与论文指导。对学位论文的评阅与审核须正确把握研究生学位论文的规格和标准。从实际效果来看，2012—2020年硕士研究生毕业论文选题内容分为：教学研究、习得研究、文化研究、教材研究、某地教学现状、学习者研究、教师研究、多媒体与网络运用、教学测试研究共9类，教学研究在所有选题方向中占比最多，多数从教学中总结而来，紧紧结合教学实践，符合专业培养的实践特点。[①]

国内高校一般很少对专业型硕士有发表论文的要求，但C大学文学院为提高学生的科研积极性，在《文学院硕士研究生管理条例（暂行）》第三十二条中规定："研究生在学习年限内，要求至少修满学校规定的学分（包括公共必修课，专业必修课，跨学科跨专业的选修课，教学实习），至少在省级学术期刊上发表与所学专业有关的学术论文1篇。"此外，为提升学生科研素养，学院还定期开展学术讲座，要求中国研究生必须至少参加10次的学术讲座，外国研究生也有专题讲座的考勤要求，这都作为毕业的必要条件之一。

为提升研究生的实践能力和跨文化交际能力，C大学还鼓励学生作为志愿者和助理参加依托孔子学院举行的夏（冬）令营、"汉语桥"等文化交流活动，开阔学生的国际视野。如2020年12月14日，C大学与俄罗斯克拉斯诺亚尔斯克国立师范大学合作共建的孔子学院"云端魅力汉语"冬令营开营，参加仪式的有孔子学院中外方院长、两校的外事部门负责人和师生志愿者及孔子学院的学员等。该次冬令营活动为中俄学生提供了友好交流的平台，打开了俄罗斯学生了解当代中国文化的窗口，也让中国学生志愿者通过此次活动学有所得。

3. 教育实习

汉语国际教育是实践性较强的专业，优质的实习才能提高培养质量。培养单位应加强与国内外汉语教学机构合作，重视汉语国际教育硕士教学实习，保证课堂教学质量。

1）实习基地

为了保证教学实习实践的效果，培养单位应提供和保障开展实践的条件，通过多种方式建立一批国内外相对稳定的多种形式的实习实践基地。C大学文学院极其重视汉语国际教育专业学生的教学实习，从专业招生开始，就一直在积极开

---

① 引自C大学任天鹏硕士学位论文。

拓国内外实习合作基地。建立了C大学国际交流学院基地、内蒙古大学国际交流中心基地、内蒙古农业大学国际交流学院基地、内蒙古工业大学国际交流学院基地、呼和浩特市第十四中学基地、呼和浩特民族实验学校基地、二连浩特市国际语言学校基地、二连浩特市蒙古族学校基地等国内实习合作基地，以及蒙古国依赫札萨克大学实习基地、俄罗斯布里亚特大学实习基地、泰国的实习基地、韩国青云大学实习基地等国外实习基地。

孔子学院（课堂）也是汉语国际教育实习的重要地点，志愿者招募一般是合作院校优先。自俄罗斯克拉斯诺亚尔斯克国立师范大学孔子学院成立以来，C大学在资金、设备等方面支持孔子学院的建设与发展，在汉语教学、文化推广、日常管理等方面加大投入力度，已取得了显著成绩。

C大学汉语国际教育专业实习地点根据国内外实习院校来适当安排，实习派遣方式主要有两种：一是以志愿者身份赴海外顶岗实习，在孔子学院、外国中小学等机构从事汉语教学和文化传播工作；二是在国内各类学校及教育机构进行教学实习。每年学校择优派大约十个以上的学生出国实习，留在国内的学生则到上述国内合作的基地实习，保证每个学生都能得到充分的实习锻炼。C大学汉语国际教育专业本科生（研究生）将来要去实习或长期服务的对象国主要是蒙古国、俄罗斯等东北亚国家。学校方面和蒙古国以及俄罗斯的一些学校已经达成长期合作意向，而和其他国家还处在合作的初始期，没有形成大规模的交往。鉴于目前C大学与蒙古国的合作关系较为成熟，汉语国际教育专业学生中母语为蒙语的学生具有很大优势，他们在实习安排和志愿者服务项目的参与方面较为顺利。与蒙古国的良好合作是C大学汉语国际教育专业发展的优势之一。

2）实习管理

根据2014年的《文学院硕士研究生管理条例（暂行）》第四章“研究生的教学实习”第三十五条规定：教学实习情况由研究生本人以简要书面报告形式，经导师和学位点主任审核签字后报学院研究生秘书备案。凡未按学位点安排进行教学实习或实习成绩不合格者，不得毕业，也无权申请硕士学位。教学实习是研究生毕业的必备条件之一。C大学汉语国际教育硕士专业学位点经过十来年的发展，中外语言交流合作中心及其他机构派往蒙古国、俄罗斯、韩国、泰国、菲律宾、马来西亚、新加坡、美国、英国、澳大利亚等国的汉语教师志愿者达百余人次。

汉语国际教育硕士研究生的教学实习活动主要采用观摩教学、教学研讨、微格教学、师生互评等方式开展。针对中国研究生实习，培养方案规定：志愿者由中外语言交流合作中心或培养学校选拔派出，实习期间培养学校应安排教师进行指导，研究生要提交实习计划和撰写实习总结报告，最后由实习单位出具考评意见，学生提交实习报告。针对外国研究生实习，培养方案规定：在国内外各类学校及教育机构进行教学实习，实习期间培养学校应安排教师进行指导，研究生要提交实习计划和撰写实习总结报告，最后由实习单位出具考评意见，学生提交实习报告。外国研究生除没有由中外语言交流合作中心派出实习以外，其他教学实习与中国研究生完全相同。

C 大学汉语国际教育专业实践教学贯穿于整个培养过程，通过“校内实训—实习基地观摩—实习基地顶岗实习”全程实践，形成了多种形式并存共生、相互促进的实践教学体系，体现了课程实践与文化实践相结合，国内实践与国外实践相结合的培养模式。①

① 引自李剑冲发表于《内蒙古电大学刊》2019 年第 1 期的文章。

第五章 英语国际教育硕士培养模式的若干启示

汉语国际教育专业自设立以来，经过十多年的发展，已取得了很大的成就。但相对于一门成熟的专业来说，汉语国际教育专业还在起始发展阶段，学科的社会认知度不高，尚处于探索阶段，尤其是在汉语国际教育的教学理念、课程设置以及教学实施等方面的探索还不够深入，仍有较大的发展空间。汉语国际教育新兴学科与欧美国家高校设立的英语国际教育学科类似。英语国际教育学科创立的历史则比较早，发展迄今体系比较完备，发展也相对成熟。世界上第一个开始英语国际教育的国家是英国，其在20世纪50年代设置了该学科。经过几十年的发展，设置该专业的英国高校数量在不断增长。据不完全统计，学校数已超过60所。同为对非母语者进行第二语言教学的专业，英语国际教育专业已经发展成形，并形成了自身的特色。为此，本章将试图通过分析、总结英国英语国际教育硕士培养模式，为汉语国际教育硕士培养提供经验借鉴，从而促进汉语国际教育专业朝着健康、稳健、成熟的方向发展。

第一节 英语国际教育硕士的发展状况

英语国际教育的雏形产生于16世纪，并随着英国的扩张，发展到各大殖民地。英语逐渐成为全球使用范围最广的语言之一，并拥有世界上规模最大的学习人群。但直到20世纪60年代左右，英语作为第二语言教学的地位才最终得以确立。事实上，在此之前，20世纪50年代英国爱丁堡大学设立了应用语言学院，应用语言学院旨在为英国培养英语国际教育的专门师资。之后短短十年，全国性的英语国际教育教师协会（ATEFL和NATESLA）在英国本土建立并发展起来，同时在此基础上也建立了英语国际教育教师认证体系。这一协会和认证体系的创立使其学科地位更加巩固，大大增强了英语国际教育师资的培养力度，并确保高质量完成英语教学师资培训。同期，美国亦不甘雌伏，从60年代起专门的英语国际教育系或英语国际教育专业就陆续开始在诸多院校成立，这一专业的核心任务是培养英语国际教育教师及研究人员。1985年，美国教育部的学科设置目录（CIP1985）正式纳入英语国际教育专业。在学科地位得到正式认可后，美国英语国际教育专业的培养质量明显得到了提升，规模也在逐年增长。发展至今，招收英语国际教育硕士的学校已经扩大到160所左右。另外，为配合学科体系不断深化发展，达到平衡和高水平化，一部分学科发展较为强劲的院校还开设了英语国际教育专业博士课程。相对而言，英语国际教育硕士招生，在英国就显得比较少，只有35所。进入21世纪以来，世界上主要的英语国家都开设了英语国际教育专业，且不同国家的不同高校在培养专业人才时各有侧重，丰富了英语国际教育专业的内涵和外延。我们应该看到，英语语言文学和英语教学等相关领域的大规模发展进步，离不开英语国家多层次、多样化的英语国际教育学科发展，这也使得更多的高校将英语作为第二语言培训在世界各地呈现向好发展的态势。英语能够取得如今的国际地位，不仅和英语国家的经济政治地位有关，也和当前的英语作为第二语言研究与发展有千丝万缕的联系。将英语作为第二语言教学的教师资格证书在100多个国家的7000余所学校获得认定。虽然这一过程并不是十分顺利，但它代表着英语国际教育的职业技能标准，从学士到博士，从教学到理论，全方位地为英语国际教育的健康发展保驾护航。①

第二节　英语国际教育硕士培养模式

一、招生要求与教育理念

英语国际教育硕士专业学位是比较具有代表性的。该类国际教育硕士学位面向全世界招生，最终培养的是能够在非英语国家从事英语教学工作的师资。该专业学生毕业后可到各级各类学校或教育机构从事英语教学工作，从基础教育阶段到高等教育阶段均可。相对来说，培养时考虑到该专业最终就业将面向海外或国内非母语者市场的因素，在教学过程中，英语国际教育特别关注学习者的母语交叉和跨文化意识的培养。因此，英语国际教育硕士专业学位特别强调的理念是：真正的英语国际教育是“英语国际教学”，而不是“英语”。这就对该专业招收的学生有了更高的要求。例如，英语语言文学专业的毕业生并不具备教授该语言的方法和技能，这一点是我们应该关注的。这体现出该专业实际上需要的人才不仅需要具备英语基本知识，同时还要具备教育教学能力。基于此考虑，一些新的

① 邓少丽、杜景平：《小议TESOL的教学理念和教学设计》，《安徽文学（下半月）》，2011年第11期，第262-263页。

入学要求会呈现在各大学的招生简章里。一般而言，硕士研究生招生需要一定的雅思成绩（一般为6.5—7.0分），不少于两位学科领域专家的推荐信，以及入学科研计划等。但是纵观各大学各专业的招生条件，几乎没有统一的标准，有一些报名条件是为该专业量身定制的。学校招生的入学条件之所以有所不同，与不同院校相互区别的硕士培养方案以及该学校的特色有关。有些大学在招生时比较关注学生的职业能力，要求学生有若干年（一般为2—3年）的教学经验；强调学习连贯性的学校则要求学生为应届毕业生；有些学校对学生的本科专业也有要求，一般要求为英语语言文学或者教育相关专业；还有一些学校招生条件较为宽松，允许跨专业和跨学科的学生申请该专业。由此一来，英语国际教育的基本理念是以学生为主体，教师在专业学习中则起辅助作用。教师在课堂上通常使教学过程围绕学生展开，这样的教学更容易充分发挥学生的主动性和积极性，帮助每个学生积极地参与到活动当中，并且在教学过程中注重利用课堂实践操练语言，从而达到灵活运用语言的教学目的。

二、英语国际教育硕士课程体系

英国的英语国际教育硕士课程大体可分为常规课程和特色项目两大类。常规课程通常是指正规的专业课程。该课程的学制可以分为“全职学制”和“非全职学制”两种形式，这两种形式各有特点。主流的全职学制为一年整，非全职学制则为两年整。除此之外，还有在常规课程之外开设的一些别具特色的项目，称为特色项目。下文将以英国12所高校为例分析各个高校的课程设置具体情况。

1. 常规课程

英国的英语国际教育常规课程有核心课程和选修课程两个种类，除此之外，还设有第二外语和学术英语课程（English for academic purposes，EAP），学生可以自由选择。这些课程均为免费课程。在英国，英语国际教育硕士专业的学制为1年。有些大学把一年分为三个学习阶段，每完成一个阶段即获得相应的证书：修毕第一阶段的研究生课程可获得研究生课程证书（certificate）；修毕第二阶段的课程则可取得课程硕士的文凭（diploma）；第三阶段论文通过则授予硕士学位。”[①]英国英语国际教育专业硕士课程如表5-1所示。

① 曾必好：《英国TESOL专业硕士和我国英语教育硕士人才培养比较与思考》，《高教探索》，2012年第2期，第66-69页。

表 5-1　英国英语国际教育硕士课程

第一阶段 （Stage 1）	英语教学的原则和实践 英语国际教育语言学 实践教学
第二阶段 （Stage 2）	语言学习和教学的研究方法 二/外语学习理论 语言学习和教育技术 第二外语和 EAP 课程
第三阶段 （Stage 3）	毕业论文：自拟一个与英语国际教育专业相关的题目，写一篇篇幅为 15000 字的论文

当前，对比中国汉语国际教育专业的情况，英国各个高校显现出很强的自主权，尤其在硕士课程设置上差异巨大。以 12 所英国高校为例，一般而言，专业的核心课程平均为 3.4 类，这与汉语国际教育硕士核心课程的数量比为 3.4∶5，并没有构成显著的差异。选修课方面的数据则表现出很强的差异性，英国各校的选修课平均为 13.8 门，学生必须从中选择 3 门左右的课程才可以获得足够的学分，应选课程与全部课程比为 1∶4.6（表 5-2）。

表 5-2　英国英语国际教育专业常规课程设置概况

序号	高校名称	核心课程	选修课程	序号	高校	核心课程	选修课程
1	巴斯大学	3 类	2 类	7	莱斯特大学	3 类	从 7 类课中选择 2—3 类；另外，设有自选课，可随意选修
2	伯明翰大学	5 类	从 6 类课中选修 1 类	8	利物浦大学	3 类	从 6 类课中选修 2—4 类
3	爱丁堡大学	4 类	从 6 类课中选择 3 类	9	伦敦大学教育学院	2 类	从 11 类课中选修 2 类
4	埃克塞特大学	4 类	从 11 类课中选修 3—4 类	10	纽卡斯尔大学	2 类	从本专业的 15 类课程和其他专业的 16 类课程中选修 4—5 类
5	兰卡斯特大学	3 类	从 8 类课中选修 2—4 类	11	谢菲尔德大学	4 类	从 12 类课程中选修 4 类
6	利兹大学	4 类	从 16 必修课中选修 1—3 类；从 25 类自由选修课中选修 2 类	12	纽约大学	4 类	从 21 类课程中选修 3 类

首先，从常规课程中的核心课程设置来看，英国的英语国际教育硕士课程设置可以划分为主干课和非主干课两种形式。其中主干课实际上是指语言学类课程，即普通语言学、应用语言学、英语语言学、第二语言习得理论类课程，最后还有目的语教学理论与实践类课程，以及一部分文化和跨文化交际类课程。非主干课

以研究方法、教育和文化课为主（表 5-3）。

表 5-3　英国英语国际教育专业核心课程设置一览表

序号	高校名称	核心课程	具体课程名称
1	巴斯大学	3 类	第二语言习得、语言教学法及课程论、教育研究方法
2	伯明翰大学	5 类	语言、话语及社会，第二语言习得，交际语言教学、课程设计及作业，学校观察、评价及监督，教育领域的职业咨询
3	爱丁堡大学	4 类	语言与学习者、TESOL 教学法、语言教学课程、研究方法
4	埃克塞特大学	4 类	语言学习原则或 TESOL 教学实践知识（以上二选一）、TESOL 语言意识、研究方法导论、论文写作
5	兰卡斯特大学	3 类	第二语言习得、语言教学方法与主要问题、语言学与英语教学研究方法
6	利兹大学	4 类	TESOL 教与学、反思性研究、TESOL 语言调查、TESOL 研究方法
7	莱斯特大学	3 类	第二语言习得、语言教学方法与主要问题、语言学与英语教学研究方法
8	利物浦大学	3 类	从以下 6 门课中选择 3 门：话语分析导论、课堂观察、实用课堂技巧、心理学与语言学习、课程及教材设计的原则、研究技巧
9	伦敦大学教育学院	2 类	语言教学与 TESOL 教学的核心问题、研究方法和设计
10	纽卡斯尔大学	2 类	第二语言习得的核心问题、TESOL 导论
11	谢菲尔德大学	4 类	语言与语言学导论、英语语法及话语、第二语言习得导论、语言教学法
12	纽约大学	4 类	英语语言学、TESOL 教学法、应用语言学的研究方法、学术研讨与汇报

通过比较汉语国际教育和英语国际教育专业课程设置，发现在核心课程设置上，语言教学实践及跨文化交际类课程都得到重视。此外，英国英语国际教育专业课程中语言学类课程占有一定的比例，而汉语国际教育专业则对普通语言学和应用语言学等语言学类课程没有要求。这是由于汉语国际教育专业本科已经开设了语言学类课程，所以在硕士研究生学习阶段就没统一要求了。

然而，英语国际教育与汉语国际教育课程体系差异比较大的方面，主要体现在：首先，语言学类课程并未出现在汉语国际教育硕士核心课程体系设置里面，然而其在英语国际教育硕士课程体系中所占的比重却达到了 18.29%，这体现出了二者对其重视程度的差异；其次，在非主干课方面，英国高校普遍重视研究方法的教学，而汉语国际教育中则较多设置跨文化方面的课程，但这并不能说明汉语国际教育没有研究方法类课程或者不重视此类课程，事实上，汉语国际教育是把研究方法类课程划分在了“技能训练”模块中，这反映了国内高校重视教学技能的发展，但也凸显出汉语国际教育对研究方法类课程的忽视，有待进一步加强认识。我们应该明确研究型学习对任何专业的学习都是必不可少的，它是学生未来内涵化发展的必备之路。当然，之所以会出现这些差异，与培养目标有着很大的关系。汉语国际教育硕士重在培养应用型人才，因此强调实用性课程，相应的研究方法类课程和语言学类课程都要为实用性课程让步。另外，汉语国际教育专业的另一个培养目标是要求学习者“具备较高的中华文化素养和跨文化交际能力”。所以中英的国际教育硕士培养侧重点有所区别，这也从另一个侧面揭示了为什么我国的汉语国际教育专业课程体系设置占比中，语言教学实践及跨文化交际类课程之后就是中华文化类课程。

其次，英国 12 所高校常规课中的选修课也由主干课和非主干课组成，主干课程占比为 48.9%，其中，语言学类课程占比最高，这体现了英国高校在设置专业课程时对语言类课程的重视。非主干课包括七大类，分别为：教育类课程、国际视野类课程、教育技术学类课程、教师发展类课程、专业经营管理类课程、跨文化类课程、其他课程。所占比重依次为 9.52%、7.93%、7.14%、5.56%、4.76%、4.76%、11.43%，非主干课程占比为 51.1%。与主干课程相比，非主干课程具有以下几个特点。

一是教育学类课程比例较大，如公民教育、特殊教育等，究其原因是很多英语国际教育硕士专业开设在教育学院。二是国际视野类课程特色鲜明，比如开设了多元语境下的英语、语言教育的国际视角、世界上的英语与作为世界语的英语相关的全球及跨文化问题等专业课程，通过课程名称，我们就可得知此类课程开设的主要目的，即帮助学生在国际化、多元化的视野下更好地理解英语教学。三是教师发展类课程设置以及与教师培训相关的课程设置也各有特色。四是专业经营管理类课程引人注意，如英语国际教育经营管理、领导力及策略管理等。五是多学科交叉融合特点突出，跨文化类课程放在选修课中，而且比重较小。从这些特点中我们不难发现，英国英语国际教育硕士专业选修系列课程在广度、深度上都是发展得比较完善的，并且有多学科交叉、综合的特点。

2. 特色项目

英语国际教育专业除了开设常规课程外，还特别设置了特色项目。在英国英语国际教育专业总体课程结构中，特色项目现已成为其尤为重要的一部分，发挥着关键的作用。但中国汉语国际教育专业普遍没有开设特色项目，导致许多教育层面不可避免存在一些漏洞，因此，我们应该看到这些特色项目在整个英语国际教育专业中起到不可或缺的作用，需对此加以总结提炼，并合理地应用到国内的汉语国际教育专业中。总结英国 12 所高校的情况，目前主要有以下几类项目。

一是远程教育项目。该项目主要是依托互联网，在线上开设课程来满足那些有着丰富的教学经验，但又无法脱身来学习的本土教师的需求。二是跨地区培训项目。跨地区培训更加强调不同机构之间的联合培训，如兰卡斯特大学与香港中文大学联合培养应用型国际教育硕士，该项目规定一般学习期限为两年。每年所有课程都是集中在两个月内讲授，毕业论文的写作也是面对面地辅导。除此之外，还有开设的特别项目如信息和通信项目来满足大数据时代的需要；少儿英语学习项目来帮助学生更好地理解受教育者的特点；教师发展研究项目为教师的未来发展提供信息更新；同时还十分注重不同专业项目之间的对接，特别是将英语国际教育专业项目与其他专业项目相结合，极力培养复合型、应用型人才。由此我们可以得知，英国实际上非常重视基于工作的课程学习，同时十分注重根据用人单位的实际需要对课程进行适当的调整。自20世纪90年代互联网技术发展以来，英国又充分利用互联网技术加快高等教育的步伐，鼓励大学到海外办学、异地办学。同时，还加强对青少年学习项目和教师发展项目的关注。总之，特色项目的开设充分拓展了英国英语国际教育专业的发展空间，展现出学科发展的成熟性。

3. 教学实施过程

英国英语国际教育很有国家特色，一般采取小班授课形式。《课程说明书》是学习者的必读书目，每门课程开课前都给学生发一本，以帮助学生更好地理解学习内容。这一说明书包含的内容非常全面和翔实，有对课程目标的介绍、对教学安排的具体指示，也有对学生学位论文写作的具体要求，同时对学生的成绩评定也制定了相关的参照标准。这对于学生的学习起到了提纲挈领的作用，对他们今后的教学有极大的借鉴价值。除了课前发放课程大纲，在课堂上教师往往也十分注重教学方法。例如，教师经常组织各种主题的讨论，以便每个学生都能参与到学习的过程中。以“二/外语学习理论”课程为例，教师讲课时，会先行对讲课的内容进行简单介绍，让学生们进行理论知识的学习。在学习完理论知识之后，会让学生们根据其中的论题进行集体讨论。论题的设置不仅仅包括理论层面的深入探究，同时注重让学生把理论和生活中具体的实践或事件结合起来，让学生们对理论知识有更深入的认知。学以致用的同时，教师要求学生们不仅仅看到理论正确的、完美的一面，同时让学生去发现和挖掘其缺陷、不完美的一面，这种做法不仅提高了学生的批判思维能力，也提升了他们实践与理论相结合的意识。另外也让学生了解到了社会的热点问题，提升了学生的语言运用能力。所以这些课程的设置具有很强的综合性，对学生综合能力和专业素养的提升有很大的作用。

其实，通过这些我们可以发现英语国际教育课程最大的特点便是教师在教学中总是以学生为主体，强调引导式、发现式、合作式的以学生自主学习为基础手段的教学方式。为此，教师煞费苦心，总是会尽力设计出各种活动，并且活动的范围十分广泛，以帮助并保证每个学生都有机会参与到活动当中来，通过这种隐形的、设计灵活的课堂实践来操练语言，让学生能够在社会生活中灵活地运用语言。另外，每个学科的任课教师在新学期开学的初始阶段，利用网络平台，向学生提供新学期的学习计划，让学生对课程学习有整体的认知和把握。学生可以在跟随教师讲课进度的同时，根据课程安排自由选择任意章节做汇报讲解，这样的方式既能提高教学效率，又能保证学生的学习效果和学习积极性。每次课程的时间设置为两个半小时，学生轮流上台展示自己对要解决的某个问题或话题的看法和观点，在学生汇报展示完毕后，教师以及其他学生会进行高效、直切要害的点评，从而使得学生得到及时的反馈。所以我们可以感受到这种课程是非常重视学生的课堂参与的。虽然每节课的课程设置为两个半小时，但是教师讲课的时间只有一个小时，另外的一个半小时，教师通常会让学生进行小组讨论。在小组讨论过程中，教师也会适当参与，帮助学生解答困惑，同时关注每一个学生的参与动态，提高学生的课堂参与度，使学生在更加轻松活跃的氛围中自主学习。为保证讨论的高效性，确保每一个学生都能参与其中，在每一个讨论结束后，教师让学生分别进行总结，最后对学生的结论进行评价，指出优缺点，并做最终的课堂总结。这种授课形式既有助于激发学生的学习积极性，同时也能够培养学生的语言和教学技能，从而提高课堂教学的有效性。

4. 教育实习

由于英语国际教育专业针对的是英语非母语的人，所以必然会存在很多文化和语言背景上的差异。因此，英语国际教育教学方法本身就将学习者的母语和文化背景列入了重点学习内容。最突出的表现便是英语国际教育的学习者一般都需要在当地的中学进行为期半年的教学实习，充分感受当地的文化和语言环境。并且，在实习阶段，各式各样的分解任务以及课堂信息的反馈帮助学生更快、更好地走向英语二语教师这一角色。学生在成为教师的过程中必须将课堂所学转化到教学实践当中，这是对他们的一大考验，是对学习者的英语应用能力和临场应变能力的一大挑战。有些教学点的教学对象有比较重的地方口音，要求授课者有比较高的听力水平。[①]

① 张拓扑：《TESOL 教学理念在大学英语教学中的运用》，《佳木斯教育学院学报》，2012 年第 3 期，第 285-286 页。

5. 评价机制

课程评价作为检验教学效果和提高教学质量水平的手段，在专业发展中不可或缺，不同类型的评价手段与不同方式的评价体系对教学的评价效果是迥然不同的。因此，在评价时能否选择合适的机制也是关键问题。在英国，英语国际教育专业的课程评价标准具有多样性。既包括学生课程论文的分数，也有根据学生平时在课堂上的表现评定的分数，课堂表现包括课件制作和课堂发言以及课堂参与度等多种形式。另外，教师还会对学生进行限时测试，并给出相应的分数。这种灵活多样的评定方式满足了学生多方面的评价需求，也体现了最大限度的公平。最后，在课程结束时，学生需要完成一篇课程结业论文，对此，教师明确要求学生要使用一定的调研工具，以提高学生的研究能力。同时学生还要就自己的论文以 PPT 的方式做一个专题发言，这个专题发言的目的在于向别人展示自己的研究成果，并获得多方的反馈以进行更正和学习。教师利用这种方式最终考查到的不仅是学生所掌握的知识，还包括学习获得的知识能否真正转化为解决问题的方法手段。对这一过程加以提炼升华，能够使用相关的理论模型去量化分析，或者去概念化延伸，这样的训练对该专业学生的学术论文特别是毕业论文写作有莫大的帮助。再如英语教学的原则和实践课程结束后，教师会针对该门课程自身的特点，让学生走入课堂听课。在学生进入课堂听课前，教师会让学生学会如何进行课堂评价，同时让学生针对教师的授课情况进行课堂评价。最后在观摩和评价的基础上，让学生进行论文写作。为了防止学生过于自由发挥，教师会对论文进行一定的要求限制，例如论文写作要包括哪些方面，哪几个部分，等等。这种做法不仅有利于提高学生论文写作质量，帮助他们梳理写作思路，还可以方便教师更好地评估作业质量。这样针对不同课程设置的作业使得每位学生对课堂教学的认识都能有一个本质的提升。在英国，英语国际教育专业的学分计划中，毕业论文占 1/3，这也意味着学位论文的写作在整个硕士期间是学分获取至关重要的一部分。大部分大学对该专业的毕业论文都有严格要求。它们要求毕业论文的选题必须是在学生经过调查和搜集资料的基础上得到的。这种强制性的规定给学生带来了较大的压力，但这种以职业经历为主的行动研究对专业发展有十分重要的意义，也对学生研究能力的培养和教学前沿的探索十分有益，是值得我国汉语国际教育专业学习和借鉴的。在英国，教师对学生的专业课程很少采用试卷的形式进行成绩评定。无论是硕士研究生还是博士研究生，学校都不会对其在攻读学位期间发表的论文数量进行严格要求，更重视的是学生解决生活中的实际问题和进行具体实践的能力，以及平时的课堂表现等。它们培养学生的最终目的是提升他们的实践能力，让学生不仅仅是一个研究型学者，还能够更好地融入社会和生活中，做一个有实践能力的人才。对学生学术能力的考查主要是通过毕业论文的质量来进行评定。所以在英国，学生的毕业论文是衡量学生学术研究能力的重要评价指标。

第三节 英语国际教育硕士培养模式的启示

一、建立围绕学生的教育观念

人本主义是人文精神的核心。人本主义既展现着社会进步的水平，同时也是科学发展观的核心。以人为本观念发展至今，不仅仅是一个国家努力强调和重视的，作为培养人才、教育人才的主要社会机构，也要强调人本主义，要将其视为教育教学中的关键和核心，以便更好地培育英才、服务社会。大到学校，小到每一个专业都应如此。汉语国际教育专业作为一个刚发展起来不久的专业，要取得长久、可持续的发展，应着重以人为本的核心观念，要以人为主要出发点来培养人才。由于该专业的主要培养目标是培养国际汉语师资，因此人本理念更应该始终贯穿整个培养过程，这是毋庸置疑的。汉语国际教育硕士培养中的人本理念又应与该专业特色结合起来，例如，“以学生为中心”理念，就是无论做任何事情和决策都要把学生放在第一位进行考虑；“就业导向”理念，就是要给学生提供一个安全的就业环境；“时间成本”理念，即在一定的时间内追求最大的收获效益；就“教育服务”理念来说，要注重把教育作为其中的一部分，强调它服务性的一面；同时也要树立“知识能力并重”理念，不能顾此失彼。

遵循教育的内部规律是汉语国际教育的重中之重。因此，所有的教育教学手段应该从接受教育的学生本身的现实状况出发，以学生的身心健康发展为最终目标。“以学生为中心”的教育是新时代应遵循的人才培养的基本规律，这一规律也是符合教育内部基本规律的，即强调学生在学校的核心地位，但我们应该更加明确教师在整个教学环节中的主导地位。人本主义给予学校一个特别重要的核心规则，就是学校的一切教学和非教学活动都要在这个核心精神的指导下进行，但凡学校的课程体系设置、管理模式、教育教学方式方法等方面的确有阻碍学生身心健康乃至全人发展的因素在，那么就应该马上修正和处理。真正借鉴“以学生为中心”教育理念的先进因素，事实上这一举措的最终目的是督促教育教学理念发生翻天覆地的变化。当前，只能通过理念和精神层面的引导使学校进行教育教学全方位改革实践，让大学提升一个新的台阶。①

① 李嘉曾：《“以学生为中心”教育理念的理论意义与实践启示》，《中国大学教学》，2008 年第 4 期，第 54-56 页。

英语国际教育的基本理念是“学生主体，教师主导”。这一点在培养汉语国际教育硕士的过程中也是备受重视的。英语国际教育的理念虽然可以应用到教育教学的多个环节当中，但是我们应该注意这一理念的推广问题，一个理念并不能解决和改善所有问题，并不是所有的课程都能用这个理念进行教学。因此对海外流行和提倡的教学模式我们应该采取审慎态度，不断探索。在借鉴吸收过程中一定要注重结合我国汉语国际教育硕士培养的实际，有所侧重和有选择性地借鉴和模仿他们的理念和模式。

二、课程设置结构合理化、多样化

目前，汉语国际教育硕士的课程设置基本上体现了从实际情况出发的原则，但毕竟汉语国际教育这个学科仍处于发展的初级阶段，在教育理念和课程设置方面仍有很大的进步空间。从前面的分析可以看出，英国 12 所高校英语国际教育专业的课程设置是很有特色的，其师资实力和教育整体水平位居世界前列，英国大学在多年的发展过程中，一直侧重于学生综合人文能力的培养，该专业也概莫能外。稳步借鉴英国在该专业课程设置培养理念方面的优点，可以有效地推进汉语国际教育专业的进一步稳健发展。具体来说可归纳为以下几个方面。[①]

一是汉语国际教育专业的课程设置要重视特色项目的开发。相对于英语国际教育专业来说，汉语国际教育专业的特色项目虽然有中国自己的特色，却仍处于起始阶段。在办学上可以采取多种形式，不仅可以效仿英语国际教育专业的经验，即异地授课，还可以利用大数据时代的特征，开设网络课程，运用大数据进行教学分析，不断创新发展模式。青少年汉语教育、教师发展等项目也是在时代的发展下出现的新型教育方式，汉语国际教育专业应该进行积极的尝试，紧跟时代步伐。近年来，教育部语合中心开发设置了国际中文教育创新项目，涉及人才培养培训类、深化国际中文教育学科专业建设类、中外合作发展类、市场开拓类、特色发展类，以及其他具有品牌价值、主题特色鲜明的国际中文教育和优秀中国文化传播类项目。这些项目有助于我们在研究和实践中加强特色品牌建设。

二是加强供选课程建设。课程应当在符合现代课程理论研究的要求下做到知识的相互交叉和相互渗透。英国英语国际教育专业课程发展至今较为完善，所涵盖的范围也十分广泛，这是一个很好的趋势。不仅涵盖人文学科等领域的知识，同时还包括社会科学等领域的知识。而汉语国际教育，由于学科创办时间、学科发展定位以及师资储备等各种原因，当前，其课程设置存在一系列结构性问题，

① 田艳：《基于英国 MTESOL 课程体系对汉语国际教育硕士课程设置的思考》，《世界汉语教学》，2012 年第 2 期，第 276-288 页。

这些问题直接导致学生的视野狭窄，缺乏人文精神，知识结构的整体性和合理性存在一定的缺陷。对于这些问题，可以借鉴英国英语国际教育专业课程设置的方式，重视课程的宽度和深度的关系，同时可以考虑突破课程设置的传统思维，比如突破院系思维，让不同的课程在不同的学院中交叉设置，让课程真正为学生服务，不断整合课程知识体系，优化整个学校的课程安排，为社会打造高质量的应用型、复合型人才。

三是应该特别注重学生的自我特点，做到因材施教，增强学生灵活选择的可选度。注重学生的差异化需求是英国研究生教育最明显的一个特点。这一特点也毫无保留地展现在英语国际教育这一专业的人才培养过程中，差异化、个体化、灵活性已经成为这一专业的金字招牌。我们都知道，汉语国际教育专业硕士生源多样，不同学生的专业背景、知识结构等方面都存在诸多差异，这些差异需要在课程中给予充分的体现。相应地，这也要求我们的教学理念要体现出对“人的发展”的重视，我们应该看到这种重视不仅仅是对汉语教学方面的需求。未来汉语国际教育专业的课程设置应适当降低共同的要求，更多地体现出可选择性和个性化的需求。

四是英国英语国际教育硕士发展为汉语国际教育硕士提供新思路。首先，我们应该注重该专业学生未来所面临的工作环境及工作要求，应当适时加强三类课程的比重，其中最重要的是要增加研究方法类课程，这也是英语国际教育硕士的重要特点。在互联网时代，知识日益更新的情况下，对学生的培养不仅要重视知识的传授，更要重视学习方法和能力素质的提升，应当给予学生更多的自我空间去观察问题，使学生形成自己的观察视角，解决问题的方法和技巧，在学习与探索中不断升华自己、提高能力。因此，汉语国际教育硕士可借鉴英语国际教育硕士的做法，给予研究方法类课程更大的比重。其次，汉语国际教育硕士应增加语言类课程的比重。根据李晓琪的分析，英国英语国际教育硕士语言类课程占比大，达到了 32.53%。[①]实际上，在“09《方案》”中的汉语国际教育硕士的课程中，并没有设置单独的语言学理论课，尤其是在核心课程中。不仅如此，选修课的设置中针对这一方面也是十分匮乏的，仅仅设置了一门汉外语言对比课程，甚至在实际教学中，很多学校也没有开设这门课程。不过，语言类课程设置需要综合考量，根据各个高校汉语国际教育发展定位和特色、培养对象的发展需求及社会市场对汉语国际人才的新诉求，积极拓展语言学类课程的边界，尤其是语言学类的跨学科课程，如经济语言学、社会语言学、教育语言学等课程。再次，增加国际

① 李晓琪：《英美大学 TESOL 专业研究生课程设置考察与思考》，《汉语国际传播研究》，2011 年第 1 期，第 141-154 页。

主题类课程。英国英语国际教育专业一直十分注重培养学生的国际视野，这也是该专业学生应该具备的基本素质。在英国，英语国际教育专业课程设置的选修课程一栏中大都有一门国际关系与国际视野的课程，这一类课程别具特色，从国际化的视野出发，以英国为基本视角，探讨全球语言教育，将学生置于国际背景中进行培养。这样的培养方式，使学生在毕业后任职时更容易融入特定的就业环境。当前，我们发现国内开设汉语国际教育专业的学校基本没有设置国际关系与国际视野课程。这类课程的开发设置也应该在今后受到专业院校的进一步重视，以此让学生了解世界各国语言文化的多元性，从而更好地培养出具有国际视野的毕业生。这不仅更加符合国际就业市场的需求，也为学生自身的发展和就业创造良好的条件，为汉语国际教育专业的发展和成形打下坚实的基础。

第六章　汉语国际教育硕士培养模式的优化策略

21 世纪以来，全世界掀起了全球化和国际化的热潮，对各国教育改革与发展产生了一定的影响。汉语国际教育是国际化时代背景下的发展抉择，它是以语言学、教育学、心理学等多学科为基础逐渐兴起和成熟起来的一个交叉学科领域。当前，在教育对外开放和“一带一路”建设的时代背景中，国家软实力建设、语言市场需求驱动和教育国际化诉求等动因给汉语国际教育带来了良好的发展契机，但由于自身发展不成熟，尚存在条件、内容和方法的限制，比如他国对汉语传播目的的质疑、文化价值观念的冲突、传统文化与现代文化的碰撞、国际文化尚未融通、语言整体思维欠缺、组织机构单一、民间力量薄弱、资源整合方式不够等问题。因此，我国的汉语国际教育还需要进一步反思，朝向专业内生机理发展，以汉语语言与文化为基点，融合教育国际化与语言发展理念，彰显出整体主义、国际理解教育和多元文化教育的旨趣，从而呈现语言整体论、教育国际性及文化包容性的特点，为培养高质量的汉语国际教育硕士奠定基础。

汉语国际教育专业作为一门新兴的专业，其在研究生培养过程中，志在打造“中国特色、世界水平”。经过 10 多年的探索与发展，虽然取得了一定的成效和经验，但对于一门新兴专业来说，其培养模式仍存在着很多不足，有待进一步优化和完善，具体包括以下几个方面。

第一节　准确把握汉语国际教育硕士培养的本质特征

中国是汉语的母语国，汉语国际教育是重要的语言文化类公共产品，配合支持各国开展汉语教育是中国义不容辞的责任和使命。改革开放以来，特别是党的十八大以来，在中国及世界各国政府和人民大力支持下，中外社会各界精诚合作、共同努力，汉语国际教育事业取得了长足的进展。汉语国际教育在促进中外人文交流、增进中外人民友好，推动世界多元多彩的文明发展和构建人类命运共同体中发挥着举足轻重的作用。汉语国际教育硕士专业学位的设置为加快汉语走向世界，提升汉语的国际地位，构建人类命运共同体培养大量汉语国际人才，成为海外汉语教育发展的年轻力量之一。为此，准确把握汉语国际教育硕士专业学位研究生培养的本质特征十分重要。

在设置此专业学位的高校中，普遍存在一些认识上的问题，那就是对专业学位与学术学位的区别尚不清晰。事实上，这两种学位既有联系，又有区别，有的学校以培养汉语国际教育学术型硕士的课程，代替专业型硕士的课程，更极端的是，个别学校直接在原中文系课程的基础上，添加一门汉语国际教育概论，当作学生必修的专业学位课程。[①]因此，把握汉语国际教育硕士专业学位的根本属性，厘清专业学位与学术学位的区别，对于此专业研究生的培养至关重要，同时也是优化汉语国际教育硕士培养模式的前提。

一、明晰汉语国际教育硕士专业学位研究生的培养目标与发展定位

为了进一步明晰汉语国际教育硕士专业学位研究生的培养目标与发展定位，促进汉语国际人才的差异化培养，我们需要厘清学术型硕士和专业型硕士在培养目标上的差异性。这是确立其人才培养模式的基本起点和出发点。汉语国际教育学术型硕士，包括语言学及应用语言学（汉语国际教育或华文教育专业方向）以及汉语国际教育学术型硕士，最主要的培养目标侧重于提升学生对于汉语国际教育问题进行学术反思和研究的能力，相比之下，汉语国际教育专业型硕士的培养重点在于实践操作，尤其是汉语国际教育中的教育教学。实际上，从设置的课程可以看到，许多高校开设的两种不同类型的人才培养课程方案大同小异。只是，学术学位更加强调理论知识学习，其学位论文写作也要求要有一定的理论基础。由于汉语国际教育专业的应用性质，所以不管是专业学位还是学术学位都强调了实践应用的重要性。也就是说，学术型硕士也要和专业型硕士一样进行教学实习，其学位论文写作也倾向在实践教学中收集和分析数据，并运用相关理论进行论述或者在实践的基础上构建理论。“作为高层次的汉语国际教育的专门人才，不应该是只会教书、不会思考和研究问题的‘教书匠’，而应该是‘知’‘能’兼备、能‘教’能‘研’的行家。”[②]两类硕士研究生同属一个培养层次，只是获得的学位类型不同，但培养目标自始至终都有些许差异，这带来了培养定位的迥异。学术型硕士培养的定位是未来能够从事汉语国际教育理论性工作，包括攻读博士学位，而专业型硕士培养的定位则是能够胜任汉语为非母语的汉语学习者的教学和

① 赵金铭：《课程体系与实习体系——汉语国际教育硕士专业学位的两个科学体系》，北京汉语国际推广中心、北京师范大学汉语文化学院：《国际汉语教育人才培养论丛》（第二辑），北京：北京大学出版社，2011年，第1-9页。

② 汪国胜：《对汉语国际教育硕士培养相关问题的反思》，《湖北大学学报(哲学社会科学版)》，2011年第4期，第26-30页。

管理工作。在厘清学术学位和专业学位异同的基础上，我们需要进一步挖掘汉语国际教育硕士专业学位的特征，以期更加清楚如何有效地开展汉语国际教育硕士的培养工作。

二、汉语国际教育硕士专业学位研究生培养的特征

我们对汉语国际教育硕士专业学位研究生培养的理解应该拆分成三方面进行把握，即汉语国际教育、硕士、专业学位，这三点体现了专业学位的本质特征。

1. 要加深对汉语国际教育的目标认识

随着汉语国际教育的迅速开展，国内外对汉语国际教育的研究也越来越多。“不过，迄今为止，已有的讨论似乎都集中在‘怎么做’上，对于‘为什么做’亦即‘汉语国际教育的目标是什么’却还是缺乏应有的讨论。”①然而，从逻辑上看，要分析汉语国际教育该如何做的前提则要思考其培养目标，对汉语国际教育的根本目标有明确的方向与分析。

目前，在汉语国际教育领域中，对其目标界定的一般定义是“获得能力”。刘珣认为：“对外汉语教学顾名思义就是语言教学，是对外国人进行的第二语言的教学。”“衡量对外汉语教学成功与否的唯一标准就是学习者是否掌握了汉语这一交际功能。”②有一些学者持不同的看法，如“国内外汉语教师的培养与培训”就是汉语国际教育。③近年来，越来越多的业内人士认为，汉语国际教育的目标是双重的，一方面要培养外国人的汉语水平、提高国际交际能力，另一方面还要承担传播中国文化的责任。与此类似，在国际关系学界中，很多专家把汉语国际教育作为“文化外交”的一种手段，依靠汉语国际教育来组织国际活动，从而达成外交意图。此外，经济学者比较看重汉语国际教育的经济目的，经济利益实现、汉字文化圈建设等都是其着眼点。④这些观点反映了对汉语国际教育的根本目标是什么这个根本问题，对此国内并没有形成完全一致的看法。那么，对于汉语国际教育的根本目标应如何界定呢？

对此，可以初步地认为：“第一，汉语国际教育的目标不是单一的，也不应该是杂乱的，而应该是一个有序的分层的系统；第二，汉语国际教育的根本目标

---

① 胡范铸、刘毓民、胡玉华：《汉语国际教育的根本目标与核心理念——基于“情感地缘政治”和“国际理解教育”的重新分析》，《华东师范大学学报（哲学社会科学版）》，2014年第2期，第145-150，156页。

② 刘珣：《对外汉语教学概论》，北京：北京语言文化大学出版社，1997年，第13页。

③ 赵金铭：《课程体系与实习体系——汉语国际教育硕士专业学位的两个科学体系》，北京汉语国际推广中心、北京师范大学汉语文化学院：《国际汉语教育人才培养论丛》（第二辑），北京：北京大学出版社，2011年，第1-9页。

④ 胡范铸、刘毓民、胡玉华：《汉语国际教育的根本目标与核心理念——基于“情感地缘政治”和“国际理解教育”的重新分析》，《华东师范大学学报（哲学社会科学版）》，2014年第2期，第145-150，156页。

既不是汉语交际能力的获得，也不只是中国文化的传播。”[①]但如前所述，汉语国际教育的目标主要包括五大方面，如汉语能力获得、交际能力建构、经济利益实现、中华文化传播、中外社会互动等。其中汉语能力获得是第一目标，但是要获得这个能力，也要考虑获得的成本，即以较低的成本获得较强的汉语能力。在此基础上应树立更高的目标，促进汉语交际能力的养成和个人经济利益的实现。相对于前三个目标来说，中华文化传播则显得更为重要且复杂。文化传播对于衡量一国的综合实力，体现国家软实力非常重要。将中华文化传播作为切入点，达到中外社会互动的终极目标，实现目的语社会（中国社会）与学习者母语社会的“社会互动”。因此，汉语国际教育人才培养的目标可以大致分为五个梯度：汉语能力获得—交际能力建构—经济利益实现—中华文化传播—中外社会互动。[②]此外，我们需要注意的是，中华文化传播主要从中国学生角度来谈，如果是外国学生，则应强调文化理解、文化热爱和文化融通。由此可见，汉语国际教育的人才培养，需要一定的培养过程，需要有学科的完整体系和一定的规格和范围，所以它不是短期可以实现的。为此，一定要把握方向，充分认识到汉语国际教育所具有的多层次目标和丰富内涵。

2. 加深对专业学位的专业性认识

汉语国际教育硕士专业学位定位于培养高水平的实践应用型人才，既要着眼于当前的目标——海外汉语需求，也要立足于长远的目标——国内就业。“如果前者定位于汉语教师的技能培训和教师岗位匹配，后者更应被视为长远的作为人的发展的综合素质和能力的培养。”[③]就当前目标来说，要满足海外需求，此专业的实践环节就显得格外重要。这要求在培养方案中有很强的专业性、科学性和针对性。为此，不管是管理者还是学习者，都要转变观念，虚心学习，深刻理解和把握应用型、复合型、职业化培养的本质，不能再以传统的眼光来看待汉语国际教育硕士的培养，更不能具有逆反心理。此外，汉语国际教育硕士专业学位的科学性和可行性，不能仅仅停留在理论上，还要反映在实践中，这要求在教学实践中对培养什么样的学生、设置什么样的课程、用什么样的教学理念进行不断的修改完善。因此，我们需要有计划、有步骤、科学地安排教学实践与实习，做到由构想到现实，由基础到高地，使学生的汉语能力能够在真实的教学场景中加深理解，从而进一步提升培养质量。

---

① 胡范铸、刘毓民、胡玉华：《汉语国际教育的根本目标与核心理念——基于“情感地缘政治”和“国际理解教育”的重新分析》，《华东师范大学学报（哲学社会科学版）》，2014年第2期，第145-150，156页。

② 胡范铸、刘毓民、胡玉华：《汉语国际教育的根本目标与核心理念——基于“情感地缘政治”和“国际理解教育”的重新分析》，《华东师范大学学报（哲学社会科学版）》，2014年第2期，第145-150，156页。

③ 孙德坤：《汉语作为第二语言教学的教师发展研究》，北京：商务印书馆，2019年，第92页。

从长远目标来看，则要培养学生应对社会变化的能力、可持续发展的能力、良好的沟通与传授知识的能力等。由此可见，汉语国际教育硕士要以“人的培养”为核心，教学能力、技术方法训练等方面都应从属于这个核心。正如个别学者所指出的：“汉语国际教育硕士培养既不能打‘本体牌’（指以本体知识输入和加强为核心），也不能打‘技能’牌（指强调文化素质和才艺训练的培养），而是要打‘人本’牌（指以‘人的培养’为核心来统摄所有知识学习和技能训练）。”①综上考虑，汉语国际教育硕士归根到底，是培养既有知识和技能，又有自我发展能力和综合能力的人。

3. 加强对专业学位高层次性的认识

汉语国际教育硕士培养目标具有多层次性，因此，它并不是一个简单地通过考试，或经过专门训练就可以取得的学位，而是要有严格的学科管理和培养程序。如果忽略了系统的知识学习，仅仅依靠培训方法和技能是不能达到培养目标的。因此，汉语国际教育硕士专业学位必须是在相关课程学分的基础上获得的，同时还要具备系统完善的基础知识和专业技能。其中主要包括以下五个方面：①汉语语言基础知识和技能；②交际技能与文化储备；③第二语言习得及学习策略；④课堂情况掌控和汉语教学技能模式；⑤国际汉语教师综合能力，包括教育教学能力、教育信息技术能力、自我提高与环境协调能力、跨文化交际能力、开拓精神与创新意识等五种能力。上述培养目标体现了汉语国际教育硕士培养也是一种跨学科的综合学历教育。因此，加强基础能力（比如海外生存能力、沟通交际能力、教学能力、专业素质能力）和推动综合素质的养成是该专业学位的主要目标。与此同时，这种高层次的汉语国际教育硕士培养是具有前瞻性和适应性的，是 21 世纪多元文化价值取向、后现代主义理论和复杂系统理论等共同影响的结果。

根据国家和学校汉语国际教育培养方案与目标要求，各高校积极探索和深入认识专业学位的特色发展。例如，A 大学自 2009 年招收汉语国际教育硕士以来，各层次留学生人数一直保持在 1600 名左右，因疫情影响有所下降，但通过线上方式加强了海外本土中文师资培养培训项目，为汉语国际教育硕士培养提供了良好环境。在印尼、美国建立了 11 个教学实习基地，先后在欧洲的法国、拉脱维亚，北美洲的加拿大建立了 3 所孔子学院。以“对接国家战略，突出区域特色，开放创新”为理念，根据海外区域需求定向培养现代化汉语教学人才，以培养优秀本土教师和国别化中国教师为目标，以孔子学院、东南亚地区、国内外院校及各类

① 李红印：《谈汉语国际教育硕士培养的四个方面》，《国际汉语教育》，2010 年第 3 期，第 9-15，96 页。

教育机构为教学实习基地，以校内外导师联合指导为培养方式，建立与汉语国际推广发展相适应的具有鲜明岭南和区域文化特色的培养模式，为培养高水平的国际汉语教学人才和扩大中华文化海外传播做出了积极贡献。

第二节　调整汉语国际教育硕士的培养机制

汉语国际教育硕士的培养目标、培养过程中的教学和管理、培养方案实施的有效性与培养机制密不可分，对其整体质量有着重要影响。换句话说，汉语国际教育硕士的培养需要相关部门的支持、政策的配套与指导方针的保障，这也体现出我国中央集权制的教育体制特征。

一、汉语国际教育硕士培养机制的政策基础

1988 年 9 月，第一次全国对外汉语教学工作会议召开，会上提出了“对外汉语教学是国家和民族的事业”的方针。此后，国家有关部门相继出台了配套政策，包括 1990 年《对外汉语教师资格审定办法》、1992 年修订颁布的《中国汉语水平考试（HSK）》等文件。时任国务院副总理钱其琛在 1999 年的第二次全国对外汉语教学工作会议中重申“对外汉语教学是一项国家和民族的事业”这一重要方针，这标志着汉语国际教育已经上升到国家战略高度，是一种国家意识。时任教育部部长陈至立也于同年签署了《中华人民共和国教育部“中国语言文化友谊奖”设置规定》，该规定对那些在汉语言研究、汉语言海外教学以及中国文化国际化方面做出突出贡献的相关人士进行奖励。习近平主席在联合国“教育第一”全球倡议行动一周年纪念活动上发表视频贺词时曾说道，中国将加强同世界各国的教育交流，扩大教育对外开放，积极支持发展中国家教育事业发展，同各国人民一道努力，推动人类迈向更加美好的明天。①

2004 年，国务院批准了孔子学院总部制定的对外汉语教学事业 2003 年至 2007 年发展规划——《汉语桥工程》，明确提出了“集成、创新、跨越”的发展战略，促进汉语教学国际化。统合一切合理资源，进行措施创新，努力为实现汉语国际教育跨越式发展不懈奋斗。此汉语推广计划面向世界、着眼创新，也是中国政府首次明确给予支持。国务院办公厅在 2006 年 3 月颁发的《关于加强汉语国际推广工作的若干意见》中提到要从国家战略高度阐明汉语国际推广工作的首要目标，

① 中华人民共和国教育部：《在联合国“教育第一”全球倡议行动一周年纪念活动上发表视频贺词》，http://www.moe.gov.cn/jyb_xwfb/xw_zt/moe_357/s7865/s8417/s8420/201410/t20141024_177241.html。

同时提出了汉文化进一步走向世界的指导思想、整体计划和配套措施，把提升汉语国际教育学科地位、建立汉语国际教育专业学位制度列为重要任务。2006 年 7 月，时任国务院委员陈至立同志指出要“从发展战略、工作重心、推广理念、推广机制、推广模式和教学方法实现‘六大转变’，强调要加强汉语国际推广能力建设，对汉语作为第二语言/外语教学教师的能力与素质提出了更高的要求”①。2007 年国务院学位委员会颁布了《汉语国际教育硕士专业学位设置方案》，该方案决定设置汉语国际教育硕士专业学位，目的在于培养新时代下的汉语国际传播人才，即国内外立志从事汉语作为第二语言教学的教师，同时加快汉语国际推广能力建设，促使汉语走向国际，从而增强国家“软实力”。

新时期，基于对外开放在教育方面的进一步扩大和“一带一路”倡议提出的背景，汉语国际推广被赋予新的内涵。刘延东在第四届全美中文大会开幕式上强调：中国支持汉语教学推广，根本目的是促进与外部世界的了解、互信与合作。2016 年 4 月，《关于做好新时期教育对外开放工作的若干意见》提出，深化与世界各国语言合作交流，加强在汉语推广和非通用语种学习中的互帮互助，并把“讲好中国故事、传播好中国声音”作为教育对外开放的重要内容。2016 年 7 月，教育部牵头制订的《推进共建“一带一路”教育行动》提出：支持更多社会力量助力孔子学院和孔子课堂建设，加强汉语教师和汉语教学志愿者队伍建设，全力满足沿线国家汉语学习需求。

目前，全国各高校的汉语国际教育硕士招生和培养工作正在如火如荼地进行，然而，在这热潮的背后，我们应该冷静分析汉语国际教育硕士所面临的挑战。如前文所述，除了教材、师资、教学等方面缺乏规范、面临挑战外，汉语国际教育硕士还面临着就业、实习以及毕业生难以适应国外需求等问题。相应地，培养机构的参差不齐，也造成了汉语国际教育资源的严重浪费。然而，从培养机制上来看，具有培养资格的国内院校在遵循《汉语国际教育硕士专业学位研究生指导性培养方案》的基础上，根据各个院校的实际情况，出台了与之相应的配套培养方案，并形成了不同的培养模式。例如，北京语言大学实行“校内学习（2 年）+海外实习（1 年）”的模式；北京师范大学采取“国内汉语教师核心素养教学（1 年）+海外实习（1 年）+毕业论文（1 年）”的模式；中央民族大学采取“1+2+X”的模式，其中“1”为在校学习一年，“2”为两个暑假，在第一个暑假期间主要开设英语专业课、汉语基础课和托福考试培训等，第二个暑假期间进行汉语教学

① 国务院学位委员会：《关于〈汉语国际教育硕士专业学位设置方案〉的说明》，http://www.moe.gov.cn/srcsite/A22/moe_833/200703/t20070330_82703.html。

实习，X 为从第二学年开始，学生可进行海外学习并完成毕业论文。[①]

从整体来看，虽然汉语国际教育硕士的培养院校在培养过程中各有侧重，“但是在人才培养理念、课程设置方式、教学制度体系、教学组织形式、教学质量评价等方面是存在高度一致性的。这主要是因为汉语国际教育硕士培养院校创建培养模式的基础均是《汉语国际教育硕士专业学位研究生指导性培养方案》”[②]，因此，需要从国家政策层面对汉语国际教育硕士进行扶持，进一步促进汉语国际教育硕士培养朝着健康的方向发展。

二、汉语国际教育硕士培养机制的调整方向

1. 严格招生标准

目前，汉语国际教育硕士培养中，生源比较繁杂，一方面外国学生的汉语水平参差不齐；另一方面中国学生本科修习的专业庞杂多样，与汉语国际教育硕士的背景不符合。涉及人文社会科学、药学、理学、工学等多种学科，他们对汉语言及教学方面的知识接触较少，更谈不上对汉语国际教育硕士专业学位提出更深入的认识和看法，也没有良好的外语水平。虽然，在报考简章中要求考生具有牢固的语言理论、文化知识素养、熟练的沟通交往技能等，但并没有限制报考人员的专业背景。即使同是中文类专业出身，他们的学科知识储备也不尽相同。

面对这种情况，严格招生标准、优化生源结构是提升汉语国际教育硕士培养质量的前提和基础。详细的实施方案为：一是在招生细则中根据报考学生的本科专业做出相应的区分要求，优先考虑本科为汉语国际教育的学生，其次是汉语言文学类专业，同时欢迎具有语言学习背景的优秀学生参与到汉语国际教育中来，并且对于这类学生提出其他的考试要求。只有汉语基础科目通过某个特定的分数线后才能录取，而对于其他专业的考生除非特别优秀，否则不给予报考。二是对于外籍学生的招生，也需要有严格的要求，特别是在汉语能力方面。可以在他们入学前后进行汉语语言能力测试，根据汉语语言能力测试的结果进行分班教学，开设不同的课程。三是调整全日制与非全日制研究生的比重。由于汉语国际教育硕士的应用性以及存在的就业问题，未来各高校应多鼓励在职人员攻读汉语国际教育硕士专业学位，毕竟他们已经积累了一定的工作经验，而他们报考要么是为了增加日常工作中所需要的知识储备，要么是出于对汉语国际教育专业的热爱，毕业之后也不会面临就业的困扰，但这类学生在学习时间和与教师配合方面比全

---

① 孙晓明：《汉语国际教育硕士培养模式的创新》，《中国成人教育》，2014 年第 20 期，第 76-78 页。
② 孙晓明：《汉语国际教育硕士培养模式的创新》，《中国成人教育》，2014 年第 20 期，第 76-78 页。

日制学生要薄弱些。对于全日制在校学习的学生来说，他们常常因为就业压力过大而选择继续攻读硕士学位。他们缺乏工作经验，相对于非全日制硕士来说，缺乏将所学理论知识与实际情况相联系的能力，难以成为复合型、应用型人才。因此，在招生名额结构方面，高校可以适当减少全日制硕士的招生数量，增加非全日制硕士的招生数量。

2. 积极和国外院校建立联合培养机制

国际化合作是中国高等院校发展的必然要求，也是世界各国较为关注的问题。在教育国际化背景下，汉语国际教育硕士的培养也要积极向国际化方向靠拢，以达到高水平、应用型、复合型人才培养目标。其中一个关键点就是要与其他国家建立起合作关系，实行联合培养。这种合作关系既可以体现在课程设置或教学内容方面与国际学校接轨，彼此互认学分；也可以派遣学生以志愿者身份协助当地国家的汉语教学工作，为有志去国外工作的学生提供良好的条件。

比如，北京大学与新西兰奥克兰大学教育学院签署了合作培养硕士研究生的协议。北京大学的汉语国际教育硕士在完成北大课程及论文并获得北大的硕士学位后，可以申请赴奥克兰大学学习一年，成绩合格者可获该校硕士毕业证书。奥克兰大学硕士毕业生可向新西兰教师工会申请新西兰教师资格证书，获取证书后可在当地中小学课堂独立授课。①又如，基于地缘优势和学科发展特色，华南师范大学积极推动面向东南亚的汉语国际人才培养和中华文化传播活动。该校与印尼亚洲国际友好学院的合作办学效果显著，又与泰国曼谷大学、马来西亚新纪元大学学院、印尼亚洲国际友好学院签订“四国四大学”合作办学协议，已开启了《东南亚职业汉语》教材编写工作。

我们必须承认的是联合培养中的经费问题是目前面临的最大问题，很多有志向的汉语国际教育教师在面对高额的费用时，往往望而止步。对此，合作的中外院校应努力拓展经费渠道，以各种奖学金的形式来鼓励学生积极申请联合培养项目，让他们能够顺利完成学业。另外，还可以通过中外院校学分互认来减少学费。总之，要采取多管齐下的方式以确保培养的有效性。

3. 推动就业目标定向的人才培养模式

汉语国际教育硕士培养单位必须将毕业生就业方向纳入重点考虑范围。目前，该专业每年有大量的毕业生，但只有极少数的人能真正到海外工作。在国内，毕业生往往难以找到对口工作，不得不跨专业就业，这就造成了汉语国际教育资源

① 孙晓明：《汉语国际教育硕士培养模式的创新》，《中国成人教育》，2014年第20期，第76-78页。

的严重浪费。在以就业为导向的培养模式中，我们首先要考虑对“适应汉语国际推广工作，胜任多种海外教学任务”培养目标的阐释。就目前来说，这个阐释存在着模糊性、复杂性和层次性。因为在不同国家、不同地区，其实际需求和具体操作存在着很大的差异，不仅没有共同的标准，也难有具体的统一规律可循，毕竟在同一个国家中也存在着很大的差异性。另外，学生的需求也存在多元化趋势，如前所述，一方面由学生学科背景复杂所致，另一方面也与其对未来的规划密切相关，对于绝大多数学生来说，他们都想回到自己的祖国就业，因此培养目标不仅要关注学生短期的定位，更要关注他们长期的发展需求。①

因此，在各培养院校今后的培养过程中，应逐渐推进以就业为导向的培养途径，发展自身特色。比如前文提到的中央民族大学“1+2+X”模式就值得借鉴。另外，一些高校可以依托所处的地域优势来挖掘自身的培养模式。比如，广东、广西、云南等地区的高校，因靠近东南亚地区，所以其汉语国际教育硕士培养应该基于该地区的需求。东北的高校则主要辐射韩国、日本、俄罗斯，根据三国的汉语教师需求来培养汉语国际教育硕士。西部地区的一些高校则应主要针对塔吉克斯坦、巴基斯坦、哈萨克斯坦等国家的教师需求。此外，还应建立国外大学直接向国内招聘教师的制度，为汉语国际教育硕士毕业生提供更多的就业机会。由于国别和地区上文化和需求的差异，在培养过程中可以采取定向培养与非定向培养相结合的方式。其中，定向培养又可以细化为国别培养和区域培养两种方式。目前，国内院校采取国别培养形式的数量较少，虽然国别培养对院校的要求较高，但培养的效果比较好，比如专门为泰国、俄罗斯培养汉语国际教育硕士人才就属于国别培养。区域培养则是为两个或以上的国家培养汉语国际教育硕士人才，当然这些国家是属于邻国或地理位置比较接近的国家，比如为东南亚国家培养汉语国际教育硕士人才就属于这个类型。非定向培养模式是各个单位根据自身的条件，选择最佳培养模式，主要有科研-实践型模式和实践型模式两种类型，其主要有充分挖掘自身优势，注重学生综合素质、就业目标多元等特点。②

4. 积极解决培养机制的同质问题

目前，我国汉语国际教育人才培养模式同质化，未适应本土化和国别化人才需求的问题突出。中国学生国别化汉语教学、区域特色文化推广和国别化教材资源开发等能力薄弱。外国学生首先需要夯实汉语言文化的基础学习，在此基础之上加强对中外语言文化的个性化培养。汉语国际教育人才培养的目标是指向推动

---

① 盛双霞：《以需求为导向：关于汉语国际教育专业学科建设的思考》，北京汉语国际推广中心、北京师范大学汉语文化学院：《国际汉语教育人才培养论丛》（第二辑），北京：北京大学出版社，2011 年，第 82-91 页。

② 李东伟：《汉语国际教育硕士培养模式及优化研究》，中央民族大学博士学位论文，2016 年。

中外人文交流合作，参与“一带一路”建设的实践型人才的，而已有人才培养模式却未能发挥应有的作用。因此，我国各高校须明确自身办学特色和专业发展定位，积极探索新时代汉语国际教育人才培养新模式，为我国建设“一带一路”和促进中外人文交流事业的发展做出应有的贡献。

以A大学汉语国际教育人才培养模式探索为例，探析如何探索新时代汉语国际教育新型人才培养模式。A大学以“对接国家战略，突出区域特色，开放创新”为理念，根据海外区域需求定向培养具有汉语教学能力的现代化人才，培养具有岭南文化和区域文化特色的中华文化传播和跨文化交际能力的专业化人才。

针对该模式亟待解决的三大问题，该校开展了针对性的教学研究。第一，首创定向链接人才培养机制，制订了适应印尼需求的汉语国际教育硕士培养方案，并迅速推广到吉尔吉斯斯坦、泰国等其他国家。第二，根据本土化教师（外国学生）和国别化教师（中国学生）的不同基础和需求，改革课程设置和课程内容，构建不同的培养模式，促进人才培养与国家战略对接、国别化与本土化培养对接。第三，在教学实践的内容、方式方法、实习的管理考核方法等三个方面进行了重大改革并全面实施。那么，如何改革人才培养的同质问题呢？A大学针对不同国别和背景的学生情况，以培养优秀国别化教师和本土教师为目标，分别制订中国学生和外国学生的培养方案，实施不同的课程内容，解决中外学生课程区分不明显的问题，促进研究生的海内外人才培养和国家战略对接、国别化与本土化培养对接。

第三节　完善汉语国际教育硕士培养的课程体系

为保证汉语国际教育硕士专业学位的高质量、高水平，需要以完善的专业学位课程体系作为支撑。换句话说，合理、完善的课程体系是实现汉语国际教育硕士专业学位培养目标的基础。

一、明晰汉语国际教育硕士课程的原则

依据汉语国际教育硕士专业学位的特征，其课程设置体系应该遵守以下原则。

1. 专业性

所谓专业性，是指要对汉语和中国文化有比较全面、系统的了解，掌握汉语教学的基本技能和中国文化传播的技能，同时要能对《国际汉语教师标准》中关于知识和能力要求的标准进行深入、细致的理解。不仅要求掌握学科的基础理论、

基本概念，还要有很好的实践经验以及多样灵活的教学方式。

2. 科学性

要了解汉语国际教育硕士专业学位的发展历程和规律，课程设置要遵循语言教学规律、语言学习和传播规律。关注学科间的关联性，课程设置时要注重学科体系以保证其完整性，同时要注意针对汉语国际教育的学科特色，满足汉语教学和中国文化传播相结合的需要。①因此，在课程设置中要“突出理论的指导性、突出重点、突出应用，以适应今后的岗位需求，并为将来发展奠定基础”。②

3. 开放性

课程设置要更多关注学科的专业需求，符合海外汉语教学和文化传播的特点。由于世界文化的多样性，以及专业学生之间知识结构的差异性和层次水平高低不同，课程设置需要充分考虑学生选择的灵活性，便于促进学生个体发展。因此，各个高校可以结合自身情况，在统一规范标准的指导下，体现出课程设置多样性、开放性和地方性的特色。总之，汉语国际教育硕士专业学位的课程体系是“统一性与灵活性的结合。统一性体现出课程的相对稳定性，而灵活性则反映出课程系统的动态性”③。同时，各培养高校要思考的是如何在统一原则下，发展各自的特点、灵活性，从而促进学生的能力提升，使其在市场竞争中具有一定优势。

二、合理安排汉语国际教育硕士课程比重

目前，汉语国际教育硕士的课程几乎全部围绕培养方案来设置，根据培养方案，可以看出课程设计思想具有很强的实际应用性，其目标主要是满足国际汉语教师的教学能力培养需求，侧重于培养学生的国际汉语教学基础能力、汉语言文化推广能力和跨文化意识，形成以课程设置为核心、扩展教师能力、着重关注实践的培养体系。前文中提到，国际汉语教师课程体系中分为基础课程、拓展课程、实践课程。三种类型共设置了 23 门课程，其中比重最大的是教学类课程，总比重达到了近 3/4，而汉语知识方面的课程设置相对较少，这造成了课程教学内容背离考生的真实汉语水平。据相关研究统计，“只有 30%左右的考生具备汉语汉字和中国文化知识，70%左右的考生缺乏汉语汉字和中国文化方面的知识。而这 30%左右所谓具有汉语汉字和中国文化知识的考生，最多也不过是本科程度上的‘现

---

① 赵金铭：《课程体系与实习体系——汉语国际教育硕士专业学位的两个科学体系》，北京汉语国际推广中心、北京师范大学汉语文化学院：《国际汉语教育人才培养论丛》（第二辑），北京：北京大学出版社，2011 年，第 1-9 页。

② 孙德坤：《汉语作为第二语言教学的教师发展研究》，北京：商务印书馆，2019 年，第 93 页。

③ 孙德坤：《汉语作为第二语言教学的教师发展研究》，北京：商务印书馆，2019 年，第 95 页。

代汉语’、‘语言学概论’、‘古代汉语’，以及语言文学等专业学习过程了解到的中国文化方面的基本知识。而另外 70%左右其他专业背景的考生，恐怕连这样程度的语言和文化知识也不具备”①。另外，汉字是汉语学习中必不可少的一环，也一直是教学中的重点和难点，对此，有必要在课程设置方面增加汉语汉字和中华文化课程的比重。另外，由于汉语汉字方面的教学随时随地会受文化现象的影响，在教学中要全面且清晰地说明其用法、文化内涵是比较困难的，在教学过程中对汉语汉字和中华文化的特性把握显得尤其重要。结合教育部高等学校教学指导委员会 2007 年及 2009 年的培养方案和 A 大学的实际情况，拟提出的具体建议如表 6-1 所示。

表 6-1　课程设置具体建议

课程模块		课程名称
核心课程（16 学分）	学位公共课程	政治（2 学分）、英语（含专业英语）（4 学分）
	学位核心课程（每门课 2 学分）	汉语作为第二语言教学法、第二语言习得导论、国外汉语课堂教学案例、中华文化与传播、跨文化交际
拓展课程（10 学分，每门课 2 学分，可多设几门供学生选修）	汉语教学类	汉语语言概说、汉语语法概说、汉语词汇概说、汉字概说、汉外语言对比、汉外语言比较与汉语教学、汉语语言要素教学、汉语教材与教学资源应用
	文化传播与跨文化交际类	中国思想史、国别与地域文化、中外文化交流专题、礼仪与国际关系、中华文化经典
	教育与管理类	外语教育心理学、国外中小学教育专题、教学设计与管理、汉语国际教育管理学、汉语国际推广专题
训练课程（4 学分，每门课 1 学分）	方法类	教学调查与分析、课堂观察与实践、教学测试与评估、文化技艺与展示
教学实习		6 学分
学位论文		2 学分

汉语国际教育硕士共要求修读 38 学分。对于那些本科不是中文专业的学生，入学后应该补修现代汉语和古代汉语课程，每门课为 2 学分。根据这个方案，核心课程还是 7 门，但学分由 18 学分调整为 16 学分，占要求总学分的比例为 42%；拓展课程的学分由原来的 8 学分增加到 10 学分，占要求总学分的比例为 26%；训练课程仍为 4 门共 4 学分，占要求总学分的比例为 11%。另外，除了学位公共课程、教学实习和学位论文外，在总共开设 50 学分的课程中，各类课程的情况为：一是与汉语有关的课程有汉语作为第二语言教学法、第二语言习得导论、国外汉语课堂教学案例、汉语语言概说、汉语语法概说、汉语词汇概说、汉字概说、汉

① 李泉：《汉语国际教育硕士培养原则与实施重点探讨》，《华文教学与研究》，2010 年第 3 期，第 1-7 页。

外语言对比、汉外语言比较与汉语教学、汉语语言要素教学、汉语教材与教学资源应用，共 11 门 22 学分，学分所占比例为 44%；二是与教学法和管理相关的课程有外语教育心理学、国外中小学教育专题、教学设计与管理、汉语国际教育管理学、汉语国际推广专题、教学调查与分析、课堂观察与实践、教学测试与评估，共 8 门 13 学分，学分所占比例为 26%；三是与文化传播与跨文化交际相关的课程有中国思想史、国别与地域文化、中外文化交流专题、礼仪与国际关系、中华文化经典、文化技艺与展示、中华文化与传播、跨文化交际，共 8 门 15 学分，学分所占比例为 30%。通过对课程设置比重的调整，增加了语言文化类课程以及教学方法类课程，从而实现了几类课程之间的平衡，既保证了汉语国际教育专业硕士应该学习的汉语汉字及文化方面的知识，又顾及了海内外教学所需要的特点，这对专业硕士的知识结构、论文写作以及今后的就业都起到了积极的作用。同时，各个高校应该根据各自的实际情况，充分分析和挖掘自身的专业特点，并把学校的特点与汉语国际教育硕士的发展结合起来，形成各自的培养特色。

另外，随着网络技术的快速发展，网络在教学中的作用也越来越重要，充分利用现代教育技术来改变传统课堂教学的弊端尤为重要。网络教学不仅能够提高课堂教学效果，还能引发外国学生对学习的兴趣，甚至改变国外对中国的认识。未来可多开发多媒体培训课程，提供线上线下相结合的培训辅导以及境内外相结合的方式，从而提高培养质量。

三、突出汉语国际教育硕士人才培养的特色课程

当前，我国汉语国际教育专业课程设置中外学生课程区分不明显，特色课程与校本课程开发和实施不足。中外学生具有不同的学习基础和能力，现有课程却未能很好地考虑和解决因学生基础和能力不同所造成的问题。应根据不同学生的水平区分课程设置，因地制宜地开发和实施特色课程和校本课程。因此，各高校需要结合国别、本土和区域特点，有的放矢地开发和实施特色课程项目。

以 A 大学汉语国际教育特色课程开发与实施为例。一方面，该校将汉语与外语交际能力、语言交际能力与汉外对比能力相结合，改革汉语国际教育课程设置。在加强外语交际能力、汉外对比与偏误分析的基础上，针对中国学生增设印尼语等小语种课程，针对国际留学生开设高级汉语课程。汉语与外语交际能力的结合，体现了我国不仅要大力培养通晓东南亚地区非通用语言人才，而且要积极促进东南亚汉语人才培养。在课堂教学中，该校教师积极与学生互动交流，基于汉语课程专题学习，让国际留学生各自陈述本国的语言与文化，与汉语语言文化形成对比，强化语言交际能力与汉外对比能力的结合。不仅如此，学校还将教师培训纳

入人才培养模式中，使其成为课程设置中的重要组成部分。针对东南亚华文师资需求量大，但当地经济困难的情况，学校提出并实施了免费师资培训计划，包括免费派出教师至东南亚地区任教、外派师资免费培训当地汉语教师以及给来华教师进行免费培训等，以上培训受到东南亚地区合作伙伴的热烈欢迎与高度重视。近年来，该校承办了多期“侨办外派华文教师岗前培训”任务。这些教师分赴东南亚各国大中小学、幼儿园从事华文教学工作，为当地华文教育事业做出了贡献。学校继续推动赴海外华文教育教师培训，改进教师培训方法，探索提升培训有效性的路径。

另一方面，A 大学将岭南文化与区域特色文化、核心课程与特色课程相结合，改革了汉语国际教育课程内容。区域特色文化是我国中华文化的组成部分。党的十九大报告提出要弘扬中华优秀传统文化，彰显文化自信，推动中华优秀传统文化创造性转化、创新性发展。因此，为实现中华文化创造性转化和创新性发展，区域特色文化不容忽视。学校针对岭南区域和印尼国家区域，定向开设印尼语培训课和印尼国情介绍、岭南文化系列讲座。开设的特色课程包括书法、中国画、手工课（剪纸、中国结、青花瓷）、篆刻、武术、广交会与中国外贸、现代中国商人、印尼语培训课、印尼国情介绍，还开设国外中小学语言教育专题、汉语国际教育管理、汉语作为外语教学心理学、国别与地域文化、涉外礼仪等，涉及基础、核心和实践课程层次，形成中外兼具的区域特色课程体系。

第四节　加强汉语国际教育硕士培养的教育实习与实践

汉语国际教育硕士专业学位具有很强的实践性，其目标之一就是培养具备教授多种教学课程能力的综合型、高层次、应用型的专门人才。这一目标决定了实践和实习在培养过程中至关重要。教育实习与实践的目的是让学生有机会亲身体验教学内容、教学方法，接触教学对象，反思教学效果，发现自身所存在的问题与不足，不断地持续改进。

实习实践是一个有指导、有计划、有步骤地让学生逐渐熟悉课堂教学的过程，也是训练学生将所学的知识应用到课堂的过程。这个过程遵循其自身的学科规律，因此，培养目标的实现需要一个完整的支撑体系。根据赵金铭的看法，这一体系应该包括五个方面：一是课堂教学观摩与讨论，观摩学习后大家进行集体讨论，从各个方面尤其是理论和实践的层面探讨所观摩课堂的优缺点；二是说课训练与微格教学设计，选择教材中的某一课，陈述个人的授课计划，包括教学环节、教学内容设计、教学方法的选择、教学预测等；三是备课与教学资源开发，包括选择教材，熟悉教材，预测学生可能出现的问题，有针对性地选择适当的教学模式；

四是教育实习与顶岗教学，实习就是进行实地教学，授课后写教学笔记，并就课堂组织管理进行反思，顶岗教学就是在任课机构进行教学，是进行真正的课堂教学；五是文化实习，包括文化讲座、文化交流、文化演示、中华才艺训练等，主要是从中了解世界多元文化，训练自己的话语表达能力，掌握文化传播技能。[①]然而，从类别上来看，学习实践体系可以分为动态和静态两个层面。动态层面包括对学生实习实践的引导、监督、管理和评估。静态层面则又划分为硬件和软件两个部分，硬件包括实习实践平台、实习实践基地的搭建；软件包括实习实践计划、规划等相关制度和规范。[②]因此，未来汉语国际教育硕士专业学位的教育实习与实践的安排可从以下几个方面考虑。

一、完善和规范实习实践制度

学生实习实践要想取得好的效果，首先要有完善、明确的制度来规范、引导、监督实习实践的管理和评估活动。各个学校可以根据实际情况，制定《关于汉语国际教育硕士实习的管理规定》，内容包括实习实践的时间、实习实践的方式、实习内容、教师指导、实习评估等方面，这让实习实践有规可依。尤其是在建构导师组、划分实习实践小组方面要有详细规定，例如，导师组组长必须是教学委员会委员，导师组组长全面负责导师组工作，包括及时将教学委员会的指导意见和教学规划向各级传达，按规定完成上级指派的任务，以及及时向教学委员会反映各个小组出现的新情况、新问题，并及时地处理。[③]

另外，研究生海外实习管理是一项系统工程，涉及学校（汉语教师志愿者还涉及中外语言交流合作中心）、海外教育实习单位[包括孔子学院（课堂）]、中国驻外使领馆等诸多部门及研究生个人和家庭等相关利益主体。因此需建立完善的海外实习制度，从汉语教师志愿者顺利到岗实习到最终圆满完成各项实习任务之间的每一环都应与相关部门做好协调和沟通。

二、丰富实习实践的平台

目前，汉语国际教育硕士的学生毕业后主要从事海外汉语教学和中华文化推广工作，其实习方式主要有国内和国外两种形式。因此，学生在实习实践期间应

① 赵金铭：《课程体系与实习体系——汉语国际教育硕士专业学位的两个科学体系》，北京汉语国际推广中心、北京师范大学汉语文化学院：《国际汉语教育人才培养论丛》（第二辑），北京：北京大学出版社，2011年，第1-9页。

② 吴春相：《谈谈汉语国际教育硕士生的实践是一种体系》，北京汉语国际推广中心、北京师范大学汉语文化学院：《国际汉语教育人才培养论丛》（第二辑），北京：北京大学出版社，2011年，第219-227页。

③ 吴春相：《谈谈汉语国际教育硕士生的实践是一种体系》，北京汉语国际推广中心、北京师范大学汉语文化学院：《国际汉语教育人才培养论丛》（第二辑），北京：北京大学出版社，2011年，第219-227页。

尽可能地了解较多国家的文化、民族、学校等实际情况，其实习环境能最大程度地符合真实的课堂环境、多样的教学对象，因此教育实习平台的设计要尽可能多样化。在国内实习平台建设方面，学校和教育主管部门应该加强合作，让学生有机会到中小学的国际部、国际中小学、大学的国际文化交流学院以及相关的汉语培训公司等实习，熟悉国际学校的教育理念以及教学模式，这也是学生获取海外经验的重要平台。另外，主管部门应积极助力海外实习平台的建设，搭建起国内大学与海外中小学、大学的联系纽带。同时，国内高校加强和孔子学院、孔子课堂的合作，和海外实习基地建设相结合，让更多的学生有机会可以到海外实习，使他们有机会直接面对未来工作的对象和体验真实的海外教学环境。

除此之外，还可以选拔学生参与国际合作的项目，让学生零距离接触国际环境，锻炼其教学和管理能力。同样，鼓励学生参与各种级别技能大赛，这也可以拓展学生海外实习实践能力。如A大学借助同菲律宾光启学校的合作项目，让有志于赴海外实习的学生参与该项目教学培训、选拔、教学实施及项目管理的全过程。

三、完善实习实践的内容

学生的实习实践是他们未来走上国际汉语教师岗位的重要环节。因此，学生实习实践的内容应该根据其将来在海外从事工作的具体情况而定，但必须是基于专家的充分调研和论证，对实习实践内容及学生发展提出指导。要推进行之有效的管理策略制度化建设，如实习内容、实习时间长短、实习效果评价等方面，都要形成科学合理的计划安排，并在实施过程中不断完善。

完整的实习实践过程包括实习前、实习中和实习后三个阶段，具体包括前期的实习方案和准备、中期的实习单位评价和后期的实习汇报会等。实习的内容和效果究竟如何，需要通过实习评价来确定。具体而言，评价主体应包括参与教学的学生本人、教学对象、学生所在实习单位以及学生培养院校，评价内容包括教育实习内容和海外中华文化推广的参与情况。评价需要构建一个包含多维度的科学评价体系。在评价中，需要给予海外实习实践监督机制特别的重视。因为海外实习的情况比较复杂，学生很难集中在某一个国家实习，往往分散在多个国家和地区，文化、环境、教学对象方面的差异较大，如何对他们进行有效的指导、监督是一个复杂的管理问题。加之学生数量较多，实习工作量较大，如何协调学生与实习平台之间的矛盾是今后汉语国际教育硕士培养必须要面对的问题。针对上述问题，解决路径可以从以下方面考虑：一是除了导师负责制外，还可以采取海外巡视或海外开题的方式，有针对性地对海外实习学生进行指导；二是应该进行两次实习评价，即实习前评价和实习后评价，指导老师必须给出两次评价意见。

总而言之，高质量的实习，除了实习者自身的努力外，外部支持必不可少。因此，不仅需要实习者所在的学校和实习地的语言教学者、汉语教学专家的帮助和支持，而且需要建立实习合作小组，围绕各种具体的问题进行深入的探索和研究，从而实现海外实习的课题化和课程化。①

四、重视实践经验的交流与总结

海外实习让学生直观地感受了海外生活、文化环境和教学对象等，从而获得了宝贵的一手海外教学经验。对这些经验进行充分的总结，不但可以进一步增强学生对自身教学实践问题的认识和理解，而且可以为其他学生提供良好的指导和借鉴。因此，各学校必须重视实习实践经验的交流和总结，使之制度化和规范化。学校可以分别组织不同国家、不同学校的海外实习归来的学生进行专场经验交流，让他们介绍自己的感受、体会和困境等。这样既可以激发学生海外实习的热情，也可让今后出去实习的学生少走一些弯路。另外，海外实习学生也需要提升积极主动的意识，在实习过程中要积极主动地和指导老师沟通，及时向指导老师反馈实习中所遇到的问题与不足之处，寻求指导和帮助。总之，实习实践经验的交流和总结，是学生对自身教育实习实践过程的反思，也是展示自我成长、分享实践经验成果的方式，有利于提升汉语国际教育硕士的培养质量。

第五节　建立合格的高素质教师团队

一支具备高素质的师资队伍对培养高质量学生至关重要，对于汉语国际教育硕士教育来说，教师队伍无疑是其核心和灵魂。但目前从整体来看，汉语国际教育专业师资尚不能满足其课程实施的要求，需要多方面完善师资队伍建设。

一是引进更加优秀、更符合专业发展要求、年龄结构更加合理的教师。根据教学的要求，未来教师队伍建设应遵从人才梯队培养和引进优秀人才相结合的方式。既要注重教师的稳定、发展和培训，以强有力的措施建立起素质优良、年龄结构合理的梯队式发展的师资队伍，同时又要充分利用高校及各方面的资源，聘请和引进与汉语国际教育专业课程相关的国内外优秀的任课老师。在师资引进过程中，校方要严格把关，不仅要聘请一些年轻的教师来优化课程结构及其运行状

---

① 李炜东：《从教师专业发展角度看汉语国际教育专业硕士的海外实习》，北京汉语国际推广中心、北京师范大学汉语文化学院：《国际汉语教育人才培养论丛》（第二辑），北京：北京大学出版社，2011年，第235-243页。

况，还要考虑中青年学科带头人和骨干的因素，以促进教学和科研能力的提升，更好地实现培养的目标。另外，由于汉语国际教育硕士专业学位发展的时间比较短，在合理的教师队伍基础上，激发教师的合作精神，避免个人主义盛行。这需要学校定期举办教学例会、教学和课题研讨会等，加强教师间经验、资源的共享交流，同时教师课后也要进行积极的自我反思及再实践，发挥全体教师的智慧，获取最新的资讯和教学理念和方法，最终实现共同进步。

二是不断提高教师的综合素质。教师的综合素质包括专业知识水平和个人的性格特征、个人交际能力和优良的师德、熟练的现代教学技巧和科研、继续学习的能力等。可以说任何一个优秀的老师都是一个杂家老师，各种能力都要具备；由于个人能力有限，任何教师只能不断地接近这个目标。为了无限接近这个目标，教学计划的制订必须符合培养目标，教学大纲内容的编写必须符合学科自身的发展逻辑，此外，在制订编写过程中还必须关注到其是否具备国际性特点，能否达到应有的效果。另外，针对目前汉语国际教育硕士专业学位培养院校的教师有一定的国内课堂教学经验，也掌握了相对丰富的专业理论，但是对国外汉语教学特别是中小教学情况以及国别化教学的了解不足，从而影响了培养质量，未来针对汉语国际教育硕士专业学位任课教师进行培训是有必要的。如张志国指出："美国中小学汉语教育中的最大挑战是缺乏高质量的汉语教师——既精通中国语言和文化，又熟悉英语和美国文化，还要能够熟练地运用适合美国学生教学法的教师。"① 中外语言交流合作中心不仅要鼓励各个高校支持任课教师走出去，同时"汉语国际教育硕士任课教师赴海外研修项目"也应得到其大力支持，使得任课教师能更多地学习和了解海外教学。也要多聘请海外从事汉语教学的知名专家为教师们介绍国外汉语教学、教育现状，同时双方还应进行深入的交流对话。"只有培训教师站得高、看得远，培训出来的学生才有可能成为市场需求的高质量教师。也只有我们将教师'送出去'，才能带回来更多新鲜的资讯，更有利于教学。"②

第六节　探索灵活多样的教学组织形式

教学方法对于教学质量的影响极为重大，一个好的教学方法可以应对复杂多变的教学情境，达到事半功倍的效果。教学方法关注的是"怎么教"的方面，可以归为技术一类。每一种教学方法都是在一定的指导思想下产生的，在明确了教

① 转引自江傲霜：《汉语国际传播背景下汉语国际教育硕士培养新尝试——以纽约大学 MTCSOL 培养为例》，《民族教育研究》，2013 年第 4 期，第 104-109 页。

② 江傲霜：《汉语国际传播背景下汉语国际教育硕士培养新尝试——以纽约大学 MTCSOL 培养为例》，《民族教育研究》，2013 年第 4 期，第 104-109 页。

学内容即“教什么”之后才能知道“怎么教”。换句话说，“任何教学法都是建立在教学理念之上的，而任何教学理念都有它自己的语言学理论作支撑”。[①]就当前的情况看，目前汉语国际教育专业的授课方式大多是传统的灌输教学，课题教学机械、单调、趣味性不足，教学效果不理想。对此，教师应当主动学习新的知识、理论以及相关领域的前沿研究，开阔视野，转变观念。只有多元化的教学理念才能产生出多元化的教学方式。

另外，教师应该根据教学内容、情景采取多元化的教学方式，除了常见的小组讨论、任务型教学外，未来重点应增加有利于学生参与的教学方式：其一，多采取情景模拟的教学方法，让学生分别模拟不同的角色，大家根据各自模拟的角色来讨论和分析问题，提出自己的看法。通过角色立场的表达，不仅可以增加教学的趣味性，而且有利于对问题的深入分析，促进教学质量的提升。

其二，多采用案例教学法。案例教学法主要包括三个基本环节：将案例引入课堂、课堂的案例讨论、对案例的概括与总结。首先，就案例的课堂引入来说，要看教师采用什么样的案例，是自己编写的案例还是他人编写的案例。就目前来看，教师可以采取的他人案例是比较少的，更多是教师自己编写的案例，究其原因主要是汉语国际教育硕士案例库的建设还处于起步阶段。在案例引入过程中，教师主要是根据案例的背景，引导学生进入特定的教学情景中。其次，案例教学法的核心环节是在课堂中引导学生对案例进行讨论分析。学生在讨论分析案例过程中能发现案例的症结，分析背后的深层次原因，以及提出相应的措施，这对于他们解决日后工作中所面临的实际问题有实质性帮助，这也是案例教学法的目的所在。最后，概括与总结，这是案例教学的点睛之笔，也是考验教师能力水平高低的重要环节。涉及的内容包括案例中的症结，引申出来的一些新问题，以及讨论中存在的优缺点，案例中包含的理论，等等，目的是强化之前讨论的内容，加深学生对于理论的理解。[②]

其三，因学生本科的专业背景不同，在教学中不能运用单一的教学模式，对不同类别、不同层级的学生应采取不同的教学方式。由于招生的增加，来自不同专业背景的学生也会逐渐增加，生源的多样性明显，专业背景不一的问题凸显，本科是汉语国际教育专业的学生和跨专业的学生虽然在一起上课，接受同样的教育，但是教学效果参差不齐。因此采取多样的教学形式如分类分层、小规模课堂教学是非常有必要的。同时还可以采用混合式编班授课的方式来教授中国学生和国际留学生。

---

① 崔希亮：《汉语国际教育“三教”问题的核心与基础》，《世界汉语教学》，2010年第1期，第73-81页。
② 孙晓明：《汉语国际教育硕士培养模式的创新》，《中国成人教育》，2014年第20期，第76-78页。

其四，在教育信息化背景下，学校须突出传统教学技能与现代化技术、实地教学与线上教学结合，改革教学方式。将传统（讲授、板书、练习）与现代化教育技术（微格、微课、智慧课堂教学、网上孔子学院）有效融合，采用“中外分合交流”的教学方式。以A大学为例，随着大数据、云技术和“互联网+”技术在教育领域的普及，学校积极推行“互联网+汉语国际教育”建设，推动汉语国际教育信息化。具体做法如下：第一，引进智慧课堂，创建华南地区第一个汉语国际教育智慧课堂，为教学改革提供了最新的技术支持。第二，采用全国百余所高校使用的“国际学生管理服务平台”，运用网络管理学生从入学至毕业离校期间的所有事务，使得各种手续变得简便，同时办事效率得到极大的提升，更重要的是方便了学生。第三，通过微课堂等应用程序，进行教学互动、作业布置与考评，极大地提升了学生学习的便利性，有利于形成学生、教师互动新模式，为汉语国际教育人才培养模式实践提供良好的现代智能条件。

第七节　完善汉语国际教育硕士培养的保障措施

汉语国际教育硕士的培养质量离不开制度的支撑和保障。今后，在汉语国际教育硕士培养过程中，学校应给予更大的支持和帮助。

一、加大教材库及资源库的建设力度

在教学活动中教材是联结教师教授与学生学习的媒介桥梁，因此，不仅是教师，学生对于教材的依赖程度同样非常高。编写合理、有的放矢的教材有利于汉语国际教育专业硕士培养质量的提升。但整体来看，目前市场上流通的教材数量不多，优秀的教材更为缺乏，因此推进高质量教材编写工作显得尤为重要。当然，一套教材的编写不仅需要理论的支撑，还要与教学方法相联系。因此，汉语国际教育硕士教材的编写不仅需要借鉴其他语言教材、管理学教材、心理学教材编写的优秀经验，还要结合学科自身的特点，做到以下几点：一是教材的编写者要以学生为中心，既满足培养专业型、复合型人才的目标，又要心中有学生，预测其在学习中可能会遇到的问题。二是编写者要有教学理念，不仅懂得教育和语言学的发展规律，知道语言教学的整体特点和关键要素，还要做到心中有数，清楚此教材应采取什么样的教学方法才更合适。三是编写教材者要有丰富的经验，熟悉教学编写的各个环节点、关键点、难点以及预判可能遇到的问题。四是编写者要贴近现实，要熟悉学科的发展状况以及学习环境等要素。

汉语国际教育硕士资源库建设：一是建立和完善院校的优秀案例库，为案例教学提供支持，让任课教师认识到自己的不足，吸取别人的经验，提升自我的能力。二是完善汉语国际教育科研资源库建设，让学生和教师了解学科前沿知识和科研信息，为学科的发展和研究提供文献资料的支持，比如购置汉语国际教育、第二语言习得等方面的文献及数据库尤为重要。三是建立和完善国外汉语教学课程资源库，包括授课资料、视频资料等，便于了解汉语国际教育硕士在海外的真实情况，从而做到更有针对性地调整课程教学。

二、配备满足课程教学需求的硬件设施

汉语国际教育硕士培养，不仅要有足够数量的授课教师等软件实力，还要达到相当的硬件水平，如案例室、资料文化活动休息室，以及更为重要的专业微格教室。随着互联网在教学中影响的扩大，网络教学、视频教学的作用也越来越凸显，借助互联网的优势来解决汉语国际教育硕士培养中面临的一系列问题是行之有效的一个方案：首先，汉语国际教育的学生具有多元化特点，不同阶段的学生有不同的知识需求。网络在教育中的应用打破了单一的教学方式。学生对学习内容拥有选择权、对学习过程的调试有了更大的自主权，其学习积极性也被充分调动。其次，可以借助移动互联网，打破空间间隔，满足那些因为各种原因不能顺利进行专业学习的潜在学习者的需求。他们通过各类信息终端设备，根据自己的时间和空间要求自主学习，这在一定程度上能够缓解海外国际汉语教师匮乏的局面。①

三、搭建多种沟通平台

依托汉语国际教育可持续发展的多种沟通平台，促进新时代汉语国际教育信息互通及资源协调和整合，对于开拓后疫情时代汉语国际教育“线上+线下”多元教育途径具有重要的价值。汉语国际教育硕士的培养单位要注重沟通平台建设，以保障院内、院外的交流通畅，实现资源共享。一是搭建交流平台，促进教师之间互动交流、经验分享，实现资源共享，提升教学质量。这种沟通平台要通过制度化、规范化的方式形成长效机制。二是搭建师生之间的交流平台，从而及时发现课程教学、实习、论文写作等方面的问题，既有利于解答学生的困惑，也有利于教师对存在问题的反思，为持续改进提供帮助。在互联网时代，这些平台的搭建必须充分利用网络社交软件，比如QQ群、微信群、电子邮件

① 唐燕儿、庞志坚、苏宝华：《移动互联网时代下汉语国际教育硕士教育模式探析》，《电化教育研究》，2015年第8期，第34-39页。

以及网站社交平台等。三是为国内外专家来讲学、授课、项目合作提供便利的条件，同时为教师的访学、学生的留学以及国内外学术会议的举办提供更多的资源支持和帮助。此外，开发相应的App等各种学习软件以及移动互联网络平台，便利了教师和学生的沟通。“人工智能”背景下，汉语学习者可以通过诸如手机、Pad等移动互联网设备，融入汉语教学案例、汉语学习资源等知识内容，并利用互联网优势，突破时间和空间限制，灵活地使用碎片化时间实现学习目标，进而提升汉语学习者的专业素质和学习质量。①此外，定期或不定期召开国际或国内交流研讨会，为汉语国际推广和国内外高校合作提供良好的沟通平台。总之，通过顺畅的沟通平台建设，为学习者营造良好的学习氛围，提升学习的热情和积极性。

四、完善教学监督制度和评估体系

汉语国际教育硕士培养质量取决于教学、课程设置等环节的有效实施，而实施是否高效则有赖于是否有完善的监督和评估。因此不仅要加大对教学方面的指导，同时对课程实施也要做进一步的组织领导。中外语言交流合作中心以及相关部门应深入各培养单位，对课程实施和课堂教学进行全方位的跟踪指导，对存在的问题要进行及时反馈，从而确保培养质量以及进一步的改革能顺利进行。同时，应该对教学以及培养的质量进行评估，形成定期的报告制度，从中发现不足并改进，以确保各项制度的有效落实。当然，对于合理的评估体系建构应该采取多种评估方式，指标体系的构建要结合我国自身的特点，评估结果要及时反馈，对取得良好效果的个人和单位给予奖励，并把有效的经验向全国推广，促进整体的进步和发展。相应地，对那些没有很好落实的个人和单位要给予惩罚，还要对相关责任人追究相应的责任，同时给予通报批评，起到警示作用。

第八节　把握汉语国际教育硕士培养的整体方向

汉语国际教育的条件、内容和方法限制，使其中国化的教育逻辑往往超越国际化教育逻辑，且其多注重技能性训练，国际理解涵养不足，多元文化价值也往往被忽略。在此情况下，应该如何优化汉语国际教育硕士的培养呢？这与我们如何把握汉语国际教育硕士培养的整体方向有着密切的关系。

---

① 唐燕儿、庞志坚、苏宝华：《移动互联网时代下汉语国际教育硕士教育模式探析》，《电化教育研究》，2015年第8期，第34-39页。

一、秉承整体主义教育取向

汉语国际教育在近年来取得了快速发展，不再是以往单方面传递语言的技能练习，而是以整体主义的视角审思问题。整体主义主要源于赫拉克利特和亚里士多德整体观。它强调把事物当成动态性的整体存在，而不是首先把事物作为对象，也不是简单的部分之和等于整体，更不是事物外在和单向影响与作用。不仅如此，整体教育还蕴含人文主义教育思想，凸显“以人为本”和“人文关怀”，强调科学、人文、创造的和谐统一，从而有利于从传统机械主义教育、科学主义教育和功利主义教育的束缚中解脱出来。①

在课程方面，国内大部分院校在自身条件的基础上，以《汉语国际教育硕士专业学位研究生指导性培养方案》为指南，多实施整体课程。从整体主义教育旨趣来看，整体课程是一种生成、转化的课程，不是预先设计好的计划课程，是在师师、师生、生生和世界交互作用中彰显出来的。当今的世界就是一个全球化、国际化的世界。对此，汉语国际教育整体课程须秉承教育国际化与汉语语言教育理念，在整体主义教育教学、汉语语言文化和国际化环境中保持一种多维交互的动态张力，以汉语为媒介，通过不断变化的现实世界教育学生。

整体主义教育不仅体现在课程观上，也体现在教育观、学生观、教师观等方面。由此看来，在整体主义教育视野下，汉语国际教育的发展更加注重对学生思维的整体性培养，在此基础上进一步实现人的生成性，从而增强汉语国际教育的“全人”价值。这种整体主义教育观为国际理解教育奠定基础。

二、加强国际理解教育涵养

在全球化、国际化背景下，教育的发展面临着来自不同国家、不同民族文化之间的矛盾与冲突，这需要加强国际理解教育。实现汉语国际教育的基础之一是国际理解教育的开展，同时国际理解教育的发展情况在一定程度上影响着教育对外开放的治理水平。具体来说，可以从以下五个角度去理解国际理解教育②和反思汉语国际教育的发展。

第一，国际理解教育是跨文化意识指导下的文化交流。文化交流在本质上是一种人际交往过程，表现为现实与历史的对话、文本与读者的对话、读者与执行者的对话。在国际理解教育视角中，最基本的是掌握文化群体的语言。克服了语言障碍，隔离与交流不顺等难题会随之消解，使文化间得以相互交流。由此说来，

① 钟启泉：《“整体教育”思潮的基本观点》，《全球教育展望》，2001年第9期，第11-18页。
② 韩祥柱、钟秀琦：《国际理解教育的发展及特征》，《边疆经济与文化》，2009年第10期，第117-118页。

汉语国际教育应是汉语与世界其他语言文化间“人际关系”的对话。第二，国际理解教育需要建构认同的价值体系。这种价值体系有助于异域文化交流，打破文化偏见。在汉语国际化发展过程中，必须建构出这样一种价值体系与“和平文化”的氛围，这是全球化甚至全球本土化发展的规律。第三，国际理解教育强调对文化的理解持动态的观点，即在阐述解读其他文化的时候不应一蹴而就，而是在文化的交流中逐渐形成的。所以，汉语国际教育需要摆脱仅仅聚焦中华传统文化的束缚，强化传统文化与当代文化的动态交织。第四，国际理解教育提倡生活教育、学会生存，即鼓励进入他文化的真实场景，进行文化交流与实践。所以，汉语国际教育理应深入异域文化内核，在体验丰富的异域文化生活的基础上进行汉语教学。第五，可持续发展的教育理念是国际理解教育一直提倡的。汉语国际教育需要着眼于长远发展，及时了解教育国际化和语言发展最新动态，积极营造汉语教育的国际生态环境。

概括起来，国际理解教育的主要目标就是跨文化意识的培养。跨文化意识的培养首要的就是尊重不同文化之间的差异，我们既要看到文化的共性，也要认同文化的差异性，让不同的文化能够共生发展。跨文化意识超越了狭隘的民族主义，它不仅仅关注本民族的利益，更关注在多种文化的交流互动中寻求平等，维护多元，共享利益。因此，汉语国际教育发展旨趣应该注重跨文化意识的培养，从学校、社会、家庭等各方面入手，使学生的汉语国际理解能力得到进一步加强，促进国际上学生对于不同文化的理解，形成正确的态度。然而，要真正实现汉语国际理解教育，就需要厘清多元文化教育观。

三、凸显多元文化教育价值

20 世纪 60 年代，美国民权运动兴起，随后西方的多民族国家民权意识开始觉醒，许多国家相继开展民族民权运动，社会也越来越多元文化，与此同时多元文化教育运动也开始兴起。我们身处多元文化并存的世界，不同文化有其自身的背景和取向，因而在向世界传播文化的过程中首先要做的一点就是尊重各国文化，认同文化的多元性。在文化传播过程中，实现文化接受即促进对文化的承受和在文化接触传播过程中的理解。除了认同学生自身文化之外，多元文化也保障所有学生可以平等享有教育机会和权利，其目的旨在促进所有学生的教育。[①]在核心价值观方面，尊重并彰显文化的多元性，对待其他民族文化要持接纳态度，保持和促进多元文化的发展，通过设置多元课程，以促进文化的交流，这是促进种族、

① Okoyo-Johnson O: “Does Multicultural Education Improve Students’ Racial Attitudes? Implications for Closing the Achievement Gap”, *Journal of Black Studies*, No. 8, 2011, pp. 1255.

阶层、民族文化交流的核心内容。[①]在这一过程中，往往通过语言的形式表现出文化价值。

语言是一个文化最显著的特征，文化得以传播及推广，首先就是语言的输出和认同。在多元文化教育当中，也曾出现了双语教育的几种特殊形式，例如，维护式双语课程，目的是让学生在学习英语的同时，维护其在母语方面的说、读、写的能力；过渡性双语课程，即学生在未掌握英语前先用母语教学，掌握后则用英语教学；双向性双语课程，即课堂上用两种语言教学。[②]双语教育透露了多元文化教育的特征。从多元文化教育理念的双语教育现象来看，汉语国际教育发展的旨趣，不仅要教书育人，传播中华民族语言和文化，而且要以人育人，根据学生不同文化差异，建设过渡性汉语课程或维护性汉语课程，强调学生为本的多元文化价值观。

当前国际形势空前复杂，世界发展面临百年未有之大变局，人类发展面临诸多共同难题。在构建人类命运共同体的过程中，汉语国际教育及国际汉语高端人才要发挥应有的作用，其未来的发展趋势将表现为专业化、国际化、交叉学科化等程度的不断提升。汉语国际教育硕士培养将进一步提升人才培养体系的专业化，增强人才培养的质量，服务于国家发展战略。国际化则指向了汉语国际教育的突出特点，既要立足国内实际，又要把握国际形势变化，提升国际汉语人才的竞争力。交叉学科化则凸显了高层次国际汉语人才培养的变化，即从语言人才不断向多领域专业人才的过渡，同时应对国际人才培养中的技术、理念等方面的变化。

总而言之，汉语国际教育人才是新时代讲好中国故事，构建中国对外传播话语体系的核心基础，也是促进中外人文交流事业发展的关键保证。党的十九大报告中提出，要在国际竞争中占据主动地位进而实现民族的伟大复兴需要看到人才作为战略资源的重要性。在新的国际形势下，尤其是后疫情时代的教育及整体对外开放新布局，汉语国际教育人才是做好国内国际双循环中不可或缺的力量，人才在“一带一路”建设中发挥着支点作用和关键作用。对此，积极探索新时代汉语国际教育硕士培养模式，为“一带一路”建设培养更多国际汉语人才，对于促进全球语言和文化的多元繁荣与发展，夯实人类命运共同体具有重要的价值。

① 王鉴、秦积翠、栾小芳等：《解读中国多元文化教育》，《贵州民族研究》，2007 年第 1 期，第 145-150 页。
② 吴坚：《全球教育发展新趋势》，北京：人民出版社，2014 年，第 277-278 页。

后　记

21世纪以来，汉语国际教育发展迅猛，特别是2004年以来，开启了汉语国际教育“走出去”战略旅程，引起了新一轮人才培养的反思和讨论。世界各国人民对汉语学习需求的高涨和师资质量的要求，使得汉语国际教育硕士培养尤为必要和重要。在新时期扩大教育对外开放和“一带一路”建设背景下，汉语国际教育充当着更加重要的语言服务角色，承担着新的发展使命。那么，在这种特殊的时代背景下，汉语国际教育人才如何培养，才能更好地适切于各国人民对汉语的需求？所以，有必要针对汉语国际教育人才培养问题进行研究和总结。本书聚焦汉语国际教育硕士培养模式，可作为聚焦汉语国际教育学科专业中的一个问题的研究著作，也可作为教学参考用书。本书力图反映新时代汉语国际教育研究的新动向，从国家战略和新时代扩大教育对外开放背景的角度来阐明汉语国际教育的理论内涵、学科定位及培养模式的相关问题，从动态上把握汉语国际教育整个系统中的各个培养要素。

本书是2013年广东省学位与研究生教育改革研究项目“汉语国际教育专业学位研究生培养模式研究”、2014年广东省深化教育领域综合改革试点项目“汉语国际教育综合改革研究与实践”、2018年国家社会科学基金一般课题“‘一带一路’倡议下东南亚国家语言政策与规划研究”和国家语委“十三五”科研规划2019年度重大课题“‘一带一路’建设中语言服务的现状、评价及对策研究”系列相关课题的研究成果。在本书撰写的过程中，借鉴和吸收了大量专家、学者们的研究成果，以及网络新闻报道和研究报告等，参考资料已附于拙著之中，但仍恐未能尽囊，敬谢之余当盼理谅。鉴于笔者学识水平有限，书中难免有所不足，敬请各位专家、读者不吝指正。

在本书即将出版之际，特别感谢北京语言大学周小兵教授为本书提出的宝贵意见，并欣然同意为本书作序。同时，还要感谢科学出版社对本书出版的大力支持。

本书得到课题组高皇伟博士、杨体荣博士、姬芳芳博士、贺增莉硕士、林中月硕士、禤颖怡硕士及代阿鑫、黄杉杉、刘晗、张强等在读博士研究生的帮助，感谢他们为本书所作的贡献。

吴　坚

2022年10月于花城